쌍방울 대북송금

약어

선행사건: 수원지검이 2023. 3. 21. 수원지방법원에 이화영, 방용철을 외국환거래법위반으로 기소하여 2025. 6. 5. 대법원에서 확정된 사건을 말한다.

후행사건: 수원지검이 2024. 6. 12. 이재명, 이화영을 제3자뇌물, 외국환거래법위반, 남북교류협력법위반 등으로 기소한 사건을 말한다. 선행사건과 후행사건의 사실관계는 이른바, 쌍방울그룹 대북송금에 관한 것으로 동일하다.

조선아태위: 북한의 「조선아시아태평양평화위원회」를 말한다.

민화협: 북한의 「민족화해협의회」를 말한다.

민경련: 북한의 「민족경제협력연합회」를 말한다.

아태협: 안부수가 회장인 「사단법인 아태평화교류협회」를 말한다.

제1회 국제대회: 2018. 11. 14.~17. 고양시에서 아태협과 경기도의 공동 주관으로 개최된 「제1회 아시아태평양 평화번영을 위한 국제대회」를 말한다.

제2회 국제대회: 2019. 7. 24.~27. 필리핀 마닐라에서 개최된 「제2회 아시아태평양 평화번영을 위한 국제대회」를 말한다.

자본시장법: 「자본시장과 금융투자업에 관한 법률」을 말한다.

특가법: 「특정범죄 가중처벌 등에 관한 법률」을 말한다.

남북교류협력법: 「남북교류협력에 관한 법률」을 말한다.

대북사업처리규정: 통일부 고시인 「인도적 대북지원사업 및 협력사업 처리에 관한 규정」을 말한다.

쌍방울 대북송금

대납인가, 주가조작+외화벌이 합작품인가?

이화영은 이재명 당시 경기도지사가 남북정상회담 방북수행단에서 배제되자 경기도지사 방북을 기필코 성사시키겠다고 마음먹고 김성태에게 800만 달러 대납을 요구할 만큼 무모하거나 부주의하고, 이념적으로 경도된 부정직한 인물로 단정되었다. 반면, 김성태는 정상적인 대기업 CEO, 안부수와 김성혜는 정직한 대북브로커와 북한 공무원으로 전제되었다. 그 결과 이들의 말은 믿을 수 있다고 인정받아 유죄의 증거로 인용되었다. 일반 시민의 상식과 경험에서 벗어난 판결이라 하지 않을 수 없다.

이창환 지음

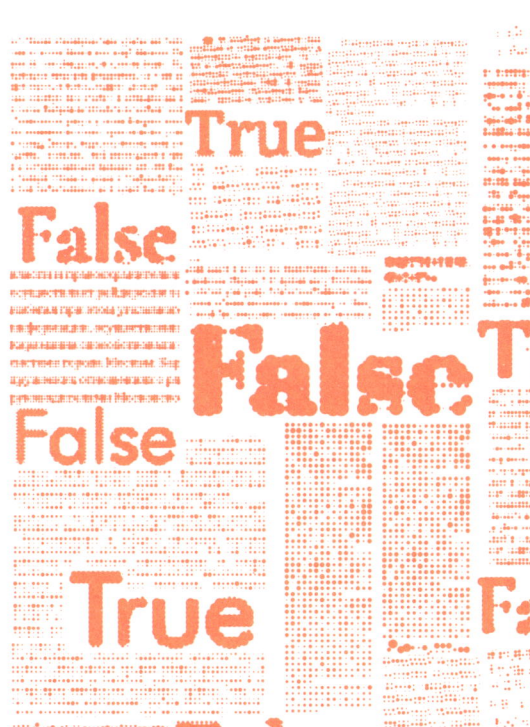

피엠미디어

| 추천사 |

시민 법정과 역사적 정의

　역사는 기록과 기억을 두고 벌이는 후세인의 싸움이라고 합니다. "태양에 바래면 역사가 되고 월광에 물들면 신화가 된다." 1970-80년대 지성과 대중을 함께 사로 잡았던 소설가 이병주(1921-1992)의 수사입니다. "역사는 산맥을 기록하고 나의 문학은 골짜기를 기록한다." 그는 문인의 사명을 역사의 행간에 묻혀버린 민초들의 분노와 한을 그려내어 역사의 법정에 올리는 데 있다고 했습니다.

　한 실무 법률가가 책을 썼습니다. 굳이 "실체적 진실을 규명하고, 수사와 기소, 재판의 문제점에 대한 논의를 활성화하는 데 기여하기 위해서"라는 집필 의도를 밝혔습니다. 흩어지기 쉬운 기억을 다잡아 기록으로 남김으로써 역사의 무대에 세우기 위한 안간힘이겠지요. 판사의 판결문이 공권력이 쓴 역사라면 이 저술은 당대인이 쓴 대안적 역사라고 할까요.

　이 책의 내용은 두 구절로 압축됩니다. "의심스러울 때는 검사의 이익으로" "시민 배심 법정에 판단을 청구합니다." 전자는 현장 비판이고 후자는 텍스트 비판을 곁들인 청원 격입니다.

형사재판을 받아 본 사람은 대부분 판사가 검사의 말을 지나치게 신뢰한다는 느낌을 받는다고 합니다. 재판 경험이 없는 일반국민도 판검사가 한통속이라고 싸잡아 비난하곤 합니다. 그럴만한 이유가 있습니다. 다른 나라에서와는 달리 우리나라에서는 판사와 검사의 지위가 동일합니다. 교육 배경도, 자격 요건도, 보수도, 심지어는 사무실의 위치와 규격도 대등합니다. 과거 권위주의 시절에는 판검사를 아울러 '영감님'으로 떠 받들었습니다. 이러한 제도와 관행은 재판의 본질에 비추어 볼 때 매우 이례적인 것입니다. 형사재판에서 검사는 피고인(변호사)과 더불어 판사가 정확한 법적 판단을 내리기 위한 기초자료를 제공하는, 보조적인 역할을 할 뿐입니다.

우리나라는 재판과 법조인에 대한 국민적 신뢰가 매우 낮습니다. 정치적 성격이 강한 재판에서는 더욱더 그러합니다. 특히 검찰에 대한 누적된 국민적 불만이 마침내 폭발하여 검찰개혁입법의 제정으로 이어지고 있습니다.

민주주의 국가의 법률가라면 지극히 상식적인, 하나의 결론에 이를 수밖에 없는 지난 해 12월 3일의 비상계엄과 금년 4월 4일의 헌법재판소의 탄핵 결정입니다. 그럼에도 불구하고 이를 달리 받아들이는 법률가들이 있다는 사실에 충격을 받게 됩니다. 한 외국 언론인의 냉소적인 평가가 아프기 짝이 없습니다. 현재 대한민국 법률가의 절반은 내란 주동자 내지는 동조자, 10퍼센트 남짓은 내란 저항자, 나머지는 이도저도 아닌 '무뇌(無腦)자'라는 지적에 내가 재직하던 대학의 졸업생 하나 하나를 복잡한 마음으로 회상하게 됩니다.

 이 책의 저자는 학생 시절 이래 성실, 정직한 법률가의 길을 걸어온, '내란 저항자'로 믿습니다. 초심을 잃지 않고 살아온 그가 쓴 현장 리포트를 읽는 즐거움을 독자 여러분들과 나누고 싶습니다.

2025. 9.

안경환

서울대학교 법학전문대학원 명예교수

| 머리말 |

"피고인 이화영은 언제까지 모르쇠로 일관할 것인가?"

선행사건 항소심 결심 공판에서 최종 의견 진술에 나선 검사의 주장이다. 대북송금 사건의 최종 표적이 이재명임을 선언하고, 이화영을 이재명을 보호하기 위해 모른다고 거짓말하는 부정직한 사람으로 단정지은 것이다. 필자는 변론이라기보다 선정적인 정치구호라고 생각했다. 부지불식간에 입증책임이 이화영 앞으로 넘어와 버렸다는 부담감이 한꺼번에 몰려옴을 느꼈다. 결국 이화영은 선행사건에서 유죄판결을 면하지 못했고, 특가법상 뇌물죄를 포함하여 7년 징역이라는 중형을 선고받았다. 검사의 선정적인 최종 의견 진술이 선행사건 재판부에게는 매우 효과적이었던 듯하다. 선행사건 재판부의 판결문 곳곳에서 '의심스러울 때는 피고인의 이익으로'라는 원칙과는 반대로 '의심스러울 때는 검사의 이익으로'라는 원칙을 적용했다고밖에 생각되지 않는 대목이 빈번하게 발견되니 말이다.

형사소송법상 유죄의 입증책임은 검사에게 있다. 검사는 김성태, 방용철, 안부수의 진술과 김성혜, 김영철, 리호남 등의 말을 유죄의 증거로 제시하였다. 따라서 선행사건 재판부가 먼저 던져야 할 질문은 '이화영은 과연 믿을 수 있는가?'가 아니라 '김성태, 방용철, 안부수, 김성혜, 김영철의 진술과 말은 과연 믿을 수 있는가?'였어야 한다. 그런데 선행사건 재판부는 이화영의 정직성과 신뢰성에 대하여 극도로 불리한 예단을 가진 반면, 김성태, 안부수, 방용철과 김성혜, 김영철을 과연 믿을 수 있는가에 대해서는 충분한 심리를 해보지도 않고 그들의 진술과 말을 전적으로 신뢰하였다. 사실상 피고인 이화영에게 무죄를 입증할 책임을 부담시킨 셈이다.

선행사건 재판부는 김성태, 방용철, 안부수의 진술과 김성혜, 김영철, 리호남의 말을 그대로 믿었다. 김성태와 방용철은 다른 기업집단 CEO와 다를 바 없는 오너(owner)와 경영자로서 북한과의 경협을 성공시켜 쌍방울그룹을 10대 그룹의 반열에 올려놓고자 한 사람이고, 김성혜, 김영철, 리호남은 그런 김성태를 믿고 세계적 기업들이 탐내는 북한의 희토류 등 지하자원 개발사업과 사회간접자본, 에너지사업 등을 쌍방울그룹과 협력하여 진행하고자 김성태와 안부수에게 진실만을 말하는 북한 공무원들이고, 안부수는 국정원에 김성혜의 말을 있는 그대로 제보한 정직한 대북사업가라고 전제하였다.

선행사건 1심 판결문 중 관련 판시를 살펴보자.

"김성태가 2018. 12.경 심경의 변화를 일으켜 전격적으로 대북사업을 추진하기로 결정한 데에는 북한에서도 신뢰할 만한 지원이 있다고 믿었기 때문이며 …(중략)… 믿음의 근거는 이화영의 부탁으로 경기도의 스마트팜 비용을 대납함으로써 경기도가 지원할 것으로 신뢰하였다는 것 외에는 다른 사유를 상정하기 어렵다."

"국내에서 기업집단을 운영하는 CEO가 오로지 주가상승을 위하여 해외투자자들을 기망하여 1억 달러 상당의 돈을 유치하려는 무모한 시도를 했다는 것으로 경험칙상 받아들일 여지가 없다."

"김영철, 김성혜, 리호남은 …(중략)… 그 진술 경위에 있어서 특별히 의심할 사정이 보이지 않는 점 …(중략)… 원진술자인 김성혜, 김영철, 리호남의 각 진술은 그 진술을 하였다는 것에 허위개입의 여지가 거의 없고, 그 진술 내용의 신빙성이나 임의성을 담보할 외부적인 정황도 있는 경우에 해당한다고 할 것 …(후략)"

반면, 이화영은 이재명 당시 경기도지사가 남북정상회담 방북수행단에서 배제되자 경기도지사 방북을 기필코 성사시키겠다고 마음먹고 북한에 스마트팜 비용 500만 달러를 약속해주고, 김성태에게 800만 달러 대납을 요구할 만큼 무모하거나 부주의하고, 이념적으로 경도되었으며, 김성태의 대북송금을 알고도 '모르쉬'로 일관한 부정직한 인물로 단정되었다. 후행사건 공소장에 기술된 이재명도 이화영과 마찬가지로 믿을 수 없는 정치인으로 전제되어 있다.

그렇다면, 이런 판단들을 뒷받침하는 증거들이 존재하는가? 그 증거들에 대한 평가와 해석은 객관성과 합리성, 균형을 갖추고 있는가? 그 증거들에 대한 평가와 해석, 판단이 일반 시민들의 상식과 경험칙에 부합하는가?

그에 대한 이 책의 대답은 '아니오'이다.

안부수의 국정원 제보는 쌍방울그룹을 통해 김성혜의 외화벌이를 도와주고자 한 안부수의 의도에 의하여 중요한 사실이 누락되고 각색된 허위제보다. 안부수 수첩에 2018. 11.경 개최된 제1회 국제대회 전부터 쌍방울그룹과 북한이 상호 경협과 '스마트팜 지원 1천만 달러'를 협의하였을 것이라고 추정할 수 있는 근거로 삼을 수 있는 메모가 등장한다. 검사가 주장하는 이화영의 김성태에 대한 스마트팜 비용 대납 요구 시점 이전부터, 안부수의 중개로, 쌍방울그룹이 대북 경협을 구체적으로 논의했고, 스마트팜 사업 지원도 경기도와 별도로 협의했음을 보여주는 증거다. 안부수가 선행사건 1심 법정에서 이화영의 요구에 따라 김성태가 스마트팜 비용 500만 달러를 대납하였다고 증언한 것은 대북송금에 대한 명백한 자신의 관여는 감추고 이화영에게 전가한 전형적인 '유체이탈 화법'으로 믿을 수 없다.

김성태는 쌍방울그룹과 조선아태위 사이의 2019. 1. 17.자 합의서 체결을 앞두고 김태균과 1억 달러를 해외에서 조달하는 방안을 협의하였다. 그 내용이 N Project 투자유치안과 김태균 회의록에 쓰여 있는데, N Project 투자유치안은 투자자와 공모하여 나노스 주가를 조작하고자 한 계획서이고, 김태균 회의록은 그런 투기적인 투자자를 물색하기 위한 전략회의에 대한 메모라고 할 수 있다.

2000년경 5억 달러를 받고 현대그룹과 경협을 시작했던 북한이 불과 500만 달러를 받고 쌍방울그룹에게 세계적 기업들도 탐을 내는 희토류 등 대규모 개발사업권을 넘기고자 했을 리는 없지 않은가? 한 대북사업가의 국정원 제보에 의하더라도 2019년 초경 리호남이 쌍방울그룹으로부터 주가조작 수익금을 매주 50억 원씩이나 받기로 했다고 한다. 배상윤도 2023. 1. 15.자 진술서에서 김성태가 리호남을 '외화벌이 담당자 정도의 인물'이라고 말했다고 한다. 북한도 쌍방울그룹의 주가조작 목적을 알고도 외화벌이에 이용하기 위하여 형식적으로 쌍방울그룹과 상호 경협을 추진했다고 짐작하고도 남는다. 이화영의 요구에 따라 스마트팜 비용 500만 달러를 대납했다는 김성태의 말을 믿을 수 없는 이유다.

복수의 쌍방울그룹 임직원들의 검찰 진술과 필룩스 직원의 대북 경협 제안 관련 회의 보고서에 의하면, 2019년 초경 쌍방울그룹이 북한에 줄 돈이 100억 원이었다고 한다. 따라서 김성태가 불과 500만 달러 지급을 약속하고 쌍방울그룹의 대북사업을 시작했다는 것 자체부터 사실이 아니었던 것이다. 배상윤도 수원지검에 제출한 2023. 1. 15.자 진술서에서, 2019. 5. 12. 협약식 전후 무렵에 김성태로부터 북한에 200만 달러를 준 상태에서 추가로 300만 달러를 약속했다고 하면서 300만 달러 중 일부를 부담해달라는 부탁을 받았으나, 거절한 사실이 있고, 2019. 12. 말경 또는 2020. 1.경에는 '저번에 북측에서 요구한 300만 달러를 지난 달에 직원들을 동원해서 간신히 전달했어요'라는 말을 들었다고 하였다. 따라서 김성태가 2019. 11. 말~12. 초경 송명철에게 지급한 200만 달러도 2019. 초경 이미 주기로 약속되어 있던 돈으로 경기도지사 방북 의전비용일 수는 없는 것이다.

이른바, 쌍방울그룹 대북송금은 '안부수가 쌍방울그룹을 통해 김성혜의 외화벌이를 도와준 사건', '김성태가 대북 경협을 주가조작 테마로 이용하기 위하여 그 대가로 거액의 외화를 지급한 사건', '북한이 외화벌이를 위하여 김성태의 주가조작을 이용한 사건'이었다. 그런데도 선행사건 재판부는 이화영에 대한 불신의 예단을 가진 나머지 검사가 제시한 유죄의 증거인 김성태, 방용철, 안부수, 김성혜의 진술과 말의 신뢰성에 대한 구체적인 검증을 해보지도 않고, 엉뚱하게도 '이화영의 대북 스마트팜 약속과 김성태에 대한 대납 요구에서 비롯된 경기도를 위한 대납 사건'이라고 오판하였고, 결과적으로 검사가 '이재명의 제3자뇌물 사건'으로 추가 기소할 수 있는 빌미를 만들어 주고 말았다.

이 책을 쓰고 있는 가운데 대북송금 실행자 두 사람이 변심을 했다.

SBS는 2025. 6. 24. KH그룹 회장 배상윤과의 인터뷰를 방송했다.

[배상윤/KH그룹 회장 : (북한 측에) 비밀스럽게 돈을 주는데 경기도가 어떻게 끼겠습니까. 이재명 지사님하고 경기도하고는 전혀 무관한 일인데…]

배상윤은 2022. 5.~6.경 김성태와 비슷한 시기에 해외로 도피했었는데 2025. 8에 귀국하겠다고 한다. 배상윤의 인터뷰 내용의 핵심 중 하나는 본인이 김성태와 함께 대북송금을 하였다는 것이다. 반면 김성태는 단독으로 대북송금을 했다고 진술했으나 그것은 거짓말이었던 셈이다. 선행사건에 제출된 증거들에 의하더라도 그렇다. 그럼에도 불구하고 김성태가 허위로 진술하고, 수원지검이 이를 그대로 받아들여 기소한 데에는 그럴만한 동기와 이유가 존재하였을 것이다. 이러한 점들만으로도 김성태의 진술은 믿기 어렵다. 선행사건에 대한 판결에서 김성태의 진술이 가장 핵심적인 유죄의 증거였다. 따라서 선행사건에 대한 판결이 정당하다고 보기는 어렵게 된 것이다.

이런 와중에 김성태 측도 말을 바꾸고 나섰다. 2025. 7. 25. 후행사건 공판준비기일이 열렸는데, 여기에서 김성태 측 변호인은 '다른 사건에서는 이화영과 공모를 인정했는데 이 사건에서는 이재명이 공범이다. 그런 사실이 없다'고 발언한 것이다. 재판부는 헌법 제84조 대통령 불소추특권에 의해 이재명 대통령에 대한 공판기일을 추정하기로 결정한 다음, 나머지 피고인들인 이화영, 김성태에 대해서도 공판기일을 추정할지에 대한 의견을 양측 변호인들에게 물었다. 김성태 측 변호인은 이재명 대통령에 대한 공판이 재개될 때까지 함께 공판기일을 추정해달라는 의견을 밝히면서 위와 같이 진술한 것이다. 김성태는 기존에 수원지검 조사에서는 직접 만난 사실은 없고, 이화영이 전화를 바꾸어 주어 이재명 당시 경기도지사와도 800만 달러 대납에 대하여 수차례 통화했다고 진술했었다. 수원지검은 이를 근거로 이재명 대통령을 외국환거래법위반의 공범, 제3자뇌물 혐의로 기소한 상태인데, 변호인 의견서로 밝힌 의견은 아니긴 하였으나, 이 진술을 정면으로 뒤집은 것이다. 이 발언에 의하면, 김성태의 기존 진술 중 가장 중요한 부분이 거짓말인 셈이다. 그렇다면, 이화영과 공모하였다는 나머지 진술들이라고 한들 믿을 수 있겠는가?

김성태가 수원지검에서 그런 엄청난 거짓말을 한 이유가 무엇이겠는가? 검사의 회유와 강압 이외에 다른 이유를 생각해내기 어렵다. 선행 사건 병합 기소전 1심 재판 진행 중, 검사가 김성태와 안부수, 방용철 등 쌍방울그룹 임직원들을 수원지검에 출정시켜 검사 면담이나 대질신문(이른바, '진술세미나')을 하면서 김성태의 진술에 따라 입을 맞추게 하고, 연어회 술 파티까지 하게 해주었다는 이화영 등의 주장이 나오기도 했었다.

형사소송법은 형사재판에서 사실의 인정은 증거에 의하고(형사소송법 제307조), 증거의 증명력은 법관의 자유판단에 의한다고 규정하고 있다

(형사소송법 제308조). 그렇다고 하여 증거의 증명력 판단에 관한 법관의 자유가 무제한인 것은 아니다. 논리와 경험칙, 사회통념에 따라 합리적으로 판단하여야 하는 구속, 제한이 따른다.

진실한 사실관계가 무엇인지에 대한 판단은 반드시 법률전문가인 판사만이 할 수 있는 일이라고 할 수 없다. 판사가 가장 잘할 수 있는 일이라고 할 수도 없다. 일반 시민들도 얼마든지 증명력의 평가와 사실인정에 적용할 논리와 경험칙, 사회통념이 무엇이고 어떠한지를 판단할 수 있다. 판사나 검사는 로스쿨에서 교육을 받고, 관료제적으로 운영되는 조직에서 일정한 방향으로 생각이 고정되거나 편견을 가질 가능성을 배제할 수 없다. 그 결과 일반 시민들에게 일반적으로 타당하다고 인정되는 논리와 경험칙, 사회통념에서 벗어나 증명력을 평가하고 사실인정을 하게 될 위험이 존재한다.

영국과 미국은 이러한 위험성을 배제하고, 사법 권력의 남용을 견제하여 민주적 정당성을 확보하기 위한 목적으로 중범죄 사건에서는 배심제를 채택하고 있다. 독일과 프랑스는 법관과 평의원이 상호 동등한 지위를 가지고 사실인정과 법률을 함께 판단하는 참심제를 운용하고 있다. 우리나라도 2009년부터 중범죄 사건을 중심으로 피고인 또는 법원의 신청에 의하여 진행하는 국민참여재판제를 도입하여 운영하고 있다. '무엇이 진실인지'는 일반 시민도 능히 판단할 수 있음을 전제한 것이다.

김성태, 방용철, 안부수의 진술과 김성혜, 김영철, 리호남의 말을 믿을 수 있는지는 상식과 경험칙의 수준에서 얼마든지 판단이 가능한 문제이다. 이재명 당시 경기도지사와 이화영 당시 경기도 평화부지사가 김성태에게 800만 달러 대납을 요구할 동기가 있었는지에 대해서도 마찬가지다. 따라서 일반 국민들도 얼마든지 그에 대해 판단할 수 있고, 선행사건 재판부의 판단에 대해 '이렇다 저렇다'라고 평가할 수 있다.

수원지검이 2023. 3. 21. 이화영을 선행사건으로 기소한 시점을 전후하여 대북송금 사건은 정치권과 언론의 집중적인 관심을 받았다. 그런데 제출된 증거와 재판의 심리에 대한 공개는 극히 제한적이었다. 언론은 검사의 기소 내용과 판결의 결론만을 보도할 뿐이었다. 이재명, 이화영 측의 변론에 대한 보도도 극히 제한적으로만 이루어졌다. 이러한 조건하에서 일반 국민들은 공소장 내용과 판결의 결론을 수동적으로 받아들이는 것 이외에 다른 관점과 비판을 접하고, 기소 내용을 직접 평가하고 판단해볼 기회를 갖기는 어려웠다. 그러는 사이에 검사의 기소만으로 유죄가 추정되기라도 하는 양 온갖 정치적 공격과 비난이 횡행하였다. 대북송금 사건에 대한 진짜 공방이 전개될 수밖에 없는 후행사건의 첫 공판기일은 이제 막 지정되었을 뿐이다. 검사의 공소권 남용에 의한 쪼개기 기소와 늦장 기소 때문이다.

그럼에도 불구하고 선행사건 판결이 후행사건에서도 움직일 수 없는 진실인 것처럼 주장되고 있다. 선행사건의 쟁점은 외국환거래법상 신고와 허가라는 절차 위반행위와 그에 대한 이화영의 공모 여부에 한정되었다. 그런데 후행사건의 쟁점은 이와는 전혀 다르다. 제대로 된 심리가 이루어진다면, 후행사건에서 법원의 판단은 얼마든지 달라질 수 있다. 여전히 무죄 추정의 원칙이 적용되어야 할 상황이다.

이 책은 검사의 주장과 선행사건 판결에 대한 분석과 비판을 제시하여 독자들이 배심원의 관점에서 검사의 수사와 기소, 선행사건에 대한 판결의 부당함을 평가하고 판단해주기를 요청하기 위해 쓰였다. 선행사건 재판 진행 중에 이런 책을 쓰는 것과 같은 시도들이 다양하게 이루어졌어야 했다. 재판의 심리에 대한 공개가 극히 제한적이고, 검사와 판사들이 공론의 장에서 재판의 심리에 대한 갑론을박이 벌어지는 것에 기본적으로 부정적인 데다가 검찰독재인 윤석열 정부하에서 그런 분위기가 극에 달하다 보니 이런 책을 쓰는 것과 같은 시도가 전무하다시피 하였다. 이 책이 사법 불신이 만연한 시대에 검사의 수사와 기소, 법원의 판결에 대한 실질적인 비평이 활성화되고, 그 결과 사법에 대한 국민의 감시와 민주적 통제를 확립하는 데 기여할 수 있기를 바란다.

차례

| 추천사 | 시민 법정과 역사적 정의　　　　　　　　　　　　　　　　004

| 머리말 | "피고인 이화영은 언제까지 모르쇠로 일관할 것인가?"　　007

1부　서론　　　　　　　　　　　　　　　　　　　　　　　　022

1　2018.~2020. 1.경까지 한반도 정세　　　　　　　　　　　　025
2　김영철과 김성혜, 안부수　　　　　　　　　　　　　　　　　027
3　이재명 경기도지사, 이화영 경기도 평화부지사　　　　　　　029
4　쌍방울그룹과 조선아태위 사이의 경협 추진　　　　　　　　031
5　김태균 회의록, N Project 투자유치안　　　　　　　　　　　037
6　2019. 5. 12. 협약식, 제2회 국제대회와 리호남　　　　　　　039
7　결론: 대북송금 사건의 진실　　　　　　　　　　　　　　　043

2부　수사와 기소　046

1　쌍방울그룹에 대한 수사의 변질: 이재명 죽이기　049
2　김성태 강제송환 후 수원지검의 위법수사:　056
　　진술세미나, 연어회 술 파티 의혹 등
3　김성태 등에 대한 봐주기 수사와 기소에 대한 의혹　064
4　쪼개기 기소, 수원지검의 부당한 의도　073
5　기소 요지　086

3부　이화영의 약속과 김성혜의 독촉,　094
　　　이화영의 대납 요구의 허구성

1　이재명, 이화영에게 대납을 요구할 동기와 이유가 있었을까?　097
2　이화영이 북한에 스마트팜 지원을 약속했을까?　106
3　안부수의 국정원 제보 허위성: 김성혜 말의 증거능력, 신빙성　128
4　안부수 수첩 읽기: 쌍방울그룹 대북사업은 언제 시작되었을까?　161
5　김성혜의 쌍방울그룹을 통한 외화벌이에 대한 안부수의 협조　176
6　스마트팜 비용 대납 관련 김성태 진술의 비일관성　196
7　이화영이 모르쇠로 일관한다는 검사의 부당한 공격에 대하여　202

4부　김성태의 주가조작과　　　　218
　　　　북한의 외화벌이

1　쌍방울그룹과 북한의 상호 간 경협 추진 목적을 문제 삼는 이유　221
2　북한의 대 쌍방울그룹 경협 추진 목적　228
3　전환사채를 이용한 주가조작　234
4　대북 경협 테마를 이용한 주가조작 Platform 나노스　239
5　N Project 투자유치안 읽기: 주가조작 계획서　246
6　대북사업에 대한 경기도의 지원, 보증은 가능한가?　258
7　김태균 회의록 읽기: N Project 투자유치안 실행을 위한 전략회의　268

5부　쌍방울그룹이 송명철에게 지급한　　288
　　　　500만 달러는 대납일까?

1　송명철 명의의 영수증 제출 경위에 대한 의혹　291
2　2019. 4. 초경 300만 달러 지급 경위와 용도에 대한 의혹　293
3　스마트팜 500만 달러 지급이 경기도를 위한 대납인지 여부　298

6부   방북 의전 비용 대납의 허구성   303

1 이화영이 방북 초청을 부탁하고, 그 비용 대납을 요구했을까?   305
2 김성태에게 방북 의전 비용 말고 북에 돈을 지급할   332
   다른 이유가 없었을까?
3 리호남은 2019. 7.경 필리핀 마닐라를 방문하였을까?   350

7부   후행사건 공소사실 중   358
        제3자뇌물 혐의의 허구성

1 제3자뇌물의 개념   361
2 후행사건 제3자뇌물 공소사실의 요지   362
3 제3자뇌물 공소사실의 허구성   363

8부   결론   367

True

1부

서론

False

1 2018.~2020. 1.경까지 한반도 정세
2 김영철과 김성혜, 안부수
3 이재명 경기도지사, 이화영 경기도 평화부지사
4 쌍방울그룹과 조선아태위 사이의 경협 추진
5 김태균 회의록, N Project 투자유치안
6 2019. 5. 12. 협약식, 제2회 국제대회와 리호남
7 결론: 대북송금 사건의 진실

1 2018.~2020. 1.경까지 한반도 정세

북한은 2017. 7. 4. 및 7. 28. ICBM급 미사일 발사, 2017. 9. 3. 제6차 핵실험, 2017. 11. 29. 장거리 탄도미사일 발사에 나서고, 미국 주도로 유엔 안전보장이사회에서 한층 강화된 대북제재 결의안들이 채택되는 등으로 북한에 대한 국제사회의 제재가 한층 강화되는 상황이었다.

그러나 2018. 1. 1. 김정은 북한 국무위원장이 신년사에서 평창 동계올림픽에 북한 대표단을 파견할 용의가 있다고 발언하면서 정세가 급반전되기 시작했다. 김여정 조선노동당 중앙위원회 제1부부장이 김정은 국무위원장의 특사 자격으로 2018. 2. 9.~2. 11. 강원도 평창에서 열린 동계올림픽 개막식과 청와대 오찬 등에 참석하여 김정은의 친서와 방북 초청 의사를 전달하였다. 그에 따라 북한의 핵실험과 미사일 도발 때문에 고조되었던 한반도 주변의 긴장이 급속도로 해빙되는 분위기로 바뀌었다.

  2018. 3. 9. 사상 최초의 북미정상회담 개최가 발표되었다. 2018. 4. 27. 판문점 남측 평화의 집에서 문재인 대통령과 김정은 국무위원장 간의 제1차 남북정상회담이, 2018. 5. 26. 판문점 북측 통일각에서 제2차 남북정상회담이 각각 열렸다. 2018. 9. 18.~9. 20. 평양 및 백두산 일원에서 열린 제3차 남북정상회담에서는 문재인 대통령이 김정은 국무위원장에게 연내 서울 방문을 하도록 초청하였고, 김정은이 이를 수락함으로써 김정은의 2018년 내 서울 답방에 대한 기대감이 한껏 부풀어 올랐다. 아울러 김정은은 '영변 핵시설의 영구적 폐기 용의도 있음을 표명'하였다.

  그러나 2019. 2. 말 하노이 북미정상회담이 노딜(no-deal)로 무산되면서 '북한의 즉각적인 개혁·개방 및 대북제재 해제는 물 건너간 것 아니냐'는 회의론이 득세하게 되었다. 다만, 북미 간 물밑 접촉은 계속 진행되었고, 2019. 6. 30. 판문점에서 도널드 트럼프 미국 대통령이 군사분계선을 넘어 북한 측 구역으로 건너가면서 현직 미국 대통령으로서는 처음 북한 땅을 밟게 되었고, 이어 문재인 대통령, 김정은 국무위원장, 도널드 트럼프 대통령 간 남북미 정상회동이 열리면서 북미대화 재개 및 대북제재 해제 가능성이 다시 높아지는가 싶었다.

  그런데 미국과의 비핵화 실무협상을 앞둔 2019. 7.경, 북한은 한국과 미국이 한미연합훈련을 계획대로 진행하겠다고 한 것을 맹비난하며 북한 사람이 남한 측 인사와 접촉하는 것을 금지하였다. 이후 북한은 점점 더 대남 접촉을 줄이고, 탄도미사일 발사를 계속하는 등 긴장을 높이더니 2020. 1.경 김정은 신년연설에서 남북 및 북미 대화 중단을 선언하고, 설상가상으로 코로나19 방역을 이유로 국경을 봉쇄함으로써 국제사회로부터의 고립을 선택하였다.

2 김영철과 김성혜, 안부수

김영철은 조선노동당 통일전선부장 겸 조선아태위 위원장, 국무위원회 위원, 최고인민위원회 상임위원 등과 같은 조선노동당, 북한 행정부서의 핵심 요직에 재직하면서 김정은 조선노동당 위원장을 보좌하는 북한의 권력 실세다. 2018년 세 차례의 남북정상회담에 배석하고, 남북 및 북미정상회담 실무를 총괄하였다.

김성혜는 2018년 말~2019년 초경 조선아태위 실장 겸 조선노동당 통일전선부 실장으로 남북정상회담과 북미정상회담 당시 김영철을 보좌하여 실무적으로 중추적인 역할을 했다. 3차 남북정상회담에서 논의된 김정은의 2018년 내 서울 답방에서도 중요한 역할을 맡을 것으로 예상되었다. 국정원은 김정은의 2018년 내 서울 답방을 초미의 관심사로 선정하고, 김성혜를 Key Player로 평가했다고 한다.

송명철은 2018년 당시 조선아태위 부실장으로 김영철과 김성혜를 보좌하였고, 대남협력사업에 관한 실무를 담당하였다.

안부수는 2010. 3. 26. 아태협을 설립하였고, 2017. 8.경부터 현재까지 아태협의 등기이사 및 회장을 맡고 있다. 안부수는 아태협을 통해 일제

강점기 강제동원 희생자들의 유골봉환 사업을 오랫동안 수행해왔고, 일제 강제동원 규탄과 진상조사, 유해발굴과 봉환 등을 목적으로 제1회 국제대회 개최를 추진하였다.

김영철과 김성혜는 미·북 협상 이후 진행하고자 하였던 대일수교 협상에서 일제강점기 강제동원 배상금을 높이기 위한 전략으로 아태협이 주최하는 제1회 국제대회를 이용하고자 하였다. 이러한 배경과 목적하에서 북한 민화협은 2018. 5.과 6.경 안부수에게 대동강맥주사업권을 부여하는 등 안부수에 대한 신임을 표시하였다. 안부수는 2018. 8. 29.~9. 1. 평양을 방문하여 김성혜를 만났고, 아태협과 조선아태위 사이에 '조선아태위가 제1회 국제대회에 대표를 파견하고, 다방면적인 사회문화 및 경협을 추진해 나간다'는 취지의 합의서를 체결하였다.

국정원은 안부수가 김영철과 김성혜의 신임을 받고 있는 점을 감안하여 2018. 5.경부터 안부수와 협조자 관계를 맺었다. 특히, 제3차 남북정상회담에서 김정은이 2018년 내 서울 답방 의사를 밝히자, 국정원은 김정은의 서울 답방을 가장 중요한 관심 사항으로 선정하고, 안부수를 통해 Key Player로 평가한 김성혜로부터 관련 정보를 얻어내고자 하였다.

안부수는 2018. 9.경 국정원 직원으로부터 이화영을 소개받고, 이화영에게 아태협이 조선아태위와 합의한 제1회 국제대회 개최와 남북교류협력사업 추진을 제안하였다. 이화영으로부터 긍정적인 답변을 듣고 2018. 9. 11. 조선아태위에 이를 알리는 공문을 아태협 명의로 발송하였다. 안부수가 경기도와 북한 사이의 황해도 스마트팜 사업 등을 비롯한 남북교류협력사업 추진의 시발점을 제공한 것이다.

3 이재명 경기도지사, 이화영 경기도 평화부지사

이재명은 3차 남북정상회담 개최 직전인 2018. 7. 1. 민선 7기로 경기도지사에 취임하였다. 남북교류협력사업을 확대하겠다는 선거 공약을 이행하기 위하여, 2018. 8. 1. 기존의 연정부지사를 평화부지사로 변경하여 경기도의 남북교류협력사업을 총괄하게 하고, 2018. 10. 1. 그 산하에 평화협력국을 신설하였다.

이화영은 2004. 4. 15. 제17대 국회의원에 당선되어 2008. 5.경까지 국회의원을 역임하면서 국회 통일외교통상위원회 간사로 활동하였다. 2006. 10.경 노무현 대통령 남북정상회담 및 특사 파견과 관련하여 평양을 방문하였고, 이후 대북, 대중 전문가로 사회단체 활동을 하였다. 2018. 7. 10. 경기도 평화부지사에 취임하였다.

이화영은 2018. 10. 2.~3. 안부수 주선으로 중국 심양에서 송명철을 만나 황해도 스마트팜 시범농장 사업추진 등이 포함된 6개항에 합의하였다. 스마트팜 사업 등에 대한 세부적인 논의와 합의문 작성을 위하여 경기도 대표단이 방북하기로 합의하였다. 2018. 10. 4.~6. 「10.4선언 남북공동행사」 방북단 일원으로 1차 방북하였다. 1차 방북 중 김성혜와 스마트팜 사업에 관하여 협의하고, '협력사업에 대한 최종합의서는 이재명 경기도지사 방북 성사 시 체결'하기로 하였다. 2018. 10. 20~22. 김성혜의 초청으로 2차 방북하였고, 그 직후 '황해도 스마트팜 시범농장 사업에 대해 협의했다'고 발표하였다.

경기도는 2018. 10. 30. 제7차 남북교류협력위원회를 개최하여 2019

년 남북교류협력기금 사용계획 및 기금운용계획(안)을 심의했다. 이 계획(안)에는 「황해도 농림복합형 시범농장 [스마트팜] 운영」 사업비 약 34억 원이 2019년에 사용될 예정이라고 기재되어 있고, 2018년 4분기에는 사업비 사용 계획이 없었다.

아태협과 경기도는 공동 주관하에 2018. 11. 14.~17. 고양시에서 제1회 국제대회를 개최하였다. 경기도지사 이재명과 조선아태위 부위원장 리종혁은, 이재명 경기도지사가 가까운 시일 내에 평양을 방문하기로 하는 내용의 합의문을 발표하였다.

이재명과 이화영, 경기도의 발표, 언론 인터뷰, 내부 공문 어디에서도 이화영이 북측에 황해도 스마트팜 사업을 지원한다거나 그 비용 500만 달러를 현금으로 지원하기로 약속하였다는 명시적인 언급을 찾아볼 수 없다. 단지, '경기도지사가 포함된 경기도 대표단 방북 성사 시 합의하겠다'고 하는 등으로 황해도 스마트팜 사업 지원에 대한 적극적인 의지를 표명했을 뿐이다. 당시 한반도 정세는 김정은이 2018년 내 서울 방문 의사를 밝히는 등으로 북한의 비핵화와 이를 전제로 한 대북제재 해제 가능성에 대한 전망이 높아지고 있는 상황이었다. 이재명과 이화영의 적극적 의사와 의지 표명은 당시의 한반도 정세를 전제로 한 것이었다. 정치인의 문법을 감안하면 대북제재 해제를 조건으로 한다고 해석하는 것이 자연스럽다. 따라서 이를 근거로, 이화영이 대북제재가 해제되기도 전의 단기간 내에 북한에 스마트팜 비용 500만 달러 지원을 약속했을 것이라고 추정할 수는 없는 일이다.

4 쌍방울그룹과 조선아태위 사이의 경협 추진

언론보도에 의하면, 쌍방울그룹과 KH그룹은 지분투자를 통해 서로 복잡하게 연결돼 있다고 한다. 오너인 김성태와 배상윤이 경제공동체라는 분석도 있다. 한국일보 보도에 의하면, 2022년 말경 쌍방울그룹과 KH그룹의 지배구조는 아래 그림과 같다.

김성태와 배상윤은 대북송금도 함께 실행했다고 의심받고 있었는데, 최근 배상윤은 해외 도피 중 언론 인터뷰에서 이를 인정하면서 경기도와는 상관없이 대북 경협을 위해 지급한 돈이라고 언급했고, 김성태 측 변호인도 후행사건 공판준비기일에서 '이재명과 공모한 사실은 없었다'

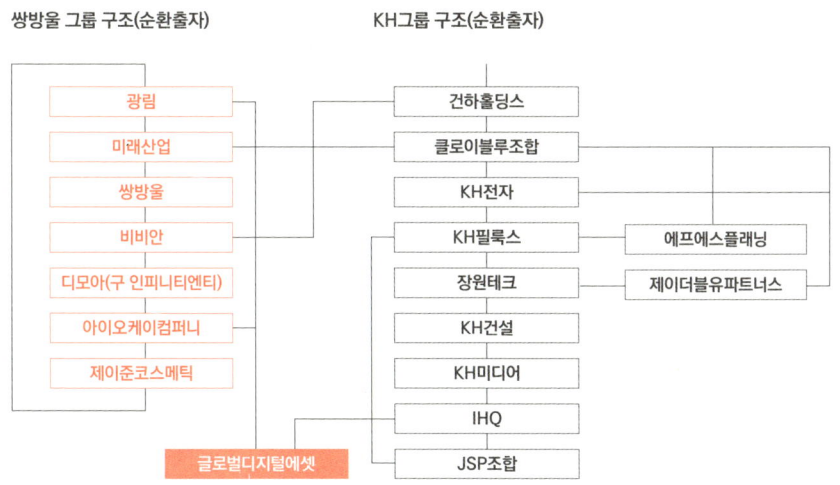

쌍방울과 KH그룹의 지배구조도

자료: 각사 등기부등본, 금융감독원 전자공개

고 발언했다.

  김성태는 2010.~2011. 2.경 쌍방울 인수 전후로 매제인 김○○ 등과 함께 쌍방울의 주가를 조작하여 수백 원대의 시세차익을 챙긴 혐의로 2014. 5. 9. 구속기소되어 징역 3년에 집행유예 5년을 선고받았다. 2016. 12.경 당시 회생 절차를 밟고 있던 나노스를 인수했다. 나노스 주식은 2017. 7. 13. 거래가 재개됐고, 주가가 치솟았다. 쌍방울그룹 대북사업 추진은 그 연장선에서 이루어졌다.

  안부수가 2018년 하반기경 작성한 수첩(이하 '안부수 수첩')에 의하면, 쌍방울그룹은 2018. 11. 14.~17. 고양시에서 개최된 제1회 국제대회 이전부터 안부수의 중개로 북측과 상호 간 경협을 위한 협의를 구체적으로 진행해왔음을 확인할 수 있다. 방용철과 양선길이 안부수의 도움으로 제1회 국제대회에 참석하여 북측 참가자인 송명철을 만나 영문의 투자의향서를 전달하고, 경기도와는 별도로 '스마트팜 지원 1천만 달러' 문제를 협의하였음을 보여주는 메모가 안부수 수첩에 등장하기 때문이다. 그런데도 검사는 선행사건에서 이를 증거로 제출하지 아니하였다. 이화영 측 변호인은 뒤늦게 이를 파악하여 안부수 수첩을 증거로 제출하면서 항소심 변론 재개를 요청하였으나, 선행사건 2심은 이를 받아들이지 않고 판결을 선고했다.

가. 2018. 11. 20.~22. 방용철과 리호남 접촉

  방용철은 안부수의 중개로 중국에서 리호남을 만났다. 김성혜의 요청으로 안부수가 방중한 점에 비추어 김성혜도 함께 만났을 것으로 추정된다. 안부수 수첩에는 이 접촉에서 나눈 대화로 보이는 메모가 기재되어 있다.

나. 2018. 11. 29.~12. 1. 중국 심양 접촉

김성태는 방용철과 함께 2018. 11. 29~12. 1. 안부수의 중개로 김성혜를 처음 만났다. 북측에서는 박철, 리호남도 참석하였다.

김성태는 이 접촉에서 술김에 김성혜가 요구하는 300~500만 달러(또는, 500만 달러)를 주겠다고 했다고 진술했다. 김성태는 국내로 강제송환된 다음 날인 2023. 1. 18. 자 조사에서는 이 접촉 직후 이화영을 만나 '북한에 스마트팜을 지원하지 못한 이유를 물어보았더니 이화영이 대북제재 때문이라고 하더라'고 진술했다가 2023. 1. 28. 자 조사에서는 완전히 말을 바꾸었다. '먼저, 이화영으로부터 북한에 돈을 줄 수 없는 이유를 듣고는 그에 대한 사실 확인차 김성혜를 처음 만나게 되었고, 그 직후 이화영으로부터 대납 요구를 받았다'고 진술을 변경했다. 첫 조사에서의 진술에 의하면, 김성태는 이화영과는 상관없이 안부수의 중개로 김성혜를 처음 만났다는 말이다. 그런데 두 번째 조사에서는 '이화영의 요구에 따라 대납'한 것으로 진술의 큰 방향을 선회시킨 것이다. 김성태는 2023. 1. 18. 자 조사 당시 이화영에게 뇌물을 주었다고 진술했기 때문에 이화영을 두둔할 이유는 없었다. 첫 조사에서의 진술이 실체적 진실에 더 가깝다고 볼 수 있는 대목이다.

안부수는 당시 이 접촉을 국정원에 제보했고, 관련 국정원 문서가 선행사건에 제출되었다. 그런데 안부수는 김성태, 방용철과 함께 김성혜를 만난 사실과 이 만남에서 쌍방울그룹과 조선아태위 사이의 경협 문제를 협의한 사실을 숨긴 채로, '김성혜로부터 이화영이 약속하고도 지키지 않은 스마트팜 사업용으로 200~300만 달러를 만들어 달라'는 부탁을 받았다고만 제보했다. 이러한 점에서 안부수의 제보는 핵심적인 내용이 허위인 거짓 제보다.

다. 2018. 12. 22.~26. 안부수의 2차 평양 방문

안부수는 위 나항 기재 접촉에서 김성혜로부터 방북 요청을 받고 2018. 12. 22.~26. 평양을 두 번째로 방문하였다. 안부수는 평양 방문 시 김영철에게 7만 달러를 제공한 혐의로 항소심에서 유죄판결을 받았다. 안부수는 평양에서 김성태의 친서를 북한에 전달했고, 김성혜, 김영철로부터 200~300만 달러를 재차 부탁받았다. 안부수는 김성혜 등과 쌍방울그룹을 통해 돈을 마련하는 방안과 쌍방울그룹과 조선아태위 사이의 경협 합의서 체결 문제를 구체적으로 협의했을 것으로 추정된다. 그럼에도 불구하고 안부수는 김성태의 친서를 전달한 사실과 쌍방울그룹의 대북 경협 문제를 협의한 사실은 국정원 제보에서 누락시켰다. 이 점에서 안부수의 이 부분 국정원 제보도 중요한 점에서 허위제보라고 하지 않을 수 없다.

다른 한편으로, 김영철과 김성혜의 말은 그런 협의 과정에서 나온 계산된 발언이었을 가능성을 배제할 수 없다. 따라서 안부수가 2차 평양 방문시 김영철, 김성혜로부터 들었다고 국정원에 제보한 김영철, 김성혜의 말이 모두 진실이라고 단정할 수 없다.

라. 2018. 12. 29.~30. 대북접촉

김성태와 방용철은 2018. 12. 29.~30. 중국 단동에서 안부수의 중개로 김성혜, 박철, 리호남을 만나 북남협력제안서를 제시하였다. 북남협력제안서에는 '협동농장지원[단계적으로 300~500만 달러]'라는 문구가 기재되어 있다. 안부수는 이 접촉에 대하여도 위 나항 기재 접촉에 대한 것과 동일하게 김성태, 방용철과 함께 김성혜를 만난 사실과 이 만남에서 쌍방울그룹의 대북 경협 문제를 협의한 사실을 누락시킨 채, 김성혜로부터 '이화영이 스마트팜 기술 지원뿐만 아니라 50억 원 규모의 자금지원도 약속했기 때문에 김정은 위원장에게 보고하였으며, 돌격대도 조직하였다'는 말을 들었다고만 제보하였다. 마찬가지로 안부수의 제보에는 중요한 점에서 허위가 개입되어 있으므로, 안부수의 제보에 포함된 김성혜의 위 말을 근거로 이화영이 2018. 10.경 1, 2차 방북 시 500만 달러를 약속했다고 단정할 수는 없다.

마. 2019. 1. 17. 중국 심양에서 쌍방울그룹과 조선아태위 합의서 체결

쌍방울그룹은 2019. 1. 17. 중국 심양에서 조선아태위와 상호 간 경협에 관한 합의서를 체결하였다. 여기에는 경협의 구체적인 내용은 기재되어 있지 않다. 김성태는 일종의 양해각서였다고 진술하였다.

바. 2019. 1. 23.~24. 송명철에게 200만 달러 지급

김성태는 2019. 1. 23.~24. 쌍방울그룹 임직원들 수십 명으로 하여금 3~4만 달러씩 휴대하고 심양으로 출국하게 하여 200만 달러를 밀반출한 다음 송명철에게 지급하였다. 안부수도 직접 밀반출과 환치기로 14만 5,040 달러 및 180만 위안을 심양에 가져가 송명철에게 지급된 200만 달러에 보탰다. 김성태, 방용철, 안부수는 이 돈은 이화영의 요구에 따라 경기도를 위해 대납한 것이라고 진술했다. 그러나 아래와 같은 점에 비추어 김성태, 방용철, 안부수의 진술은 믿을 수 없다.

　김성태는 앞서 본 바와 같이 김성혜와의 첫 만남 전후에 이화영과 나눈 대화 내용에 대한 진술에서 보듯이 중요한 점에서 일관성 없이 진술하였다. 방용철의 진술도 2023. 1. 29. 자 조사 때 김성태와 대질하면서 종전 진술을 변경한 것으로 일관성이 없기는 마찬가지다. 안부수도 2023. 3. 19. 김성태, 방용철 등 5인과 대질하면서 그 이전에 이화영 재판에 나와 증언할 때까지 유지했던 진술을 완전히 변경했다. 안부수는 국정원에 쌍방울그룹을 통해 돈을 마련해주는 방안을 제안했고, 국정원 직원의 만류에도 불구하고 자신의 주도로 그 방안을 실행에 옮긴 장본인이었다. 심지어는 200만 달러 밀반출에 직접 가담하기도 했다. 그럼에도 불구하고 안부수는 자신의 관여 없이 이화영이 대납을 요구하여 쌍방울 대북송금이 이루어졌다는 듯이 '유체이탈 화법'으로 진술하였다.

사. 2019. 1. 말경 국정원의 안부수와 협조자 관계 종결

　국정원은 2019. 1. 말경 쌍방울그룹 주가조작 연루설 대두 가능성을 염려하여 안부수와의 협조자 관계를 종결지었다고 한다. 공교롭게도 김성태 등이 송명철에게 200만 달러를 지급했다는 2019. 1. 23.~24.경 직후의 시점이다. 안부수는 국정원 직원의 만류에도 불구하고 쌍방울그룹을 통해 김성혜가 요구한 돈을 마련해주는 방안을 실행에 옮겨 성공시켰다. 쌍방울그룹 임원 박○○은 검찰에서 안부수가 '이거 국정원이 다 알고 있다'라고 말하는 것을 들었다고 진술하기도 했다. 안부수는 쌍방울그룹을 통해 김성혜에게 돈을 마련해주기로 마음을 먹고, 국정원의 그에 대한 승인 내지 묵인을 구하고자 하는 의도를 갖고 김성혜가 돈을 요구한 사실을 각색하여 제보하였다고 의심할 수밖에 없다.

국정원은 선행사건에 대북송금 관련 문서를 제출하면서, 일부 내용을 삭제하였고, 안부수나 이화영으로부터 제보를 받았을 것이라고 추정할 수 있는 대북접촉에 대한 문서를 누락시켰다고 추정된다. 국정원은 관련 사실을 파악하고(또는, 승인하거나 묵인하고) 안부수와의 협조자 관계를 종결지었던 것은 아닐까? 이런 의문이 들지 않을 수 없다. 국정원은 위와 같은 의혹을 해소하기 위해서라도, 후행사건에서는 삭제된 부분을 포함하는 완전한 문서를 다시 제출하고, 누락된 관련 문서들도 추가로 제출하여야 한다. 나아가 관련 사실을 조사하여 공개하는 등으로 제기된 의혹에 대한 진실규명에 책임 있는 자세를 보여야 마땅하다.

5 김태균 회의록, N Project 투자유치안

김성태는 쌍방울그룹과 조선아태위 사이의 2019. 1. 17. 자 합의서 체결을 목전에 둔 2019년 새해 벽두에 김태균에게 1억 달러를 해외에서 조달하는 업무를 위탁하였다. 김태균은 2019. 1. 초경부터 2019. 4. 초경까지 5회에 걸쳐 김성태, 방용철과 대면 또는 전화로 회의를 했다고 한다. 김태균은 2019. 2.경 나노스 전환사채 1억 달러 발행 계획서인 N Project 투자유치안을 작성하였다. 그런데 그 내용은 투자자와 공모하여 주가조작을 실행하는 방법으로 나노스 전환사채 1억 달러를 발행하고자 하는 계획서에 다름 아니다. 쌍방울그룹의 대북사업 목적이 주가조작에 있었음을 보여주는 단적인 증거이다.

김태균과 김성태, 방용철의 회의는 헤지펀드 투자자들로 하여금 N Project 투자유치안에 따른 주가조작을 성공시킬 수 있다고 믿게 하고, 나노스 전환사채 1억 달러를 인수하도록 유인하기 위한 전략회의였다. 김태균 회의록의 내용이 진실에 기초해 있다고 단정할 수 없는 이유다. 김태균은 제2회 국제대회에 참석하고 나서 접촉했던 어느 투자자에게 나노스에 대한 투자가 대부분 결정되었다고 하면서 투자에 대한 결심을 재촉하는 사기성 메일을 보냈다. 그런데 선행사건 1심에 증인으로 출석하여서는, '제2회 국제대회에 참석해보고 김성태가 경기도에 속았다고 판단하여 투자유치 업무를 중단했다'고 거짓 증언을 했다.

선행사건 재판부는 이러한 N Project 투자유치안, 김태균 회의록, 김태균 증언을 신뢰하고, 유죄의 근거로 삼았다. 매우 부당하다 하지 않을 수 없다.

6 2019. 5. 12. 협약식, 제2회 국제대회와 리호남

가. 2019. 4. 초경 300만 달러 송명철에 대한 지급

김성태는 2019. 4. 초경 환치기로 마카오에서 300만 달러 상당을 수령하여 송명철에게 지급하였으나 북측이 평양으로 송금해 줄 협조자로 지정한 조선족 카지노업자가 평양 송금 수수료를 과다하게 요구하여 이를 반환받았고, 다시 환치기, 밀반출, 직접 휴대 운반 등으로 마카오→홍콩→광저우→심양으로 순차 돈을 이동시킨 다음, 최종적으로 심양에서 송명철에게 300만 달러를 지급하였다고 진술하였다. 김성태는 2019. 1.경에는 밀반출로 북에 돈을 지급했는데 2019. 4. 초경에는 이렇게 환치기로 변경하여 북에 돈을 지급한 이유에 대해, 북한 권력 실세인 김영철이 직접 전화해서 2019. 1. 심양에서 송명철에게 돈을 지급할 때 중국 당국에 적발된 사실을 알려주면서 제3국에서 돈을 지급해달라고 부탁하였기 때문이라고 진술했다. 상식적으로 믿기 어려운 진술이다.

더욱이 배상윤이 수원지검에 제출한 2023. 1. 15. 자 진술서에 의하면, 배상윤은 2019. 5. 12. 협약식 전후에 김성태로부터 북한에 200만 달러를 지급한 상태에서 북한으로부터 추가로 300만 달러를 요구받고 있다면서 그 일부를 부담해달라는 말을 들었다고 한다. 배상윤의 진술서에 써 있는 대로, 김성태가 2019. 5. 12. 협약식 전후의 시점에서 북한에 지급한 돈이 200만 달러에 불과하였다고 한다면, 김성태가 2019. 4. 초경 환치기로 마카오에서 송금받았다는 300만 달러는 북한에 지급한 돈은 아니었다는 말이다.

따라서 2019. 4. 초경 송명철에게 300만 달러를 지급했다는 김성태의 진술을 믿을 수 없다. 도박이나 기타 다른 목적으로 300만 달러를 사용하고는 북한에 300만 달러를 지급하였다고 거짓으로 진술한 것이라고 의심할 수밖에 없다.

나. 2019. 5. 12. 자 협약식

쌍방울그룹과 북한 조선아태위는 2019. 5. 12. 자 협약식 하루 전날 면담록에 서명하였는데, '2019. 1. 17. 자 합의서에 따른 구체적인 사업권 내용을 담은 합의서를 쌍방울그룹과 민경련 사이에 비공개로 체결하되 추후 평양 또는 제3국에서 공개 체결식을 갖기로 한다'고 쓰여 있다. 이에 따라 쌍방울그룹과 KH그룹은 2019. 5. 12. 민경련과 중국 단동에서 구체적 사업권에 관한 협약서 체결식을 비공개로 진행하였고, 그 내용도 비밀로 유지하기로 하였다.

쌍방울그룹과 조선아태위가 이처럼 2019. 5. 12. 자 협약식을 비공개로 한 이유는 쌍방울그룹 측에서 북측에 주기로 약속한 돈을 다 주지 못했기 때문일 것이다. 앞서 본 배상윤의 2023. 1. 15. 자 진술서에 의하면, 김성태가 배상윤에게 2019. 5. 12. 협약식 전후에 '북측에 300만 달러를 주어야 한다'고 하면서 '그 일부를 부담해달라'고 요청했고, 2019. 12. 말경 또는 2020. 1.경 '직원들을 동원해서 겨우 300만 달러를 지급했다'고 말했다고 한다. 즉, 김성태가 2019. 5. 12. 협약식 전에 북측에 300만 달러를 지급하였다고 한다면, 2019. 5. 12. 협약식을 공개적으로 진행하고, 협약서 내용도 공개할 수 있었음에도 불구하고 자금 사정이 안 좋아 북측에 300만 달러를 지급하지 못했기 때문에 2019. 5. 12. 협약식을 비공개로 할 수밖에 없었던 것이다. 김성태의 최종 변경된 진술대로, 만일 2019. 5. 12. 자 협약식을 전후하여 리호남이 김성태에게 콩기름 500만 달러어치를 사달라고 요구하였다고 한다면, 그 돈은 2019. 5. 12. 자 협약서 공개와 공개 체결식에 대한 대가일 것이고, 경기도지사 방북 초청이나 방북 의전 비용과 관계된 돈이었다고 할 수는 없다.

선행사건 재판부는, 2019. 5. 12.자 협약식 당시 쌍방울그룹이 300만 달러 지급을 약속하고도 자금 사정으로 이를 지급하지 못해서 비공개로 할 수밖에 없었던 사실을 간과한 나머지, '2019. 5. 12.자 협약서도 공개하지 못하고 있는 김성태로서는 이재명 당시 경기도지사 방북 의전 비용이 아니라면 북한에 300만 달러를 지급할 이유가 없었다'는 부당한 이유로 방북 의전 비용 300만 달러 대납을 인정하고 말았다.

다. 2019. 7.경 마닐라 제2회 국제대회와 리호남

검사는 김성태가 2019. 7.경 제2회 국제대회 기간 중 마닐라에서 자신을 찾아온 리호남에게 방북 의전 비용 70만 달러를 지급하였다고 주장한다. 그러나 리호남은 북한의 정찰총국 소속 대남공작원으로 대한민국뿐만 아니라 미국과 그 동맹국들 정보기관의 주요한 감시 대상이고, 신분이 노출되면 체포될 가능성도 있다. 김성태 말고는 2019. 7. 마닐라에서 리호남을 봤다는 사람도 없다. 선행사건 2심이 판시한 바와 같이, 리호남이 가명과 위조 여권을 사용하여 필리핀에 입국했을 가능성을 배제할 수는 없다고 하더라도, 그에 수반될 수밖에 없는 부담과 비용, 위험을 무릅쓰고 리호남이 필리핀에 입국하여 마닐라에서 김성태로부터 70만 달러를 받아서 출국한다는 것은 상식적으로 발생하기 어려운 일이다. 따라서 그런 희박한 가능성만으로는 리호남의 마닐라 방문에 대한 합리적 의심을 배제할 수 없으므로, '의심스러울 때는 피고인의 이익으로'라는 원칙에 따라 김성태가 2019. 7. 마닐라에서 리호남에게 70만 달러를 지급한 사실을 부인함이 마땅하다. 그런데도 선행사건 2심은 반대로 판단하였다. '의심스러울 때는 검사의 이익으로'라는 원칙을 적용한 셈이다.

　김성태가 2019. 7. 제2회 국제대회에서 리호남에게 지급한 돈의 액수와 명목에 대한 진술도 도무지 일관성이 없어 믿을 수 없다. 2023. 1. 28. 자 조사에서 2019. 7. 제2회 국제대회에 참가한 북측 인사들에게 '선물이나 사 가라'고 하면서 60~70만 달러(리호남에게는 30~40만 달러)를 주었다고 진술했었다. 경기도지사 방북 초청과 방북 의전 비용 얘기가 제2회 국제대회에서 처음 나왔다고 진술하기도 했다. 그런데 2023. 3. 19. 자 조사에서는 방북 초청과 방북 의전 비용 얘기가 그보다 앞선 2019. 5. 12. 협약식 때 나왔고, 제2회 국제대회 직전에 방북 의전 비용으로 300만 달러를 북측에 주기로 합의되었기 때문에 제2회 국제대회에서 리호남에게 우선 100만 달러를 주기로 했었는데, 가진 돈이 부족하여 70만 달러만 주게 된 것이라고 진술을 변경했다. 나아가, 2020. 1. 중순에 리호남에게 나머지 30만 달러를 주었다는 새로운 진술도 추가했다. 리호남이 방북 의전 비용을 요구하고, 리호남과 300만 달러에 합의한 시점과 장소, 방북 의전 비용의 총액과 지급 경위에 대한 김성태의 진술은 전혀 일관성이 없어 믿기 어렵다.

라. 2019. 11. 말~12. 초경 200만 달러 밀반출에 의한 송명철에 대한 지급

위에서 본 바와 같이, 쌍방울그룹과 조선아태위가 2019. 5. 12. 자 협약식 전날 비공개로 하기로 한 것은 자금 부족으로 북측에 약속한 300만 달러를 주지 못했기 때문일 것이다. 배상윤의 2023. 1. 15. 자 진술서에 의하면, 김성태가 2019. 11. 말~12. 초경 송명철에게 지급하였다는 200만 달러(배상윤 진술서에 의하면, 300만 달러, 김성태도 첫 조사에서는 300만 달러였다고 진술)는 2019. 5. 12. 협약식 전후의 시점에 김성태가 북측에 주기로 이미 약속이 되어 있었던 돈이라는 말이다.

쌍방울그룹 임원들이 검찰에서 2019. 초경 북한에 지급할 돈이 100억 원에 이르렀다는 취지의 진술을 한 점과 KH그룹 직원 김○○이 2019. 2.경 쌍방울그룹 본사에서 회의한 내용을 보고한 문서에도 쌍방울그룹 측에서 그와 같은 취지로 설명했다는 내용이 기재된 점도 이를 뒷받침한다.

따라서 김성태가 2019. 11. 말~12. 초경 밀반출로 송명철에게 지급한 돈의 명목이 방북 의전 비용이라고 할 수는 없다.

7 결론: 대북송금 사건의 진실

대북송금은, ① 안부수 수첩과 안부수의 국정원 제보에 의하면, 안부수가 국정원의 반대를 무릅쓰고 김성혜가 요구한 돈을 쌍방울그룹을 통해 마련해준 사건, ② N Project 투자유치안과 김태균 회의록에 의하면, 김성태, 배상윤이 나노스 등의 주가조작용 대북 경협 테마 생산을 위해 형식적으로 대북 경협을 추진하면서 그 대가로 800만 달러를 지급한 사건, ③ 안부수의 국정원 제보와 2000년경 현대그룹 대북송금 5억 달러와의 비교 등에 의하면, 김성혜와 리호남이 외화벌이를 위하여 쌍방울그룹 등의 주가조작 목적을 알고 적극 이용한 사건이다. 대북브로커(안부수), 쌍방울그룹(김성태), 북한(김성혜)이라는 세 주체들이 각자의 부정한 목적을 달성하기 위하여, 쌍방울그룹과 북한 사이의 상호 간 경협을 형식적으로 추진하면서 거액의 돈을 주고받은 사건인 것이다.

수원지검 검사들은 대북송금의 실체적 진실을 알고 있었거나 알 수 있었음에도 불구하고, 이재명을 구속기소하여 정치적으로 사장시키기 위하여, 명백한 반대 증거들을 무시한 채, 김성태, 배상윤, 안부수 등에 대한 수사 확대와 축소, 선처 등을 이용해서 회유하고 협박하여 이재명과 이화영의 제3자뇌물 사건으로 조작해내었다.

국정원은 쌍방울그룹과 조선아태위 사이의 형식적인 경협 추진과 불법적인 대북송금의 경위를 알 수 있는 위치에 있었다. 증거들과 관련 정황에 비추어, 국정원의 최대 관심사인 김정은의 2018년 내 서울 답방 문제에 대한 김성혜의 역할을 이용하기 위하여, 안부수가 쌍방울그룹을 통해 김성혜가 요구하는 돈을 마련해주는 것을 알고도 묵인하였을 가능성도 의심해볼 수밖에 없다. 실체적 진실을 파악하고 있으면서도 수원지검의 조작 수사를 방관하거나 소극적으로라도 협조하였을지 모른다는 의혹도 생긴다.

선행사건 재판부는 대북송금의 세 주체들인 김성태와 배상윤, 안부수, 김성혜와 리호남이 각자 갖고 있었던 부당한 목적과 그에 부합하는 증거들을 제대로 심리하지 않았다. 김태균 회의록은, 투기적인 헤지펀드 투자자들로 하여금 N Project 투자유치안의 성공을 믿도록 만들어 나노스 주가조작에 가담하도록 유인하기 위한 전략회의 내용을 요약한 것임을 보지 못했다. 안부수의 제보가 중요한 점에서 허위제보라는 점과 안부수의 제보와 김성태 등의 진술에 포함된 김성혜의 말이, 외화벌이를 위해 치밀하게 계산된 발언이었을 가능성을 무시했다. 반면, 이재명과 이화영은, 객관적인 근거도 없이, 정치적 유불리 계산도 못 하고, 쌍방울그룹의 주가조작 수익을 공유하지도 못하는 상태에서, 800만 달러 대북송금에 수반되는 중대한 법적 위험을 기꺼이 감수할 정도로 무모하거나 무능력하고, 부패하고, 이념적으로 편향된 '인간됨'의 소지자로 전제한 것은 아닌지 의심할 수밖에 없다. 균형감을 상실한 채, 객관성, 합리성을 견지하지 못했다고 비판할 수밖에 없다. 대법원은 '방대한 분량의 소송기록과 증거들을 제대로 살펴볼 물리적 시간이 있었을까'라고 의심할 수밖에 없는 단기간 내에 이 모든 문제점들을 간과하고 이화영의 상고를 기각했다.

이제라도 2022년경부터 대한민국을 뒤흔들어온 이른바 쌍방울 대북송금 사건의 진실을 규명하고, 각자의 책임을 물어 제자리에 돌려놓아야 한다.

True

2부

수사와 기소

False

1 쌍방울그룹에 대한 수사의 변질: 이재명 죽이기
2 김성태 강제송환 후 수원지검의 위법수사: 진술세미나, 연어회 술 파티 의혹 등
3 김성태 등에 대한 봐주기 수사와 기소에 대한 의혹
4 쪼개기 기소, 수원지검의 부당한 의도
5 기소 요지

1 쌍방울그룹에 대한 수사의 변질: 이재명 죽이기

가. 금융정보분석원 통보: 쌍방울그룹 수상한 자금 흐름

노컷뉴스는 2022. 2. 7. '대검찰청이 금융정보분석원(FIU)으로부터 쌍방울그룹과 관련된 수상한 자금흐름을 통보받고, 수원지검에 내려보냈다'고 보도하였다. 금융정보분석원은 대한민국 금융당국의 레이더망이라 할 수 있다. 은행, 증권사, 보험회사 등 모든 금융기관은 일정 기준을 충족하는 의심스러운 거래가 발생하면 이를 금융정보분석원에 보고해야 한다. 이를 '의심거래보고제도(Suspicious Transaction Report, STR)'라고 부른다. 일정 금액 이상의 고액 현금 거래가 반복적으로 일어날 때, 실소유주가 불분명한 법인 계좌에서 다량의 자금이 오갈 때, 외화 송금이나 환전 규모가 이례적일 때 등이 금융정보분석원에 보고하여야 하는 의심거래의 예들이다.

수원지검은 금융정보분석원으로부터 제공받은 자료에 근거하여 2022년 초경부터 한국거래소 시장감시위원회에 쌍방울그룹의 CB와 자사주 거래 흐름 분석을 요청하는 등으로 수사를 진행해왔다고 한다. 수원지검이 한국거래소 시장감시위원회에 요청해 받았다는 쌍방울그룹의 CB와 자사주 거래 흐름 분석 내용이 궁금하지 않을 수 없다. 수원지검은 쌍방울과 광림의 세 번에 걸친 전환사채 420억 원 발행과 관련하여 김성태, 김○○을 자본시장법 위반 혐의로 기소했는데, 한국거래소 시장감시위원회도 그렇게만 분석하였을까? 차제에 한국거래소 시장감시위원회의 분석 결과를 확인해볼 필요도 있을 것 같다.

한편 이 수상한 자금 흐름 관련자에는 쌍방울그룹뿐만 아니라 배상윤 소유의 KH그룹도 포함되어 있었을 것으로 추정된다. 배상윤은 김성태와 사실상 경제공동체 관계라는 의혹이 언론에서 제기되기도 하였다. 쌍방울그룹과 KH그룹이 전환사채 거래, 자금대여, 공동투자로 긴밀하게 엮여 있는 정황 때문이다. 대북송금도 김성태와 배상윤이 공모하였다는 증거가 차고 넘쳤다. 그런데도 수원지검은 배상윤으로부터 '나는 대북송금에 관여하지 않았다'라는 취지로 작성된 2019. 1. 15. 자 진술서만 제출받고는 김성태 단독으로 대북송금을 한 것으로 결론지었다.

나. 금융정보분석원의 자료가 대검찰청 캐비넷에 머문 시간

수원지검은 대검찰청으로부터 금융정보분석원의 통보를 넘겨받았다. 대검찰청은 금융정보분석원으로부터 쌍방울그룹의 수상한 자금흐름에 대한 자료를 언제 제공받았을까? 그 자료는 대검찰청 캐비넷에 얼마나

머물러 있었을까? 만일, 금융정보분석원이 제공한 자료가 대검찰청의 캐비넷에 머문 시간이 오래되었었다면, 그 이유는 무엇이고, 어떤 이유로 갑자기 수원지검에 이관되었을까? 차제에 이러한 의문에 대해서도 조사와 확인이 필요할 것이다.

다. 변호사비 대납 의혹 제기

제20대 대통령 선거를 앞둔 2021년 말, 정치권을 흔든 하나의 단어가 등장했다. 바로 "변호사비 대납"이다. 이재명 당시 더불어민주당 대선 후보가 2018년에 기소된 공직선거법 위반 사건으로 재판을 받는 과정에서, 쌍방울그룹이 거액의 변호사비를 대신 내주었다는 주장이었다. 2018년 공직선거법 사건은 2025. 6. 3. 제21대 대통령 선거를 뜨겁게 달구었던 공직선거법 사건과는 다른 사건이다. 2018년 공직선거법 사건에 대하여는, 1심에서 무죄 판결이 선고되었는데 2심에서 당선무효형인 벌금 300만 원이 선고되었다. 그러나 2020. 7. 6. 대법원에서 무죄 취지로 파기 환송된 후 그대로 최종 확정되었다.

제20대 대통령 선거 전인 2021. 10. 7. 깨어있는시민연대당이 당시 경기도지사로서 유력 대권 후보였던 이재명 대통령을 '2018년 공직선거법 사건의 변호사비를 대납하게 하여 정치자금법을 위반하였다'는 혐의로 고발하였다. 고발 내용은 '쌍방울그룹이 2018~2019년 발행한 전환사채(CB) 100억 원 규모의 자금 흐름이 이재명 경기도지사를 위한 변호사비 대납과 관련되었을 가능성이 있다'는 취지였다. 이 고발 등을 시발로 하여 TV조선 등 보수언론이 대대적으로 보도하였고, 국민의힘과 윤석열

선거캠프 등은 정치쟁점화에 나섰다. 이로 인하여 '이재명 변호사비 대납 의혹'이 제20대 대통령 선거에서 뜨거운 쟁점으로 부각되었다.

수원지검은 2021. 11. 15. 법조윤리협의회 사무실을 압수·수색하는 등으로 수사를 개시했다. 2018년~2019년경 발행된 쌍방울그룹의 CB 관련 금융자료를 임의 제출받고 쌍방울그룹 관계자를 참고인으로 불러 조사하기도 하였다.

라. 쌍방울그룹과 KH그룹에 대한 강제수사

수원지검은 2022. 6.~8.경 쌍방울그룹, KH그룹, 2018년 공직선거법 사건 담당 변호사 등에 대한 압수·수색을 진행하였다. 쌍방울그룹 회장인 김성태는 강제수사가 개시되기 전인 2022. 5. 말경 싱가포르로 출국하여 해외로 도피하였다. KH그룹 회장 배상윤도 그 직후인 2022. 6.경 해외로 도피하였다. KH강원개발주식회사의 알펜시아리조트 매입 관련 '입찰 방해' 혐의 때문이라고 보도되었으나, 김성태와 마찬가지로 수원지검의 KH그룹에 대한 강제수사가 해외 도피의 주된 이유였을 가능성이 높아 보인다.

마. 변호사비 대납 의혹 사건에 대한 무혐의 처분

수원지검은 대대적인 수사에도 불구하고 이재명 당시 경기도지사이자 더불어민주당 대통령 후보였던 이재명에 대한 2018년 공직선거법 사건 변호사비 대납 사실을 발견하지 못하였고, 2022. 9. 8. 무혐의로 불기소처분을 내렸다. 변호사비 대납 의혹은 사실무근으로 확인된 것이다. 그러나 이미 일각의 여론에 "그럴 법하다"는 심증이 퍼진 것은 어쩔 수 없었다. 결국 변호사비 대납 의혹은 이후 쌍방울 대북송금 사건에서 '이재명에 대한 표적 수사'로 이어지는 도화선 역할을 하였다. 변호사비 대납 의혹을 제기한 세력은 소기의 목적을 달성한 셈이다.

바. 수원지검의 기소와 재판 진행 경과

1) 이화영

이화영은 2022. 10. 14. 수원지법에 특가법위반(뇌물), 정치자금법위반으로 기소되어 재판을 받고 있는 상태에서, 2023. 3. 21. 선행사건에 해당하는 외국환거래법위반으로 추가 기소되었다. 2023. 4. 3. 증거인멸교사로 재차 추가 기소되었다. 2025. 6. 5. 대법원의 상고기각으로, 정치자금법위반에 대해서는 징역 8개월, 특가법위반(뇌물)과 외국환거래법위반에 대해서는 징역 7년의 형이 확정되었다.

이화영은 2024. 6. 12. 선행사건에서 문제된 동일한 대북송금 사건에 대하여, 이재명 당시 더불어민주당 대표와 함께 후행사건에서 제3자뇌물, 남북교류협력법위반으로 다시 기소되었다.

2) 안부수

안부수는 2022. 11. 29. 수원지법에 특가법위반(횡령), 증거은닉교사, 외국환거래법위반 등으로 구속기소되었다. 외국환거래법위반은 안부수가 2018. 12. 26. 평양에서 김영철에게 본인 대북사업의 원활한 진행 등의 명목으로 7만 달러, 2019. 1. 24. 중국 심양에서 김성태 등과 공모하여 북한 송명철에게 밀반출한 14만 5,040 달러와 환치기로 받은 180만 위안을 각각 전달한 혐의다. 수원고등법원에서 징역 1년 6개월을 선고받았으나, 상고로 현재 미확정된 상태에 있다.

수원지검은 안부수를 대북송금 전체의 공범으로 보지 않고, 2019. 1. 23.~24.경 송명철에게 지급된 200만 달러 중에서 안부수가 직접 밀반출 및 환치기한 돈에 대해서만 김성태와 공모한 것으로 기소하였다. 안부수를 회유하기 위한 봐주기식 기소라 하지 않을 수 없다.

3) 김성태, 김○○, 방용철

가) 방용철

방용철은 2022. 10. 14. 수원지법에 이화영과 함께 공범으로 기소된 상태에서, 2023. 3. 21. 이화영과 함께 외국환거래법 위반으로 추가 기소되었다. 이 사건으로 방용철은 징역 2년에 집행유예 3년을 확정받았다.

나) 김성태, 김○○

김성태와 김○○은 2023. 2. 3. 수원지법에 외국환거래법위반, 정치자금법위반, 뇌물공여, 자본시장법위반, 횡령 및 배임, 증거인멸교사 등 혐의로 구속기소되었다. 김○○은 김성태의 매제로 쌍방울그룹 자금과 김성태의 개인재산을 관리한 것으로 알려졌다. 자본시장법위반 혐의는 2018~2019년경 쌍방울그룹 계열사 쌍방울과 광림이 세 번에 걸쳐 전환사채 420억 원 상당을 발행하는 과정에서 자본시장법상 공시의무를 위반하는 등으로 사기적 부정거래를 하였다는 것이다. 김성태는 2024. 1.

24. 보석으로 석방되었고, 현재도 불구속 상태다.

수원지법은 김성태, 김○○에 대하여 기소된 혐의 중에서, 대북송금 관련 외국환거래법위반 혐의 등을 자본시장법위반 등과 분리하여 공판을 진행하였다. 김성태, 김○○의 대북송금 관련 외국환거래법위반 혐의에 대하여, 선행사건과 함께 판결을 선고하기 위한 목적이었다. 김성태는 2024. 7. 12. 정치자금법위반에 대해서는 징역 1년에 집행유예 2년, 뇌물공여, 외국환거래법위반, 남북교류협력법위반, 증거인멸교사 혐의에 대하여 징역 2년 6개월을 선고받았다. 실형이 선고되었음에도 불구하고 김성태는 법정구속되지 않았다. 현재 수원고등법원에서 항소심이 진행 중이다. 나머지 자본시장법위반 혐의 등에 대해서는 수원지법에서 1심 재판이 계속 진행 중이다.

김성태는 2024. 6. 12. 대북송금이 제3자뇌물에 해당된다는 이유로, 이화영, 이재명과 함께 뇌물공여로 기소되었다.

4) 이재명 대통령

서울중앙지검은 수원지검으로부터 대북송금 사건을 이관받아 2023. 9. 18. 대북송금, 백현동 개발사업 특혜, 위증교사 혐의로 이재명 당시 더불어민주당 대표에 대한 구속영장을 청구하였다. 서울중앙지법은 2023. 9. 27. "대북송금의 경우, 이재명의 인식, 공모 여부, 관여 정도에 다툼의 여지가 있다", "직접적 개입을 단정할 자료가 부족하다"는 이유로 구속영장청구를 기각하였다.

수원지검은 대북송금 사건을 다시 이관받아 2024. 6. 12. 이화영, 김성태와 함께 이재명 당시 더불어민주당 대표를 제3자뇌물, 외국환거래법위반, 남북교류협력법위반으로 수원지법에 기소하였다.

2 김성태 강제송환 후 수원지검의 위법수사: 진술세미나, 연어회 술 파티 의혹 등

가. 대질 조사의 필요성과 허용 한계

형사소송법상 신문하지 않는 증인은 퇴정을 명하고 개별적으로 신문하는 것이 증인신문 방법상의 원칙이다(형사소송법 제162조 제1항, 제2항). 예외적으로 '사실을 발견함에 필요한 때'에 대질의 형식으로 증인신문을 하도록 허용하고 있다(형사소송법 제162조 제3항). 이처럼 개별신문을 원칙으로 하고 예외적으로 대질신문을 허용하는 취지는 대질하는 과정에서 증인의 진술이 오염될 수 있는 위험이 존재하기 때문이다.

한편, 형사소송법 제245조는 "검사 또는 사법경찰관이 사실을 발견함에 필요한 때에는 피의자와 다른 피의자 또는 피의자 아닌 자와 대질하게 할 수 있다"고 규정하고 있다. 증인신문과는 달리 개별신문이 원칙임을 명시하지 않은 상태에서 대질신문이 가능하다고만 규정하고 있는 것이다.

그렇다고 하여, 피의자신문의 경우에는 증인신문과는 달리 대질신문이 자유롭게 허용된다고 보기는 어렵다. 대질신문 과정에서 진술이 오염될 위험이 존재하는 것은 피의자신문에서도 마찬가지이기 때문이다. 따라서 피의자신문에 있어서도 대질신문은 피의자가 대립되는 이해관계를 갖고 있거나, 상반된 진술을 하고 있는 다른 피의자나 참고인 앞에서 진술하게 하면서 피의자가 보이는 태도나 표정을 관찰함으로써 피의자 진술의 신빙성을 평가해 보아야 하는 수사상의 필요성이 있을 때에 한정하여 예외적으로 허용되는 조사방법이라고 보아야 한다. 특히, 대질을 통해 피의자로 하여금 기존의 허위 진술을 변경하도록 유도하고자 하는 경우, 조서에 피의자의 진술이 변경되는 과정을 상세하게 기재함으로써 대질을 통해 변경된 진술의 신빙성에 대한 사후 검증과 평가가 가능하도록 하여야 할 것이다. 검찰이나 경찰의 수사 실무도 대부분 그와 같다.

위와 같은 형사소송법상 대질 규정의 목적과 취지에 비추어, 만일, 실체적 진실 발견이나 진술의 신빙성 평가라는 수사상의 필요성이 존재하지 않음에도 불구하고 검사나 사법경찰관이 공범들을 대질시켜 신문(또는, 공범들을 모아놓고 면담을 한 후에 대질신문)을 하고도, 그 과정에서 기존의 진술과는 다른 진술을 하기에 이른 경위나 이유를 조서에 기재하지도 않았다고 한다면, 그러한 대질 신문이 정당하다고 할 수는 없을 것이다. 형사소송법상 피의자신문이나 참고인 조사 시 대질신문을 제한하는 규정이 없다고 하더라도 그런 식의 대질신문은 위법하다고 보아야 한다.

나. 김성태와 방용철, 안부수 등에 대한 대질신문의 위법성

김성태가 2023. 1. 17.경 강제송환되어 구속수사를 받기 전까지, 방용철, 안부수 등은 '800만 달러 대납 프레임'에 반하거나 어긋나는 취지로 진술하였다. 그러다가 김성태가 '800만 달러 대납 프레임'에 부합하는 진술을 한 이후 방용철, 안부수 등도 그에 부합하는 취지로 진술을 변경하였다. 방용철, 안부수 이외에도 쌍방울그룹의 임원이거나 임원이었던 장○○, 김○○, 엄○○, 채○○ 등도 마찬가지였다.

검사는 2023. 1. 29. 김성태를 피의자로 신문하면서 방용철을 입장시켜 대질신문을 하였다. 그런데 김성태와 방용철은 이 대질신문 과정에서 상호 번갈아 가면서 공소사실에 부합하는 진술을 하였고, 서로 상반된 진술은 전혀 하지 않았다. 따라서 검사가 김성태와 방용철을 대질하여 신문을 하여야 할 어떠한 필요성이 있었다고 할 수 없다.

또한, 검사는 2023. 3. 19. 김성태를 참고인으로 신문하면서 방용철, 안부수, 김○○, 박○○, 채○○을 입장시켜 대질신문을 하였다. 이 대질신문에서도 김성태가 진술하면 나머지 다섯 사람이 번갈아 가면서 그에 부합하는 진술을 하고 있을 뿐 상반된 진술이나 불일치되는 진술을 발견할 수 없다. 김성태와 방용철, 안부수, 김○○, 박○○, 채○○이 어떠한 과정을 거쳐 그와 같이 상호 일치된 진술을 하기에 이르렀는지도 전혀 기재되어 있지 않다.

수사상 대질신문을 하여야 할 필요성이 존재하는 것이 아님에도 불구하고 위와 같이 굳이 대질 신문을 한 목적이 무엇인지 의심하지 않을 수 없다. 방용철, 안부수, 김○○, 박○○, 채○○이 김성태의 진술에 맞추어 '800만 달러 대납 프레임'에 부합되는 내용으로 진술하도록 요구하고, 향후 재판 과정에서 증인으로 출석할 경우에 대비하여 동일하게 공소사실에 부합되게 일치된 증언을 하도록 준비시키기 위한 목적으로 대질신문을 한 것이라고 의심할 수밖에 없다.

다. 진술세미나

방용철과 안부수 등이 위와 같이 김성태와 대질하는 과정에서 '800만 달러 대납 프레임'에 완벽하게 부합하는 진술을 할 수 있게 될 때까지 김성태, 방용철, 안부수 등이 수원지검에 출석하여 검사와 면담 등의 형식으로 비공식적인 조사도 받았을 것으로 추정된다. 이화영은 이에 대하여 구체적으로 진술하였다.

또한 안부수의 딸이 2023. 3. 18. 안부수의 최측근 인사에게 '아빠를 만나서 수원지검으로 가고 있다', '수원지검에서 아빠를 만났다', '다 모여 있었다', '쌍방울 임원분들도 와 있다', '아빠는 혼자고 쌍방울은 자기네까지 합이라도 맞추는데 안 돼 보였어요, 검사님 하면서 잘 좀 봐달라고 말씀하시는데 너무 좀 그랬어요'라는 내용의 문자메시지를 보낸 사실이 보도되었다. 안부수의 딸이 보낸 카카오톡 메시지에는 수원지검에서 다른 쌍방울 임원들과 만났다고 하는 쌍방울그룹 임원이 등장한다. 이 사람도 "검찰청에서 쌍방울 임원들이 모여 있을 때, 안부수 회장과 따님도 같이 있었다"고 발언한 것으로 보도되기도 하였다.

수원지검이 2023. 3. 19. 김성태를 참고인으로 조사하면서 방용철, 안부수, 김○○, 박○○, 채○○을 수원지검으로 불러 대질시킨 시점은 이화영과 방용철을 선행사건으로 기소한 2023. 3. 21. 직전의 시점이기도 하다. 검사가 이화영 등에 대한 외국환거래법 기소를 앞두고 해당 사건에서 증인으로 출석할 후보자들을 모아 놓고 증언 세미나를 시킨 것이다.

라. 조서 미작성 등의 위법

형사소송법 제244조 제1항은 "피의자의 진술은 조서에 기재하여야 한다"고 규정하고 있다. 여기에서 '조서'란 '일정한 절차의 진행 경과와 내용을 인증'하기 위하여 작성된 공적 문서를 말한다.

이러한 조서의 개념에 비추어 보면, 피의자신문 조서에는 피의자의 진술 이외에도 그 진행 경과와 내용이 모두 기재되어야 할 것이다. 피의자신문의 진행 경과와 내용을 조서라는 형식의 문서에 기재하도록 한 취지와 목적은, 사전 예방적으로, (i) 피의자신문 과정에서 수사기관이 적법 절차를 위반하거나 진술을 강요하는 등으로 인권을 침해하는 것을 방지할 뿐만 아니라, 사후적으로, (ii) 기소 여부 판단과 유무죄 판단의 과정에서 해당 진술의 임의성과 신빙성 판단할 수 있는 근거를 남기기 위함이다.

형사소송법 제244조의4 제1항은 "검사 또는 사법경찰관은 피의자가 조사장소에 도착한 시각, 조사를 시작하고 마친 시각, 그밖에 조사과정의 진행 경과를 확인하기 위하여 필요한 사항을 피의자신문 조서에 기록하거나 별도의 서면에 기록한 후 수사기록에 편철하여야 한다"고 규정하고 있다. 물론 조서의 개념상 위와 같은 규정이 없더라도 피의자신문 조서에는 피의자신문의 과정이 기재되어야 한다. 그럼에도 불구하고 형사소송법 제244조의4에서 수사 과정을 조서나 별도의 서면으로 기재하도록 한 목적과 취지는 피의자의 행적과 조사과정의 진행 경과를 구체적으로 기재하게 함으로써 절차의 적법성과 진술의 임의성을 보장하는 데 있다고 하겠다. 조사과정의 진행 경과에 대한 기록을 남겨 사후적으로 피의자신문 절차의 적법성, 피의자 진술의 임의성과 신용성의 정황적 보장 등에 대한 판단 자료로 삼기 위한 목적도 있다고 할 수 있다.

형사소송법 제244조의4 제1항은 수사 과정의 기록을 조서에 기재하거나 별도의 서면에 기재할 수 있다고 규정하고 있을 뿐이고, 조서의 작성을 생략하고 별도의 서면에 수사 과정을 기재할 수 있다고 규정하고 있지는 않다. 이는 검찰사건사무규칙 제44조 제1항도 마찬가지이다.

그런데 수사준칙 제26조 제1항과 제2항은 조서를 작성하는 경우와 조서를 작성하지 않는 경우로 나누어 수사 과정의 기록 방법을 규정하고 있다. 이를 근거로 피의자로부터 '범죄사실과 정상'에 관한 진술을 듣고도 조서를 작성하지 않아도 되는 면담이 허용된다는 주장이 있을 수 있다. 그러나 수사준칙 제26조 제2항은 제2호는 '조서를 작성하지 않는 경우' 수사 과정의 기록에 기재할 사항으로 '다. 조서를 작성하지 않는 이유'와 '라. 조사 외에 실시한 활동'을 기재하도록 규정하고 있다. 또한, 검찰사건사무규칙 제44조 제2항도 '조사과정의 진행 경과'를 확인하기 위하여 필요한 사항을 기재하도록 규정하고 있다.

이러한 규정들을 종합해보면, 피의자나 참고인을 조사한 경우, 원칙적으로 조서를 작성하여야 하고, 조서를 작성하지 아니할 정당한 이유가 있는 경우에 한하여 조서를 작성하지 않는 것이 허용된다고 해석할 수 있다. 조서 작성을 생략하는 경우에도 별도의 서면에 조서를 작성하지 아니하는 이유를 명시하고 수사 과정의 기록을 남겨야 한다는 것이지, 피의자로부터 '범죄사실과 정상'에 관한 진술을 듣고도 조서를 남기지 않을 수 있는 자유재량권을 검사에게 부여한 것은 아니라고 해석함이 마땅하다. 즉, 조서를 작성하지 않을 정당한 이유가 있어 조서를 작성하지 않고, 대신에 수사 과정의 기록만을 남기게 될 경우에는 수사 과정의 기록에 면담을 한 시간 이외에도 '조서를 작성하지 않는 이유'와 '조사 외에 실시한 활동', '조사과정의 진행 경과'를 반드시 써 두어야 하는 것이다.

그럼에도 불구하고, 검사는 김성태, 방용철, 안부수를 소환하여 동인들과 다른 쌍방울 임원들을 대면시켜 함께 조사하고도 조서를 남기지 않은 사례들이 다수 존재한다. 조서를 작성하지 못할 어떠한 정당한 이유가 있었는지 의문이다. 조서를 생략하고, 그 대신 형사소송법이 요구하는 수사 과정의 기록만을 남기게 되었다고 한다면, 수사준칙과 검찰사건사무규칙에 따라 '조서를 작성하지 않는 이유'와 '조사 외에 실시한 활동', '조사과정의 진행 경과'를 기재하였어야 함에도 그러한 내용은 없고 단지 면담 시작 시간과 종료 시각 등만을 기재해 둔 경우가 대부분이다. 이러한 검사 면담과 수사 과정의 기록 작성이 정당하거나 적법하다고 볼 수는 없다.

마. 선행사건 2심 판단의 부당성

선행사건 2심은 아래와 같이 판단하였다.

"기록에 의하면, 이화영, 김성태, 방용철, 안부수 등이 함께 검찰청에 출정하였음에도 일부 출정일의 경우 조서가 작성되지 않음을 알 수 있다"

"(앞서 본 수사준칙 등의 규정에 비추어) 검찰청에 출정하였음에도 조서나 별도의 서면이 작성되지 않은 것은 기본적으로 바람직하다고 볼 수 없기는 하다"

"위와 같은 사정이 이화영, 김성태, 방용철, 안부수 등의 수사기관에서의 다른 진술이 모두 위법하게 수집된 증거가 되어 증거능력이 없고, 이후 법정에서의 진술도 2차적 증거에 해당하여 증거능력이 없다고 볼 정도의 중대한 절차적 하자에 해당한다고 할 수 없다"

형사소송법과 그 하위 규정들이 조서를 작성하지 않는 경우 수사 과정의 기록을 상세하게 남기도록 한 목적과 취지는 검사 면담 등의 과정에서 진술 회유 등의 위법수사가 이루어질 수 있기 때문에 이를 방지하고자 하는 데 있다. 수원지검은 그런 목적과 취지를 가진 법령의 규정을 정면으로 위반했다. 조서나 수사 과정의 기록이 작성되지 않은 채, 검사 면담 등의 형식으로 다수의 비공식 조사들이 이루어짐으로 인하여, 김성태, 방용철, 안부수 등이 어떠한 과정을 거쳐 '800만 달러 대납 프레임'에 완벽하게 부합하는 일치된 진술을 하기에 이르렀는지 도무지 알 수 없게 되었다. 그렇다고 한다면, 그 진술은 신뢰할 수 없다고 보아야 한다. 적어도 위법수사로 인하여 오염되었을 수도 있다는 합리적 의심을 배제할 수 없으므로, 이러한 경우에는 '의심스러울 때는 피고인의 이익으로'라는 원칙에 따라 판단하여야 할 것이 다. 선행사건 2심은 '의심스러울 때는 검사의 이익으로' 판단하는 잘못을 범한 것이다.

3 김성태 등에 대한 봐주기 수사와 기소에 대한 의혹

수원지검의 대북송금 사건 수사는 '정치인 이재명을 향한 칼날'로는 무자비하였으나, 직접 행위자들인 김성태, 배상윤, 안부수에 대해서는 '봐주기 수사', '봐주기 기소'를 택했다. 미리 정해놓은 '경기도를 위한 800만 달러 대납 프레임'에 부합하는 방향으로 진술하도록 회유하고, 압박하기 위한 전략이었다. 다른 한편으로, '경기도를 위한 800만 달러 대납'이라는 프레임에 대한 의심이 제기되는 것을 막기 위하여, 쌍방울그룹과 북한이 각자 주가조작, 외화벌이를 위하여 상호 간 경협을 형식적으로 추진한 사실이 드러나지 않도록 은폐하고자 한 목적도 갖고 있었다.

가. 빈번한 전환사채 발행 관련 주가조작 의혹 봐주기

나노스 인수 이후부터 2023. 1.경 김성태가 구속될 때까지 쌍방울그룹 주요 계열사들인 광림, 쌍방울, 나노스는 각각 7회, 10회, 4회나 전환사채를 발행하였다. 쌍방울그룹의 다른 계열사들도 빈번하게 전환사채를 발행하였다.

공시자료에 따르면, 쌍방울그룹이 발행한 전환사채 대부분은 주식으로 전환되었다. 주가가 전환가액을 초과할 경우 그 차액에다 전환된 주식 수를 곱하여 나온 금액 상당의 차익을 얻을 수 있게 된다. 쌍방울그룹이 발행한 전환사채의 전환가액은 전환청구일 주가의 약 1/3~1/2 수준인 경우가 많이 발견되고, 나노스 제3회차 전환사채의 경우에는 약

1/9~1/8 수준에 불과하였다. 추정되는 주식 전환 차익이 2~3배, 8~9배에 달할 수 있는 것이다. 전환청구일 당일에 전환권 행사로 받은 주식을 즉시 매도하는 데 성공하였다고 한다면, 한국일보 보도에 의하면, 주식 전환으로 인한 차익이 쌍방울그룹의 경우 3천억여 원, KH그룹의 경우에는 2천억여 원에 이른다.

전환권 행사 시점의 주가와 전환가액이 이렇게 차이가 나는 이유는, 전환사채 발행 당시에는 쌍방울, 광림, 나노스 등 발행회사들의 주가가 그만큼 낮았었는데 그 이후부터 전환권 행사 시점까지 사이에 주가가 2~3배(나노스의 경우 8~9배)나 상승하였기 때문이다. 쌍방울, 광림, 나노스 같이 사업운영에서 적자를 면치 못하는 기업의 주가가 이렇게 짧은 기간에 급등하는 것은 정상적인 수요, 공급의 원리에 따른 것이라고 보기는 어렵다. 해당 주식에 대해 시세조종을 수행한 작전 세력이 있었기 때문이라고 의심할 수밖에 없다. 주가조작 세력들은 주가가 낮을 때 전환사채를 인수하고 나서 주가를 급등시킨 다음 전환권 행사로 취득한 주식을 매도하여 막대한 차익을 얻고자 하였을 것이다. 물론 쌍방울, 광림, 나노스 주식은 시장에서 거래되는 수량이 제한되어 있는 관계로 위와 같이 추정되는 차익을 모두 실현하지는 못했을 가능성이 높기는 하다. 그런 방식으로 시세차익을 못 얻더라도 이를 담보로 제공하여 대출을 받아 차익을 누릴 수도 있다. 그 이외에도 반대매매 회피나 쌍방울그룹 계열사들의 재무구조 개선 외관의 형성 등을 목적으로 시세조종을 했을 수도 있다.

수원지검은 쌍방울그룹의 전환사채 발행의 경위와 목적, 발행회사 주가의 급등락 원인, 김성태 등이 그 과정에서 얻은 차익의 규모에 대해서는 제대로 수사를 하지 않았다. 한국거래소에 의뢰했다는 분석 결과나 직접 수사를 통해 관련 혐의 사실을 어느 정도 확인할 수 있었음에도 불구하고 김성태 등이 검찰의 프레임에 맞추어 '이화영의 요구로 쌍방울그룹이 경기도를 위하여 800만 달러를 대납'하였다고 진술해준 대가로 쌍방울 제6, 7회차, 광림의 제5회차 전환사채 발행에 한정하여, 허위공시로 자본시장법을 위반한 혐의만 기소하고, 나머지 혐의에 대해서는 기소를 면해주었을 가능성에 대한 의심도 해볼 수 있겠다.

나. 제우스1호투자조합에 대한 의혹과 수원지검의 축소 수사

나노스는 2017. 2.경 주식 6,000만 주로 전환이 가능한 액면가 300억 원 상당의 제3회차 전환사채를 발행했다. 광림이 100억 원, 쌍방울이 200억 원을 인수했다.

김성태는 2017. 3. 14. 쌍방울그룹 계열사 및 관계사 임직원, 김성태의 지인 등이 구성원으로 포함된 제우스1호투자조합을 결성하였다. 광림, 쌍방울은 2017. 3.경 제우스1호투자조합에 나노스 제3회차 전환사채 150억 원 상당을 매도하기로 하는 매매예약을 체결하였다.

광림과 쌍방울은 2019. 12. 24. 나노스 제3회차 전환사채 각 80억 원, 70억 원을 주식으로 전환하였고, 제우스1호투자조합도 2020. 1.경과 2022. 1.경 같은 전환사채 150억 원을 주식으로 전환했다.

뉴데일리는 2022. 9. 30. 제우스1호투자조합의 실체에 대하여 아래와 같이 보도(제목: "쌍방울 계열사 지분… 법조·경제계 인사들도 여러 명 갖고 있다")하였다.

"김 전 회장은 법조계와 경제계 인사들에게 자신의 개인회사와 다름없는 제우스1호 조합원으로 참여할 기회를 줬다. 조합원으로 참여할 경우 1억 원 상당의 주식 2만 주를 살 수 있게 해 줬고, 조합원 중 주요 인사들의 경우 별도의 'VIP 명단'으로 구분해 관리한 것으로 전해진다.

조합원 중에는 법조계 인사가 다수를 차지하는 것으로 전해진다. 쌍방울 수사기밀 유출 의혹에 연루돼 재판에 넘겨진 이 모 변호사를 포함해 특수통 검찰 출신의 B변호사 등도 포함됐다."

나노스 제3회차 전환사채에 대한 전환청구 당시 나노스 주가가 전환가액의 8~9배에 이르렀으므로, 1억 원을 투자한 조합원은 투자원금을 포함하여 8~9억 원이라는 거액의 배당을 받았을 수도 있었다. 위와 같은 언론 보도에 의하면, 검사 출신 변호사 등이 수사기밀 유출에 관여하면서 받은 금품일 가능성이 있을 수 있으므로, 관련 범죄 혐의에 대한 철저한 수사가 이루어졌어야 할 것이다.

그런데 검찰이 작성한 2022. 10. 3. 자 수사보고에 의하면, "김성태는 나노스 주가를 부양할 경우 전환가액 500원 대비 막대한 시세차익을 얻을 수 있다는 판단하에, 2018. 7.~9.경 제우스1호투자조합의 조합원들을 기망하여 나노스㈜의 지분 70% 61억 7,000만 원 상당의 전환사채를 김성태 또는 김○○ 명의로 이전"하였다고 한다. 또한, 쌍방울그룹은 2018. 12.경부터 'N프로젝트'라고 명명한 나노스 주가 부양 계획을 세우고, 'N활성화'라는 댓글부대까지 운용하면서 대북사업을 실행했다고 한다. 이러한 수원지검의 수사보고는 쌍방울그룹이 대북사업을 추진한 목적이 나노스 등 계열사 주가조작에 있었다고 볼 수 있는 대목이다.

또한, 김성태가 쌍방울그룹 대북사업을 추진한 시점이 2018. 7.~9.경 이전이었음을 보여주는 반증이기도 하다. 그럼에도 불구하고 수원지검은 이화영의 요구에 따라 스마트팜 비용 대납을 결심하고 2018. 12.경부터 비로소 쌍방울그룹 대북사업을 추진하기 시작하였다고 주장하고 있다.

또한, 수원지검의 수사보고서에 기재된 바와 같이, 김성태가 쌍방울그룹이 추진한 대북사업으로 인하여 나노스 주가가 급등할 것으로 예상하고, 제우스1호투자조합의 조합원들로부터 지분을 취득했다고 한다면, 조합원들을 기망하여 지분을 편취한 사기에 해당되거나 제우스1호투자조합 임원으로서 임무를 위배하여 재산상 이익을 얻고 조합원들에 대하여 손해를 가한 것으로 배임에 해당될 수도 있다.

전혀 다른 각도에서 범죄 의혹을 제기해볼 수도 있다. 제우스1호투자조합은 김성태가 소유하는 투자회사였다는 것이다. 이화영이 실조합원이라는 의혹이 제기된 지분의 투자원금은 전환이 이루어지기도 전에 지분권자에게 환급되었다고 한다. 다른 조합원들도 사실상 차명이고, 실제로 수익이 배당된 사례는 없었다는 진술도 있다. 그러고 보면, 제3회차 전환사채 발행 당시, 나노스 주가는 관리종목에서 이제 막 벗어난 시점이었다. 나노스는 2017 회계연도에도 257억 원의 적자를 낸 만년 적자기업이었다. 주가가 급등하기는 하였으나, 다수의 법조계와 경제계 인사들이 김성태를 신뢰하거나 그의 말을 믿고 1억 원씩이나 투자한다는 것은 상식적으로 믿기 어려운 면이 있다. 이런 점들을 종합해보면,

이화영의 지인과 법조계 인사 다수를 조합원으로 포함시킨 것은 선량한 투자자들로부터 투자금을 모집하기 위한 전략 차원에서 이루진 것이었을 가능성을 의심해볼 수 있다. 그 경우 제우스1호투자조합은 300억 원 상당의 나노스 제3회차 전환사채 발행을 성공시키기 위하여 선량한 다수의 투자자들을 현혹시켜 투자금을 모집하기 위한 수단으로 설립되었거나 그러한 목적으로 이용된 셈이다. 이 경우에는 나노스 제3회차 전환사채를 사기적 부정거래 방법으로 발행하여 자본시장법을 위반한 것으로 볼 수 있다.

어느 경우에나 김성태가 주가조작을 목적으로 쌍방울그룹의 대북사업을 추진하였을 수 있다는 의심을 불러일으킬 수 있고, 검사가 밀어붙이고 있던 '800만 달러 대납'이라는 대북송금 프레임의 설득력을 떨어뜨리는 정황으로 해석될 수 있다. 검사가 이러한 점을 염려하여 '다수의 언론에서 제기한 제우스1호투자조합에 대한 의혹을 적극적으로 규명하지 않았거나 규명해내고도 은폐한 것은 아닐까'라는 의심을 해보지 않을 수 없다.

다. 배상윤에 대한 소극적 수사 내지 은폐 의혹

배상윤은 2023. 1. 15. 자 진술서를 수원지검에 제출하였다. 해외도피 중인 김성태가 2023. 1. 17. 국내로 강제 송환되었는데 그 이틀 전에 작성한 진술서를 수원지검에 제출한 것이다. 배상윤의 2023. 1. 15. 자 진술서의 취지는 배상윤 자신은 김성태의 대북송금에 관여한 사실이 없다는 취지이다.

그러나 수원지검의 대북송금 사건 수사기록에는 배상윤이 김성태와 함께 대북 경협을 위하여 북한에 거액의 현금을 전달했을 것이라고 의심할 수 있는 증거들이 다수 존재한다.

① 배상윤은 김성태가 북한에 돈을 전달한 2019. 1. 23.~24.경, 2019. 4. 초경, 2019. 11. 말~12. 초경 모두 중국 현지에서 김성태와 동행하였다.

② 필룩스 직원 김○○은 배상윤의 지시로 2019. 2. 7. 쌍방울그룹 본사 사무실에서 회의를 진행하였다. 쌍방울그룹 미래전략사업본부 실장이자 회장 김성태의 비서실장을 맡기도 했던 엄○○가 쌍방울그룹의 대북사업 추진 과정을 설명하고, 필룩스(KH그룹 계열사) 측에 대북 경협 제안서 작성을 요청하였다.

③ 쌍방울그룹 임원인 엄○○는 2022년 말경 수원지검에서 '김성태가 북한에 돈을 지급하는 과정에서 배상윤으로부터 돈을 빌렸을 가능성이 높다', '김성태가 2019년 초경 줬다는 안부수에게 준 출판기념회 기부금 3억 원도 배상윤이 대신 내준 것으로 안다'고 진술하기도 하였다.

④ 배상윤은 2019. 5. 12. KH그룹과 북한 민경련이 체결하는 협약서에 서명하였다. 당시 협약식은 쌍방울그룹과 북한 민경련 사이의 협약식과 함께 진행되었다. 배상윤이 서명한 협약서는 쌍방울그룹과 북한 민경련 사이의 협약식에 근거하여 체결되었다고 명시하고 있다.

⑤ 국정원 문서에 의하면, 장원테크는 2019. 5. 22. 자 북한 조선아태 위의 제안으로 쌍방울과 함께 가칭 '민족경제개발투자그룹'이라는 컨소시엄을 구성하는 문제로 2회에 걸쳐 대북접촉을 했다고 한다.

이상과 같은 증거들과 정황에 비추어, 배상윤의 2023. 1. 15. 자 진술서 기재 내용 중 자신은 대북송금에 관여한 사실이 없다는 부분에 한해서는 믿을 수 없다. 그럼에도 불구하고, 수원지검은 김성태의 진술과 배상윤의 진술서 기재 내용을 그대로 믿고 배상윤의 관여 없이 김성태가 단독으로 대북송금을 한 것으로 기소하였다.

배상윤의 혐의를 덮어준 것은 단순히 배상윤에 대한 선처에 그치지 않고 실질적으로 김성태에 대한 선처의 효과를 가진다고 할 수 있다. 김성태와 배상윤은 사실상 경제공동체 관계에 있기 때문이다. 김성태는 자신이 모든 혐의를 뒤집어쓰고, 그 대신 배상윤 혐의는 모두 덮어줌으로써 배상윤을 통해 자신의 자산을 보존하여 재기할 수 있게 되는 효과를 기대했을 수 있다. 이러한 맥락에서 배상윤에 대한 수사 중단도 결국 김성태를 회유하는 수단이 될 수 있는 것이다.

다른 한편으로, 배상윤의 2023. 1. 15. 자 진술서 내용은 검사의 '800만 달러 대납' 프레임에 반하는 중요한 사실을 포함하고 있음에도 불구하고, 수원지검은 배상윤을 강제송환하여 조사해보지도 않고, 김성태가 오락가락하다가 최종적으로 정리한 진술에 따라 '800만 달러 대납'이 객관적 사실이라고 단정짓고 선행사건과 후행사건을 기소하였다.

라. 축소 수사에 담긴 수원지검의 부당한 의도

수원지검이 김성태, 배상윤에 대하여 수사를 축소한 의도는 무엇일까?

우선, 김성태에 대하여 검사가 요구하는 방향으로 진술하도록 회유하고 압박하고자 한 의도가 있었을 것이다. 혹자는 '김성태에 대한 수사 축소가 있었다고 하더라도 어차피 김성태는 거액의 횡령, 배임과 자본시장법위반으로 기소되어 진술 회유의 효과가 없거나 미미한 것 아니냐'고 말할지도 모르겠다. 선행사건 2심도 그렇게 판단하였다. 그러나 수원지검이 쌍방울그룹의 전환사채 발행 전부에 대하여 철저하게 수사하는 것과 그 중 420억 상당의 전환사채 발행에 대해서만 수사하는 것을 비교해보면, 김성태로서는 후자의 경우 집행유예를 받을 가능성이 전자보다 현저하게 높아질 것이고, 쌍방울그룹에 대한 지배권을 유지하거나 향후 재기할 수 있는 여지도 전자의 경우보다는 매우 클 수밖에 없다는 점에서 그렇게 볼 것은 아니다.

다른 한편으로, 수원지검으로서는 쌍방울그룹과 KH그룹의 수상한 자금흐름에 대한 수사에서 주가조작 혐의를 배제시킴으로써 쌍방울그룹의 대북사업이 주가조작을 목적으로 한 것이라는 의혹을 잠재울 수 있는 효과를 얻을 수 있다. 그러한 효과 덕분인지, 선행사건 재판부는 쌍방울그룹과 북한이 각각 주가조작, 외화벌이라는 부정한 목적은 갖지 아니하고 상호 간 경협을 진지하게 추진하였을 것이라는 전제하에 '기업집단 CEO인 김성태가 해외에서 1억 달러 조달 노력을 하면서 거짓말을 하였다는 것은 상식과 경험칙에 반한다', '북한도 경기도의 지원, 보증이라는 신뢰할 만한 지원이 있었기 때문에 쌍방울그룹과 경협을 추진한 것이다', '이화영의 약속 위반으로 곤란한 상황에 직면하였다는 김성혜의 말은 특별히 신빙할 수 있는 상태에서 발언한 것으로 믿을 수 있다'고 보았다. 수원지검의 김성태와 배상윤의 주가조작 의혹에 대한 수사 축소에는 이처럼 '800만 달러 대납 프레임'의 설득력을 높이고, 그에 대한 의혹이 제기될 가능성을 차단하기 위한 고도의 전략적 의도가 숨어 있는 것이다.

4 쪼개기 기소, 수원지검의 부당한 의도

가. 쪼개기 기소

쪼개기 기소는 동일하거나 밀접하게 연관된 범죄사실을 의도적으로 나눠 순차적으로 기소하는 전략이다. 공범의 도피 등으로 인하여 현실적으로 불가피하여 분리하여 순차기소하는 경우도 있으나, 그러한 사정이 없다고 한다면, 공범을 병합하여 기소하는 것이 원칙이다.

수원지검은 2022년 초경 쌍방울 대북송금에 대한 수사를 개시하여 2022년 말경 수사를 마쳤던 것으로 추정된다. 늦어도 김성태를 국내로 강제송환하여 구속기소한 2023. 2. 3.경에는 관련 수사를 다 마쳤다고 보아야 한다. 수원지검의 수사 결과대로 하면, 김성태, 방용철, 김○○, 이화영, 이재명을 외국환거래법위반과 제3자뇌물로 병합하여 기소했어야 했다.

그럼에도 불구하고, 검찰은 별다른 합리적 이유도 없이, 대북송금이라는 동일한 사실관계에 대하여, 공범관계에 있다고 주장하는 김성태, 김○○, 방용철, 이화영, 이재명을 수 개의 사건으로 나누어 기소하였다. 먼저 김성태와 김○○, 이화영과 방용철을 각각 외국환거래법위반 혐의만으로 순차적으로 분리 기소한 다음, 선행사건에서 이화영, 방용철에 대한 외국환거래법위반 혐의가 유죄로 인정되자마자 후행사건으로 이화영, 김성태와 함께 이재명을 제3자뇌물, 외국환거래법위반, 남북교류협력법위반 등으로 기소하였다.

이화영은 2022. 10. 14. 최초로 기소된 이후 2023. 3. 21. 선행사건으로 추가 기소되었고, 최초 기소일로부터 무려 2년 8개월 만에 유죄판결이 확정되었다. 그동안 구속된 상태에서 재판을 받느라 방어권이 심각하게 제한될 수밖에 없었다. 그런데 2024. 6. 12. 동일한 사실관계에 근거한 제3자뇌물로 다시 기소되어 언제 확정될지 알 수 없는 상태에서 동일한 대북송금 사건으로 계속 재판을 받아야 하는 상황에 처해 있다. 이재명에 대해서는 김성태가 강제송환된 2023. 1.경부터는 약 1년 5개월, 구속영장이 기각된 때부터는 약 9개월 만에 기소가 이루어졌다.

나. 수원지검의 부당한 의도: 이재명 기소를 위한 빌드업(build-up)

대북송금 사건에서 핵심적인 혐의는 외국환거래법위반과 특가법상 제3자뇌물 등 2개다. 전자는 외화 등 지급수단을 해외로 가지고 나가거나 외국에 돈을 지급할 때 외국환은행에 대한 신고나 한국은행 총재의 허가를 받아야 하는 외국환거래법상의 절차를 위반하였을 때 성립한다. 신고와 허가라는 행정절차 위반이라는 범죄 구성요건만 인정되면 유죄로 인정된다. 따라서 선행사건에서는 김성태, 방용철이 북한에 돈을 지급한 명목이나 목적, 구체적인 경위는 그렇게 중요한 쟁점은 아니었다고 할 수 있다. 외국환거래법상 절차 위반에 대한 고의나, 밀반출 등 실행행위에 대한 공모관계 등의 존부를 뒷받침하는 정황사실 내지 간접사실에 불과하기 때문이다. 더욱이 김성태, 김○○, 방용철의 경우에는 객관적인 증거들에 의하여 뒷받침될 뿐만 아니라 당사자들이 자백도 한 상태였다. 단지 이화영이 김성태, 김○○, 방용철과 공모하였는지만 다투어졌다. 따라서 그러한 정황사실 내지 간접사실이 중요하게 심리될 이유가 없었다. 통상의 사건이라고 한다면, 재판부에서도 그에 대하여 큰 중요성을 부여하지 않았을 가능성이 높다. 그런데 선행사건에서는 완전히 달랐다.

이화영, 나아가 이재명이 김성태와 공모하였다고 인정받기 위해서는 이화영, 나아가 이재명이 김성태에게 대납을 요구한 사실이 입증되어야 한다. 그런데 이에 대해서는 객관적인 물증은 없고, 단지 김성태 등의 진술만 직접증거로 제출되어 있을 뿐이었다. 더욱이 김성태 등의 진술은 불완전하고 일관성도 없었다. 검사는 재판부로 하여금 이화영과의 공모에 대한 김성태 등의 진술이 신빙성을 갖고 있다고 믿게 하기 위하여 다수의 정황사실, 간접사실을 주장하고, 이를 뒷받침하는 정황증거, 간접증거를 수도 없이 많이 제출하였다. 이로 인하여 검사의 증거기록이 수만 페이지에 이르게 되었다.

반면, 제3자뇌물죄는 일반뇌물죄와는 달리 공무원이 제3자에게 뇌물을 공여하게 하였을 때 성립하는 범죄로 직무에 관한 부정한 청탁이 있었을 것을 필요로 한다. 따라서 제3자뇌물 사건에서는 김성태, 방용철이 북한에 돈을 지급한 목적이나 명목, 구체적인 경위 등이 핵심 쟁점이 될 수밖에 없다.

이러한 양자의 차이로 인하여, 김성태, 방용철이 북한에 돈을 지급한 구체적인 경위와 명목에 대한 재판부의 심리 방법, 중요성 부여, 관련 진술에 대한 신빙성 판단에 있어 요구되는 입증의 정도, 그에 대한 판단 기준 등이 달라질 가능성이 높았다. 외국환거래법 위반에 있어서는 아무래도 중요도가 낮게 평가되고, 그에 대한 입증의 정도나 판단의 기준이 완화되어 적용될 개연성이 크다고 할 수 있었다. 더욱이 선행사건에는 이재명이 기소되지 아니하여 이재명 측의 변론이 심리나 판결에 반영될 수 없었다. 이러한 선행사건에 대한 심리의 특수성을 이용하여, 우선 이화영만을 외국환거래법위반으로 기소하여 '800만 달러 대납 프레임'을 비교적 손쉽게 인정받고 나서, 이를 근거로 하여 이재명 대통령을 외국환거래법위반 혐의뿐만 아니라 제3자뇌물 혐의로도 기소하고자 한 것이라고 의심할 수밖에 없다. 즉, 이재명 대통령 기소를 위한 빌드업(build-up)의 수단 내지 과정으로 선행사건에서 이재명을 제외하고 이화영만을 외국환거래법 위반으로 기소하는 전략을 택한 것이다.

이러한 수원지검의 부당한 의도가 통했는지, 김성태, 방용철이 북한에 돈을 지급한 경위와 목적, 명목에 대한 진술이 전혀 일관되지 않았고, 진술세미나 등과 같은 위법수사에 대한 의혹이 제기되었음에도 불구하고, 선행사건 1심은 김성태, 방용철, 안부수의 진술이 '대체로 일관되고, 구체적이고, 객관적인 사실관계와 모순되지 않는다'고 보아 신빙성을 인정하고, 이를 근거로 '800만 달러 대납 프레임'을 그대로 받아들였다.

선행사건 2심은 김성태가 리호남에게 지급한 돈의 명목을 처음에는 '북에 돌아갈 때 선물이라도 사가라고 준 돈'이라고 했다가 나중에 '방북 의전 비용 대납'이라고 변경하였고, 그 액수도 '30~40만 달러'에서 '70만 달러'로 증액하여 진술하였음에도 불구하고 '크게 모순되지 않는다'라고 평가하여 신빙성을 인정하기도 하였다. 신고나 허가 절차 위반을 문제 삼는 외국환거래법위반 사건에서는 돈 지급의 명목은 전혀 중요한 사항이 아니고 외국환거래법상 신고나 허가 절차를 거치지 않고 돈을 지급한 사실 자체만 의미가 있다고 보아 그렇게 판단했을 것이라고 좋게 해석할 수도 있겠으나, 제3자뇌물 사건에서도 이와 동일하게 판단할 수는 없을 것이다.

수원지검은 선행사건 1심이 외국환거래법 위반 혐의에 대하여 유죄판결을 한 직후 이재명과 이화영을 제3자뇌물 등의 혐의로 추가 기소하였다. 외국환거래법 위반 혐의를 먼저 기소하여 유죄로 인정받은 다음 이재명을 전격 기소한다는 수원지검의 빌드업(build-up) 의도가 그대로 관철된 셈이다.

다. 기소 후 수사에 대한 제한 회피

형사소송법상 형사재판에서의 당사자주의 원칙에 따라, 공소가 제기된 후에는 그 사건에 관한 절차상의 권한은 모두 사건을 주재하는 법원에 속하게 되며, 수사의 대상이던 피의자는 검사와 대등한 당사자인 피고인의 지위에서 방어권을 행사하게 된다. 검사가 공소를 제기한 후에도 증인으로 신청할 사람을 참고인으로 소환하여 피고인에게 불리한 진술을 기재한 진술조서를 작성하고, 이를 공판절차에 증거로 제출할 수 있게 한다면, 피고인과 대등한 당사자의 지위에 있는 검사가 수사기관으로서의 권한을 이용하여 일방적으로 법정 밖에서 유리한 증거를 만들 수 있게 하는 것이고, 결국 형사소송법이 규정하고 있는 당사자주의·공판중심주의·직접심리주의에 반하고 피고인의 공정한 재판을 받을 권리를 침해하게 된다. 이러한 이유로 대법원은 수사기관이 공소제기 후에 증인으로 신문할 사람에 대하여 작성한 진술조서는 증거능력이 없다고 본다.[1]

또한, 해당 참고인이 법정에서 그렇게 작성된 진술조서와 같은 취지로 피고인에게 불리한 내용의 진술을 한 경우, 그 진술의 신빙성은 신중하게 판단하도록 하고 있다.

한편, 검사가 공소제기 후에 작성한 피고인 진술조서에 대하여 증거능력이 있다고 판단한 오래된 대법원 판례[2]가 존재하기는 하나, 위와 같은 최근 대법원의 판례의 태도에 비추어 피고인에 대한 진술조서의 증거능력이 인정될 수 있을지 의문이다. 수사실무상으로도 수사기관이 공소제기 후에 피고인에 대해 소환, 조사한 예를 찾아보기 어렵다.

수원지검은 대북송금 관련 외국환거래법 위반 혐의로 2023. 2.경 김성태, 김○○을, 2023. 3. 21. 이화영, 방용철을 각각 기소하였다. 따라서

---

1 대법원 2019. 11. 28. 선고 2013도6825 판결
2 대법원 1982. 6. 8. 선고 82도74; 대법원 1984. 9. 25. 선고 84도1646판결

대북송금 관련으로는, 김성태, 김○○에 대하여는 2023. 2.경 이후, 이화영, 방용철에 대하여는 2023. 3. 21. 이후로는, 검사가 증인으로 소환하여 신문하고자 하였던 김성태, 김○○, 이화영, 방용철을 수원지검으로 소환, 조사하여 진술조서를 작성하는 것은 허용되지 않는다고 보아야 한다. 그럼에도 불구하고 수원지검은 이화영을 선행사건으로 기소한 2023. 3. 21. 바로 직전인 2023. 3. 19. 및 20. 김성태를 참고인으로 소환, 조사하여 진술조서를 작성하였다. 공소제기 후 수사를 제한하는 대법원 판례를 정면으로 위반한 위법한 수사였다.

더욱이 안부수, 채○○, 방용철 등은 이화영에 대하여 2022. 10. 14.자로 기소된 특가법위반(뇌물), 정치자금법위반 사건에 증인으로 출석하였고, 여기에서 대북송금에 대하여도 상세하고 구체적인 증언을 하였다. 그런데 수원지검은 안부수, 채○○, 방용철을 다시 수원지검으로 소환하여 참고인 조사 또는 대질신문 등의 형식으로, 이미 증언을 마친 사실관계에 관하여 다시 조사를 하고 조서를 작성하였다. 그 이외에 검사가 1인 또는 수명을 모아 놓고 면담을 하고도 그에 대한 조서를 작성하지 아니하고, 수사 과정의 기록을 부실하게 기재하거나 수사 과정의 기록을 아예 작성하지 않았다는 의혹도 있다. 모두 선행사건 기소 이전에 수원지법에서 한 이들의 증언이 '800만 달러 대납 프레임'에 반하거나 이를 뒷받침하기에 부족하였기 때문에 선행사건 기소 후 다시 증인으로 불러 종전의 증언을 변경시키기 위한 목적으로 소환 조사하여 참고인 진술조서를 작성한 것이었다.

예를 들면, 안부수는 2023. 1. 16., 2023. 1. 31., 2023. 2. 3. 이화영에

대한 특가법위반(뇌물) 사건에서 이미 증인으로 3회 출석하여 증언을 마쳤다. 그런데 수원지검은 그 이후인 2023. 2. 23. 안부수를 선행사건인 이화영에 대한 외국환관리법위반 참고인으로 소환하여 진술조서를 작성하기까지 하였다. 또한, 선행사건으로 기소하기 이틀 전인 2023. 3. 19. 안부수를 김성태에 대한 참고인 조사에서 김성태 등과 대질시키고는, 안부수가 그 이전에 한 증언 내용 중 중요 부분을 검사의 대납 프레임에 부합하는 취지로 변경하는 내용의 진술을 받아 김성태에 대한 참고인 진술조서에 기재하였다. 그리고 나서, 2023. 4. 18. 특가법위반(뇌물) 사건에 병합 기소된 선행사건에서 안부수를 다시 증인으로 신청하여 김성태에 대한 참고인 진술조서에 기재된 진술 내용에 부합하는 취지의 증언을 하게 하였다. 공소사실에 반하거나 어긋나는 안부수의 종전 증언을 변경시킨 것이다. 안부수의 진술이 어떻게 변경되었는지 구체적으로 보자.

안부수는 2023. 1. 31. 이화영에 대한 특가법위반(뇌물) 사건에 증인으로 출석해서는, 김성태가 김성혜를 처음 만나 술김에 김성혜가 요구하는 돈을 '지급하겠다'고 말한 이후 그에 관하여 이화영과 어떻게 논의했는지에 대해서는 '전혀 모른다'고 증언하였다. 당시 김성혜가 했다는 '이화영이 북한에 실수를 했다'는 말의 의미에 대해서도, '이화영이 경기도평화부지사로 북한에 약속한 스마트팜 비용을 지원해주지 못했다'는 뜻이 아니라 "옛날 이야기 같았습니다"라고 증언하였다. 김성혜가 스마트팜 사업과 관련하여 북한에서 어떠한 곤란한 상황에 처했는지에 대해서도 '들어본 적이 없다'고 증언하였다. 또한, 2019. 5.경 이후의 쌍방울그룹과 북한의 접촉 상황에 대하여, "제가 그 때 느낌은 쌍방울 측에서 좀 활발하게 움직이고 있을 때 이화영 피고인하고 저는 거꾸로 밖에서 기다리는 입장이 됐었습니다. 우리는 2차, 3차가 된 느낌도 받고..."라고 증언하였다.

그런데 안부수는 2023. 4. 18. 선행사건에 증인으로 출석해서는, '이화영이 2018. 10. 방북해서 북한에 스마트팜 비용 등으로 현금 지원을 약속했고, 이화영이 김성태에게 스마트팜 비용 대납을 요구하고, 김성혜가 곤란한 상황에 처했다'는 말을 각각 이화영, 김성혜로부터 직접 들었다고 진술을 변경했다.

답 맞습니다. 이때 북한을 갔다 오신 후 저를 만나서 '상당히 기분 좋았다', '초대소에 갔다', '스마트팜 지원을 해주기로 했고, 인도적 지원 30억을 해주기로 했다. 상당히 잘 됐다'라고 이야기를 하시더라고요.

답 곤란하다는 정도가 아니고, 제가 이화영 피고인한테 전화를 몇 번 해서 '왜 약속을 그렇게 했냐. 제재 때문에 안 되면 나중에 제재 끝나고 한다고 하지 그렇게 준다고 약속을 해놓고 못주면 어떡하냐'는 말씀도 드렸습니다. 그래서 이화영 피고인이 '바로 진행을 하겠다'고 약속을 했다고 하더라고요.

다만, 김성태가 김성혜를 처음 만났을 때, 김성혜가 말한 '이화영 약속 위반'은 '이화영의 국회의원 시절 얘기였던 것 같다'는 진술은 그대로 유지했다.

답 예. 그건 모르겠는데, '옛날에 이화영 피고인이 김성혜 실장하고의 약속을 어겼고, 실수를 한 것이 있다'는 얘기를 했습니다. 50억 된다는 이야기를 제가 얼핏 들은 것 같은데…

안부수는 2013. 1. 31.자 증언을 번복한 이유에 대해 아래와 같이 증언하였다.

답 그때는 사실 기억도 잘 안 났고, 이화영 피고인을 제가 옹호하는 차원에서 더 감쌌습니다.

그러나 안부수는 2022. 11. 25. 수원지검에서 제12회 피신조사를 받았을 만큼 검찰에서 동일한 사실관계에 대해 반복적으로 신문을 받았다. 2023. 1. 31.자 증언의 내용이 매우 구체적이기도 하다. 따라서 2023. 1. 31.자 증언 때 기억이 안 나서 잘못 증언하였다는 것은 믿을 수 없다. 다른 한편으로, 안부수의 2023. 1. 31.자 증언은 단순히 이화영만을 감싸는 내용이었다기보다는 무엇보다 안부수 본인의 책임을 회피하기 위한 내용이었다. 안부수는 2023. 4. 18.자 증언에서 종전의 증언 내용을 변경함에 있어서는 쌍방울그룹 대북송금의 책임을 이화영에게 전가하면서 안부수 본인은 관여한 바 없다는 종전 증언의 내용을 그대로 유지하였다. 이러한 점에서 2023. 4. 18.자 증언은 명백한 안부수 본인의 관여 사실은 숨기면서 이화영에게 책임을 전가하는 전형적인 '유체이탈 화법'에 다름 아니다.

검사는 김성태, 김○○에 대한 외국환거래법위반 공소제기 후, 그리고 이화영에 대한 특가법 위반에 대한 공소제기 후에 작성된 진술조서라고 하더라도 형식적으로 아직 기소되지 않는 다른 사건(예를 들면, 이화영의 외국환거래법위반 사건)에 관하여 작성되었기 때문에 위법하지 않다고 주장하였다. 쪼개기 기소를 이용한 탈법 수사임을 자인한 셈이다. 선행사건 1심은 검사의 주장을 받아들이지 아니하고, 공소제기 후 작성된 김성태에 대한 참고인 진술조서와 그에 기재된 방용철, 안부수, 김○○, 채○○의 진술의 증거능력을 인정하지 않았다. 그러나 이들이 검사가 신청한 증인으로 출석하여 그와 동일한 내용으로 한 증언의 증거능력은 인정하고, 그 내용도 '일관성이 있다'는 이유로 신빙성이 있다고 판단함으로써 검사의 위법수사에 면죄부를 부여하고 말았다.

선행사건 기소 직전에 이루어진 김성태, 방용철, 안부수 등에 대한 대질조사는 절차적으로 공소제기 후 수사 제한을 위반한 것인 데다가, 무엇보다 소환 조사의 목적이 적법하게 이루어졌던 종전의 증언을 변경시키고자 한 것으로 그 위법성이 참을 수 없이 중대하다고 보아야 한다. 이러한 점에서 선행사건 1심의 이 부분 판단은 매우 부당하다.

라. 김성태에 대한 추가 기소 가능성을 이용한 회유, 압박

김성태에 대한 기소는 대부분 한꺼번에 이루어지기는 하였으나, 선행사건 1심은 외국환거래법위반 등과 나머지 자본시장법위반 등의 혐의를 분리하여, 전자에 대해서는 이화영과 비슷한 시기에 판결을 선고하고, 후자에 대해서는 현재 1심 재판이 계속 진행 중이라는 점도 주목할 필요가 있다.

이로 인하여 김성태는 이미 기소된 자본시장법위반 혐의(3회에 걸친 전환사채 발행 420억 원)에 추가하여 언론에서 의혹을 제기한 나머지 전환사채 발행 관련 자본시장법위반 혐의로 언제든 기소당할지도 모르는 상황하에서 대북송금 사건 재판을 받는 불안정한 상황에 처하게 되었다.

수원지검은 '언제든지 아직 기소되지 않은 전환사채 발행 관련 주가조작 혐의로 추가 기소당할지도 모른다'는 김성태의 불안한 상태를 이용하여 검사가 주장하는 '800만 달러 대납 프레임'에 부합하는 방향으로 진술하도록 하고, 나아가서는 검찰에서 한 진술을 변경하지 않고 법정에서 그대로 증언하도록, 김성태 등을 회유하고, 압박하는 고리로 이용하였다고 의심할 수밖에 없다.

다른 한편, 김성태로서는 기존의 주가조작 전과로 인하여 장기의 실형 선고를 받을 가능성이 높은 상황이었는데, 자본시장법위반 혐의에 대한 재판을 미룰 수 있는 가능성이 생겼다고 볼 수 있다. 공교롭게도 김성태, 김○○에 대한 자본시장법 위반 재판은 기소된 때로부터 2년이 지났음에도 불구하고 아직도 1심 재판이 계속 중이라고 한다. 검사가 김성태를 회유하기 위한 매우 중요하고 큰 선처, 특혜라고 할 수 있겠다.

대법원 판례에 의하면, 진술의 신빙성을 판단함에 있어서는 위와 같이 수사가 개시될 가능성이 있거나 수사가 진행 중인 경우, 이를 이용한 협박이나 회유 등이 진술에 영향을 미쳤을 수 있는지 살펴보아야 한다. 선행사건 재판부는 김성태에게 수사가 개시될 가능성이 있는 별도의 자본시장법위반 혐의가 있음을 보지 못한 채 허위 진술을 할 동기를 발견할 수 없다고 잘못 판단하였다.

마. 양형상 불이익, 방어권 침해

대북송금 사건이 선행사건과 후행사건으로 분리 기소됨으로 인하여, 이화영은 수원지검이 동시에 기소하여 법원에서 한꺼번에 형을 선고받게 된다면, 누릴 수 있는 양형상의 이익을 부당하게 침해당했다. 또한, 선행사건에서 선고된 장기의 징역형을 복역할 수밖에 없는 상황이라 후행사건에서 보석으로 석방되어 충실하게 방어권을 행사할 수 있는 기회가 원천 차단되고 말았다.

바. 수원지검의 공소권 남용

검사는 객관의무를 부담한다. 검사의 객관의무란 검사가 수사를 함에 있어 피의자에게 불리한 사실뿐만 아니라 유리한 사실까지도 수사해야 한다는 요청을 말한다. 검사의 객관의무는 수사절차에서 검사에게 부여된 의무이다. 따라서 객관의무의 규범적 효력은 수사에 한정되는 것이 아니라 공소제기 시까지 미친다고 볼 수 있다. 이러한 검사의 객관의무는 대법원 판례에서도 인정되고 있다. 검사가 수 개의 관련 사건을 동시에 기소할 수 있었음에도 어떤 부당한 의도를 갖고 분리기소, 늦장 기소를 하고, 그로 인하여 피고인에게 부여된 형사소송 절차상의 정당한 이익이 침해된 경우에는 객관의무를 위반한 것으로 보아야 한다. 서울시 공무원간첩 사건에서 이러한 법리를 인정하여 공소를 기각한 것은 정당하다는 대법원 판례가 존재하기도 한다.[3]

---

[3] 대법원 1982. 6. 8. 선고 82도74; 대법원 1984. 9. 25. 선고 84도1646판결

5 기소 요지

가. 이화영의 약속

'이화영이 2018. 10.경 방북해서 스마트팜 비용 500만 달러를 약속하고 돌아왔다.'

바로 이 약속 때문에, 북한에서는 김성혜가 김정은의 질책을 받고는 곤란한 상황에 처해 이화영에게 독촉을 했고, 남한에서는 이화영이 '경기도 대북사업, 경기도지사 방북 무산'을 우려하여 김성태에게 대납을 요구했다는 것이 검사의 주장이다. '이화영의 약속'이 검사가 주장하는 대북송금 프레임의 첫 단추인 셈이다.

그런데 경기도와 북한이 스마트팜 사업 추진을 협의하기 시작한 출발점은 안부수의 1차 방북이었다. 안부수는 2018. 8. 29.~9. 1. 평양을 방문하여 아태협과 조선아태위 사이에 '다방면의 남북협력사업'을 추진하기로 합의하였다. 국정원의 협조자 지위에서 국정원의 소개로 이화영을 만나 '경기도가 북한과 스마트팜 사업을 추진하겠다'는 의사를 확인하고 2018. 9. 11. 조선아태위에 이를 알리는 아태협의 공문을 보냈다.

문재인 정부는 2018. 9. 16.경 제3차 남북정상회담 특별수행단에 더불어민주당의 차기 대선후보로 거론되던 서울시장 박원순, 강원도지사 최문순은 포함시킨 반면, 경기도지사 이재명은 제외시켰다. 언론에서는 이를 두고 '청와대가 차기 대선주자로 박원순을 지목하였다', '이재명 지사 입장에서는 이런 봉변이 없다'라는 취지로 보도하였다. 검사는 이재명과 이화영이 그에 대해 실망한 나머지 '앞으로는 정부와 보조를 맞춰 대북정책을 추진하기는 어렵다고 판단하고 대북브로커 안부수의 중개로 북한에 경기도의 독자적인 대북사업을 약속해주고 경기도지사 방북을 신속하게 추진하기로 하였다'고 주장한다. 경기도지사가 남북정상회담 특별수행단에서 배제된 것이 이화영 약속과 대납 요구의 동기이고 배경이라는 것이다.

이화영은 2018. 10. 2. 안부수의 소개로 중국 심양에서 송명철을 만나 황해도 스마트팜 시범농장 사업추진 등을 포함하는 6개항의 합의를 하고, 2018. 10. 4.~6. 1차 방북과 2018. 10. 20.~23. 2차 방북을 통해 김영철, 김성혜와 스마트팜 사업 등에 관하여 협의하였다.

검사는 아태협이 조선아태위에 보낸 공문과 이화영과 송명철의 접촉에서도 스마트팜 사업 지원에 대한 약속이 이루어졌다고 주장한다. 나아가 이화영이 1차 방북 때 김성혜로부터 '스마트팜을 위해 황해도에 돌격대를 준비해서 즉시 시작하겠다. 500만 달러 상당을 지원해주면 좋겠다'라는 말을 듣고, 미국과 UN의 대북제재로 불가능함에도 불구하고 '제가 그것을 하러 온 것이 아니냐'라고 말하면서 약속하였다고 주장한다. 2차 방북 때는 평양 초대소 등에서 김영철, 김성혜가 '남북교류협력은 대북제재 국면에서 빛이 나는 것으로 남측에서 성의를 보여줘야 한다'라는 취지로 황해도 스마트팜 지원 사업 추진을 재차 요청하자, 사전에 평화협력국의 보고를 받아 대북제재 대상임을 알고 있는 상태임에도, 스마트팜 사업 지원을 재차 약속하였다고 주장한다. 약속의 내용도 단순히 스마트팜을 위한 기술과 장비, 설비 지원이 아닌 스마트팜 비용 현금 500만 달러 지원이라고 주장한다.

검사는 북한이 경기도와의 6개항 합의를 이행하기 위하여 2018. 11. 14.~17. 고양시에서 개최된 제1회 국제대회에 조선아태위 부위원장 리종혁, 부실장 송명철 등으로 구성된 대표단을 참석시켰다고 본다. 리종혁과 송명철은 제1회 국제대회 기간 중 경기도 농업기술원 스마트팜 시설을 둘러보고 경기도 측에 황해도 스마트팜 지원 사업을 적극적으로 추진해달라고 재차 요청하였다고 주장한다.

나. 김성혜의 이화영에 대한 독촉

검사는 안부수가 2018. 11. 14.~17. 고양시에서 개최된 제1회 국제대회 직후 북한 측으로부터 '상부에 보고를 다 해서 늦어도 12월 초부터는 작업이 들어가야 되는데, 지금 이화영이 계속 연락이 없다'는 취지로 수회 연락을 받았다'고 주장한다. 이화영은 북한에 대한 스마트팜 지원 문제가 해결되지 않아 북한 측의 연락을 피하고 있는 상태에서 안부수로부터 '어떻게 된 거냐, 북한에서 자꾸 스마트팜 때문에 연락이 와가지고 지원이 안 된다고 하는데 무슨 약속을 그렇게 하셨냐'라는 말을 들었다고 주장한다. 김성혜가 제1회 국제대회 직후부터 이화영이 연락을 해도 피하자 안부수를 통해 이화영에게 독촉 의사를 전달했다는 말이다. 검사의 이 주장에 의하면, 이화영의 1차 방북 시점으로부터는 불과 40일, 2차 방북 시점으로부터는 불과 25일 정도밖에 안 되는 시점에 김성혜가 이화영의 약속 이행을 독촉한 셈이다. 이화영이 2018. 10. 2회 방북했을 때 불과 40일 또는 불과 25일의 기한 내에 경기도가 북한에 현금 500만 달러를 지원하기로 북측에 약속하고 돌아왔다는 말이 된다.

다. 이화영의 김성태에 대한 스마트팜 비용 500만 달러 대납 요구

검사는 이화영이 2018. 10. 하순경부터 11.경까지 사이에 김성태에게 '북한에서 김성혜를 만나 황해도 스마트팜을 위해 500만 달러 상당의 지원을 약속했는데 대북제재 때문에 지원해줄 수 없어 머리가 아프다. 쌍방울 내의 1천만 달러어치를 중국에 판매하여 500만 달러를 북한에 지급하면 안 되겠느냐? 그러면 북한 최고위층과 연결되어 쌍방울그룹이 대북사업을 할 수 있을 것이다. 경기도와 함께하는 대북사업만 하더라도 크게 사업을 할 수 있을 것이다. 500만 달러를 대납해주면 경기도나 이재명 지사가 그것을 잊겠느냐'라는 취지로 지원을 요청하였다고 주장한다.

검사는 김성태가 이화영의 말이 사실인지 확인하기 위하여 방용철로 하여금 2018. 11. 20.~22. 중국 심양에서 리호남을 만나보게 했고, 이화영의 권유로 2018. 11. 29.~12. 1. 중국 심양에서 김성혜를 처음으로 만나게 된 것이라고 주장한다.

김성태는 2018. 11. 29.~12. 1. 안부수와 함께 김성혜를 처음 만났다. 김성태는 이 만남에서 '김성혜가 이화영이 스마트팜 비용 500만 달러를 약속하고도 안 지켰다고 하자, 술김에 그 돈을 자신이 주겠다고 했다'고 진술했다. 국정원 문서에는 '김성혜가 안부수에게 이화영이 약속하고도 이행하지 않은 스마트팜 사업을 위해 200~300만 달러를 마련해달라고 부탁했다'는 안부수의 제보 내용이 기재되어 있다. 그런데 이 제보에는 김성태가 김성혜를 처음 만난 사실이 누락되어 있다. 안부수는 단독으로 김성혜를 만난 것처럼 국정원에 제보한 것이다. 국정원 직원은 선행 사건에서 '시점은 명확하지 않으나 안부수로부터 쌍방울그룹을 통해 김성혜가 요구하는 돈을 마련해주는 방안을 제안받은 적이 있으나, 만류했다'고 증언했다.

검사는 이화영이 김성태로부터 김성혜와의 첫 만남에서 들은 김성혜의 말을 전해 듣고, 황해도 스마트팜 지원 문제를 이행하지 못하면 경기도의 대북사업 및 이재명 경기도지사의 방북이 무산될 것을 우려하여 2018. 12. 초순경 쌍방울그룹 사무실에서 김성태에게 '경기도의 대북사업이 잘되어야만 쌍방울그룹도 대북사업의 기회를 잡을 수 있으니 500만 달러를 대납해달라'고 재차 요구하였다고 주장한다.

검사는 김성태가 대북사업에 관심을 갖고 있던 차에 정부의 불허로 성사되지 못한 경험을 바탕으로 정부나 지방자치단체의 도움 없이는 대북사업 추진이 어렵다는 점을 알고 있었고, 이화영과 김성혜가 모두 곤란한 처지에 놓여 있어 이를 대신 해결해줄 경우 북한과 사업 기회를 얻고 그 과정에서 경기도로부터 각종 특혜와 지원을 받을 수 있다는 생각에 이화영의 500만 달러 대납 요구를 승낙하고 그 대가로 '경기도가 북한을 상대로 쌍방울그룹의 대북사업 보증', '향후 추진할 경기도 대북사업에서 우선적 사업 기회 부여 등 대북사업 공동 추진', '경기도 남북교류협력기금 지원' 등의 부정한 청탁을 하였다고 주장한다.

안부수는 2018. 12. 22.~26. 평양을 방문하였다. 안부수는 평양 방문 중인 2018. 12. 24. 김성혜에게 김성태의 친서를 전달하였다. 국정원 문서에는 김영철과 김성혜가 안부수에게 김성혜가 요구한 돈을 재차 부탁했다는 안부수의 제보가 등장한다. 이 제보에는 김성태 친서 전달 사실은 누락되어 있다. 검사는 이화영이 안부수로부터 김영철, 김성혜의 말을 전해 듣고 재차 김성태에게 스마트팜 비용 500만 달러 대납을 재촉하였다고 주장한다.

김성태는 2018. 12. 29.~30. 단동에서 안부수의 주선으로 김성혜를 다시 만났다. 이 만남에서 쌍방울그룹의 북남협력제안서가 북측에 전달되었다. 여기에는 '협동농장지원[단계적으로 300~500만 달러]'이라는 제안이 포함되어 있었다. 국정원 문서에는 김성혜가 안부수에게 '이화영이 협동농장 현대화를 위해 기술지원 이외에도 50억 원 지원을 약속했다'고 말했다는 안부수의 제보가 기재되어 있다. 이 제보에도 김성태가 참석한 사실이 누락되어 있다.

라. 김성태의 스마트팜 500만 달러 대납

쌍방울그룹과 조선아태위는 2019. 1. 17. 중국 심양에서 경협에 관한 합의서를 체결했다. 구체적인 경협 사업의 내역이 명시되지 않은 양해각서 같은 것이었다.

검사는 김성태가 2019. 1. 23.~24. 쌍방울그룹 임직원 수십 명을 동원하여 200만 달러를 중국 심양으로 밀반출하여 심양 능라도식당에서 송명철에게 지급했다고 주장한다. 안부수도 14만 5,040달러와 180만 위안을 직접 밀반출과 환치기로 심양에 가져가 위 200만 달러에 보탰다.

2019. 2. 27.~28. 베트남 하노이에서 김정은과 트럼프 사이의 북미정상회담이 열렸으나 결렬되었다.

검사는 김성태가 300만 달러 상당의 돈을 환치기로 국내에서 마카오로, 다시 홍콩, 광저우, 심양으로 가져가 2019. 4. 6.경 및 2019. 4. 11.경 심양에서 2회에 걸쳐 각 150만 달러씩 합계 300만 달러 상당을 송명철에 지급하였다고 주장한다.

마. 이화영의 경기도지사 방북 의전 비용 대납 요구

쌍방울그룹은 2019. 5. 12. 중국 단동에서 북한 민경련과 2019. 1. 17.자 합의서를 구체화하기 위하여 쌍방울그룹이 민경련으로부터 ① 희토류 등 지하자원개발협력사업, ② 관광지 및 도시개발사업, ③ 물류유통사업, ④ 자연에네르기 조성사업, ⑤ 철도건설 관련 사업, ⑥ 농축수산협력사업 등 대규모 개발사업권을 받기로 하는 협약을 체결하였다.

검사는 이화영이 2019. 5. 11. 중국 단동에서 김성태에게 '북한 측에 경기도지사 방북 초청을 요청해달라'고 부탁하였고, 이어 김성태가 리호남에게 '이재명 지사를 공식적으로 초청해달라'고 요청하자 리호남은 '경기도지사가 방북하려면 의전 비용도 필요하고 성대하게 할 테니 500만 달러가 필요하다'고 요구하였다고 주장한다. 그 직후 이화영이 김성태로부터 리호남의 요구를 전해 듣고 김성태에게 '100만 달러 정도 김 회장이 내주고 추진해 보면 어떻겠냐'고 말하면서 북한 측에서 요구하는 경기도지사 방북 의전 비용을 대납해달라고 요청하였다고 주장한다.

바. 김성태의 방북 의전 비용 300만 달러 대납

검사는 방용철이 이화영의 요구를 받은 김성태의 지시에 따라 2019. 5. 중순경부터 7. 초순경까지 중국 단동에 있는 베니스호텔 등에서 리호남을 수차례 만나 경기도지사 방북 의전 비용을 300만 달러로 합의하였다고 주장한다.

검사는 이화영이 2019. 7. 24.~27.경 필리핀 마닐라 콘래드호텔에서 개최된 제2회 국제대회 기간 중 김성태, 송명철과 이재명 경기도지사 방북을 논의하면서 송명철로부터 '문재인 대통령이 왔을 때는 공항에 김영철, 최룡해 둘 중에 한 명이 나왔는데, 만약 이재명 지사가 오게 되면 둘 다 공항에 나오고 문재인 대통령이 갔던 백두산에 갈 때에도 최신형 헬리콥터와 차량을 준비하겠다. 사람들이 나와서 길거리에서 환영회하는 것도 다 동원해서 문재인 대통령이 왔을 때보다 더 크게 행사를 치르겠다'라는 말을 듣는 등 이재명 경기도지사 방북 시 구체적인 의전 방안까지 전달받았다고 주장한다.

검사는 김성태가 2019. 7. 제2회 국제대회 기간 중 70만 달러 상당을 국내에서 환치기로 마닐라로 보내 리호남에게 방북 의전 비용으로 지급하였다고 주장한다.

또한, 2019. 11. 27.~12. 1.경 쌍방울그룹 임직원 수십 명으로 하여금 200만 달러 상당을 서적이나 화장품 케이스 등 소지품에 숨겨 중국 심양으로 출국하게 하는 방법으로 밀반출하여 중국 심양 서머셋호텔에서 송명철에게 200만 달러를 지급하고, 2020. 1. 중순경 중국 심양에서 리호남에게 30만 달러를 지급하였다고 주장한다.

True

3부

이화영의 약속과 김성혜의 독촉,
이화영의 대납 요구의 허구성

False

1 이재명, 이화영에게 대납을 요구할 동기와 이유가 있었을까?

2 이화영이 북한에 스마트팜 지원을 약속했을까?

3 안부수의 국정원 제보 허위성: 김성혜 말의 증거능력, 신빙성

4 안부수 수첩 읽기: 쌍방울그룹 대북사업은 언제 시작되었을까?

5 김성혜의 쌍방울그룹을 통한 외화벌이에 대한 안부수의 협조

6 스마트팜 비용 대납 관련 김성태 진술의 비일관성

7 이화영이 모르쇠로 일관한다는 검사의 부당한 공격에 대하여

1 이재명, 이화영에게 대납을 요구할 동기와 이유가 있었을까?

가. 합리적 행위자 모델과 이재명, 이화영의 대납 요구에 대한 동기

대부분의 사람은 자신의 행동을 결정할 때 가능한 선택지들의 비용(costs)과 편익(benefits)을 비교하고, 그 결과 최대의 이익을 얻거나 손해를 최소화하는 방향으로 선택한다. 이는 경제학의 합리적 행위자 모델(rational actor model)로, 개인이 제한된 정보 속에서 최적 선택을 한다는 가정이다. 범죄 행위자들도 예외가 아니어서, 사이코패스가 아닌 바에야 자신의 성향이나 인간됨, 살아온 이력과 처한 조건 등에 비추어 합리적으로 납득될 수 있는 나름의 범행 동기와 이유가 있을 것이다. 만약 행위자의 범행 동기, 이유가 불분명하다거나 경험칙에 비추어 쉽게 납득하기 어렵다면, 행위자에게 혐의를 두는 것 자체가 잘못되었을 가능성이 크다.

이재명과 이화영은 어떠할까? 이들의 성향이나 인간됨, 살아온 이력과 처한 조건에 비추어 대북제재 위반을 무릅쓰고라도 북한에 스마트팜 비용 500만 달러 현금 지원과 방북 의전 비용 300만 달러를 약속하고, 김성태에게 그 대납을 요구했어야 할 만한 합리적인 동기나 이유가 존재하였을까?

나. 정치인의 합리적 선택

1) 이재명의 경우

대북송금 당시 이재명은 법률가 출신으로 성남시장을 재선까지 역임하였고, 더불어민주당 제19대 대통령 후보 경선에도 나섰으며, 민선 7기 경기도지사로 당선될 정도의 경력을 쌓은 현실 정치인이었다. 대통령으로 당선되어 대한민국을 이끌어가고자 하는 대권주자의 반열에 있는 정치인이기도 하였다.

이재명 경기도지사가 당시 경기도의 대북정책을 추진함에 있어 대권주자로서의 입지에 대한 고려가 없지는 않았을 것이다. 이재명이 추진하는 정책 중 대북정책만 그러한 것은 아니었을 것이다. 또한, 정치인들 중 유독 이재명만 그러한 것도 아닐 것이다. 이념적 성향이나 소속 정당을 불문하고, 더군다나 대통령 당선을 목표로 하는 정치인이라면, 그가 내세우고 추진하는 정책에는 대권에 대한 고려가 반영되어 있을 것이라고 추정할 수 있다. 그런데 정치인이 추진하는 정책이 그의 대권주자 입지를 강화시키는 방향으로 기능하기 위해서는 유권자들의 지지를 받을 수 있는 정당한 목적을 가지고 있어야 하고, 실현 가능성이 있어야 하며, 종국에 가서는 성공해야 한다. 무릇, 대권주자의 반열에 있는 정치인들이라면 이러한 점들을 구체적으로 검토하고 분석한 연후에 정책이나 전략 문제를 판단할 수밖에 없을 것이다.

물론, 유권자들의 100% 지지를 받은 정책은 있을 수 없다. 대부분의 정책은 유권자들 사이에 찬반이 나뉘고, 성공 가능성도 불확실하다. 정치인들은 그런 조건과 환경 속에서 정책을 입안하여 발표하고 추진하게 된다. 이로 인하여 정치인이 정책을 선택하고, 추진하는 방식에는 그 정치인의 철학과 신념이 작용하게 될 것이나, 대부분의 현실 정치인들은 자신의 철학과 신념을 염두에 두면서도 유권자들의 지지와 실현 가능성을 중요하게 감안할 수밖에 없다.

이재명은 경기도지사로 재임할 당시 남북 간 긴장완화와 평화정착을 우선시하는 정책 기조를 갖고 있는 정치인에 속한다고 할 수 있으나 한반도 정세와 국내 정치적 여건을 고려하지 아니하고 무턱대고 경기도의 남북교류협력사업과 방북을 추진할 이유는 없었을 것이다.

한편, 이재명 당시 경기도지사는 김성태와는 개인적인 인연이나 직접 접촉은 갖고 있지 않았으므로, 김성태에게 대북사업에 대하여 조언하거나 유착할 배경이나 이유를 찾기는 어렵다.

2) 이화영의 경우

이화영은 전직 국회의원으로 국회 통일외교통상위원회 간사로 활동하였고, 2006. 10.경 노무현 정부 시기 남북정상회담 및 특사 파견 관련으로 평양을 방문한 이래로 대북, 대중 전문가로 활동한 경력을 인정받아

2018. 7. 10. 경기도 평화부지사로 임명되었다. 이화영은 경기도 평화부지사직을 성공적으로 수행하고, 이를 바탕으로 하여 2020. 4.경 실시되는 제21대 국회의원 선거에 출마할 계획을 갖고 있었다. 실제로도 제21대 국회의원 선거 출마를 위하여 예비후보로 등록하기도 하였다.

이화영도 남북 간 대결보다는 긴장완화와 평화정착을 중요시하는 정치적 신념과 철학을 갖고 있는 정치인에 속한다고 평가할 수 있다. 이화영은 경기도의 남북교류협력사업을 적극적으로 추진하면서도 국회의원에 출마하여 당선되고자 한 현실 정치인으로 그에 대한 경기도의 유권자들과 전체 유권자들의 반응과 지지를 중요하게 고려하지 않을 수 없는 입장이었을 것이다.

한편, 이화영은 당시 경기도 평화부지사로서 이재명 당시 경기도지사를 보좌하는 지위에 있었으므로, 이재명 경기도지사의 공약과 정책, 정치 철학과 신념을 감안하여 업무를 수행할 수밖에 없었을 것이다. 이런 지위에 있는 이화영이 이재명 당시 경기도지사의 도정 방침이나 의사에 반하여 북한에 스마트팜 사업을 약속하고 김성태에게 대납을 요구하였을 가능성은 매우 희박하다.

이화영은 경기도 평화부지사 취임 전에 쌍방울그룹의 사외이사였다. 경기도 평화부지사 취임 이후 이화영의 지인이 쌍방울그룹 법인카드를 사용한 것을 두고 김성태가 이화영에게 제공한 뇌물이라는 이유로 기소되어 선행사건에서 유죄판결을 받기도 했다. 다만, 검사의 주장에 의하더라도 그 쌍방울그룹 법인카드 대금의 대부분은 이화영이 사용한 것이 아니라 이화영의 지인이 사용하였다. 김성태는 쌍방울그룹의 계열사들이 발행한 전환사채를 주식으로 전환하여 거액의 차익을 얻었을 것으로 추정되나 검사의 주장에 의하더라도 이화영은 그 차익을 분배받았거나 분배받기로 한 것은 아니었다. 이화영이 대북제재 위반에 따르는 중대한 법적, 정치적 위험을 감수해가면서까지 김성태에게 800만 달러나 되는 거액의 외화를 경기도 대신 북한에 지급해달라고 요구할 경제적 이익에 대한 동기가 존재한다고 볼 수는 없다.

이러한 점들을 종합해보면, 이화영 입장에서도 북한에 대한 스마트팜 비용 500만 달러 현금 지원 약속과 김성태에 대한 대납 요구로 인한 대북제재 위반과 국내법 위반에 따른 정치적 위험과 형사적 위험은 매우 중대하고 치명적인 반면에 정치인 이화영이 얻을 수 있는 정치적 이익이나 경제적 이익이 특별히 존재한다고 보기는 어렵다.

결론적으로, 이화영의 경우에도 대북제재 위반을 무릅쓰고 북한에 스마트팜 비용 500만 달러를 현금으로 지원하기로 약속하고, 김성태에게 800만 달러 대납을 요구할 만한 동기나 이유를 찾기 어렵다.

다. 제3차 남북정상회담 특별수행단 배제와 경기도지사 방북 추진

정치인 이재명의 입장에서 방북으로 대권주자로서의 입지가 강화되는 이익이 생길 수도 있으나 언제나 반드시 그러한 것은 아닐 것이다. 한반도 정세와 국내의 정치적 환경 여하에 따라서는 이익이 되기는커녕 불이익이 발생할 수도 있었다. 경기도는 2019. 2.경 하노이 북미정상회담 결렬 이후 한반도 주변의 긴장이 격화되는 조건하에서도 상당 기간 방북 의사를 밝히고 북한에 경기도지사 방북 초청을 해주도록 요청하는 경기도지사 명의의 서한을 보내기는 하였다. 이러한 경기도의 요청은 한반도 긴장 완화와 평화정착에 기여하겠다는 의지의 표명으로 볼 수 있다.

그렇다고 하여, 북한이 경기도의 요청에 화답하여 경기도지사 방북 초청을 해오는 경우, 경기도지사가 반드시 방북을 실행할 것이라고 단정할 수는 없다. 현실 정치인 이재명의 입장에서는 당시의 한반도 정세와 국내 정치 상황, 통일부의 승인 여부 등을 종합적으로 고려하여, 정치적 유불리에 따라 방북을 실행할지 여부를 판단할 문제였을 것이다. 대권 주자의 반열에 있는 현실 정치인 이재명으로서는 이러한 제반 요인들을 치밀하게 검토하여 판단해보지 않고 무턱대고 반드시 방북을 실행할 결심을 하고 있었다고 추정할 수는 없다. 다른 정치인들도 이와 다르지 않을 것이다. 이러한 맥락에서 경기도가 북한에 경기도지사의 방북 의사를 밝히는 서한을 보낸 것은 경기도지사의 방북 실행과는 별도로 그 자체 정치적 행위라고 볼 수도 있다. 경기도가 북한에 지속적으로 방북 초청을 해주도록 요청한 사실을 두고, 이화영이 김성태에게 방북 의전 비용 대납을 요구했을 것이라고 추정하는 근거가 되는 정황이라고 해석할 수는 없는 이유다.

김성태는 '리호남, 송명철이 문재인 대통령에 대한 의전을 뛰어넘는 의전을 제공하겠다며 500만 달러를 요구했고, 이화영이 좋다고 했다'고 진술했다. 상식적으로, 북한 당국이 그런 의전을 제공할 가능성 자체도 희박하지만, 이재명 경기도지사가 그런 의전을 제공받으면서 방북을 했다고 가정해보자. 평양 순안 공항에 김정은 다음으로 고위직 권력 실세인 김영철 및 최룡해가 동시에 영접을 나오고, 평양시민들이 길거리에 나와 이재명을 환영하며, 최신형 교통수단이 제공되었다면, 국내 언론들에서는 북한이 이재명 경기도지사에 대하여 제공한 성대한 의전과 문재인 대통령 방북 시 제공한 의전을 상호 비교하고, 그 정치적 배경과 의미를 분석하는 보도와 사설, 평론을 쏟아냈을 것이다. 이재명 경기도지사가 문재인 대통령 방북 때보다 훨씬 더 성대한 의전을 제공받은 것에 대한 긍정적 분석과 평가를 담은 보도나 사설, 평론이 나올 가능성은 매우 희박하다. 누가 보더라도 이재명 경기도지사가 대한민국 국가원수인 문재인 대통령보다 성대한 의전을 제공받는 것을 두고 정당하다거나 적절하다고 평가할 수는 없을 것이기 때문이다. 오히려, 이재명 경기도지사에 대한 온갖 비난이 쏟아질 가능성이 높다. 나아가서는, '이재명 경기도지사 측에서 북한에 어떠한 경제적 대가를 제공했기에 북한이 대한민국 국가원수에게 제공한 의전보다 더 높은 수준의 의전을 제공했을까'라는 식의 의혹 제기가 나올 가능성이 매우 높다. 이재명 경기도지사로서는 정치적 위상이 높아지기는커녕 대권주자 선호도나 지지율이 급락하여 회복하기 어려울 정도의 정치적 타격을 입게 되는 상황에 직면할 수도 있다. 이재명, 이화영이 이런 정도의 고려와 검토도 하지 못하는 무능하고 무모한 정치인 부류에 속한다고 전제하는 것은 전혀 상식에 맞지 않다.

라. 경기도의 남북교류협력사업 추진의 목적

경기도는 북쪽 경계가 휴전선을 접하고 있어 북한과 군사적 충돌이 발생할 경우 막대한 피해를 입을 수밖에 없는 지리적 조건에 처해 있다.

대북전단지 살포나 확성기 가동만으로도 일상생활에 막대한 지장이 초래되고, 연평해전과 같은 군사적 충돌로 비화될 위험이 상존한다. 경기 북부 지역은 산재된 군부대와 군사시설로 인하여 각종 인허가 시 군부대의 승인을 받아야 한다. 이로 인하여 이렇다 할 산업시설이 없고, 인구밀도도 매우 낮다. 북한과의 긴장이 완화되지 않는다면, 경제적으로 낙후된 상태를 벗어날 길이 없는 지역이라고 할 수 있다. 말라리아, 아프리카돼지열병 등 북한에서 발생한 각종 전염병 전파로 가축과 주민들이 감염될 수 있는 위험이 상존하므로, 이를 방지하기 위해 남북이 공동방역체제를 갖출 필요성이 있다.

경기도는 이러한 제반요인들이 도민들의 생명과 재산에 가할 수 있는 위험을 감소시키고 나아가서는 원천적으로 배제하기 위해 남북교류협력사업 등 대북사업을 추진할 정당한 목적과 이유를 갖고 있다. 역대 경기도지사들이 정파를 불문하고 예외 없이 방북을 추진하거나 실제로 방북을 하였고, 적극적으로 남북교류협력사업을 추진한 것도 위와 같은 배경과 이유에서였다.

이재명 경기도지사는 선거과정에서 남북교류협력사업 확대, 경기도 남북교류협력기금 증액 등을 공약으로 제시하였고, 기존의 연정부지사를 평화부지사로 변경하고, 산하에 평화협력국을 신설하여 평화부지사로 하여금 경기도의 남북교류협력사업을 총괄하게 하였다. 이재명 경기도지사가 이처럼 남북교류협력사업 등을 공약으로 내세우고 취임 후 역점 사업으로 추진한 것은 이런 전례에 비추어 보더라도 이례적이었다고 할 수는 없다.

마. 검사의 부당한 편견, 정치적 동기

검사는 이재명과 이화영이 오직 대권주자 이재명의 입지를 유지, 강화시키기 위해 방북을 목적으로 무리하게 대북제재까지 위반해가면서 스마트팜을 약속하였고, 김성혜로부터 독촉을 받게 되자 급기야 대납을 요구하기에 이르렀다고 주장한다. 그 과정에서 문제인 대통령 방북 특별수행단에서 경기도지사가 배제된 것도 결정적 이유가 되었다고 봤다. 이재명이 자신을 대통령 특별수행단에서 배제한 문제인 정부를 향해 보란 듯이 독자 방북을 성사시켜 대선 주자로서의 입지를 다지기 위해 부패한 사업가의 부정한 청탁을 수용하고 800만 달러를 북한에 보내도록 하였다는 것에 다름 아닌 것이다.

검사가 전제하는 이재명은 실현 가능성과 대한민국 유권자들의 지지를 감안하여 정책을 입안하고, 추진의 속도와 방법을 결정하는 현실 정치인이 전혀 아닌듯하다. 친북적인 이념과 권력욕에 사로잡힌 나머지 그런 것들을 전혀 고려하지 않는(또는 못하는), 극도로 편향되고, 부패한 정치인으로 전제한 것 같다. 흡사 1980년대 군사독재 시기의 공안검사의 시각으로 이재명을 본 것이라고 할 수도 있겠다.

이화영에 대한 검사의 시각도 이와 다르지 않다. 이화영이 스마트팜 사업은 대북제재 대상이라는 경기도 평화협력국의 보고를 받고도, '남북교류협력은 대북제재 국면에서 빛이 나는 것으로 남측에서 성의를 보여줘야 한다'는 김영철과 김성혜의 말에 못 이긴 나머지, 불과 한 달 내외의 단기간 내에 즉시 북한에 스마트팜 비용 500만 달러를 현금으로 지원하겠다고 약속해주고, 김성혜의 곤란한 상황을 내세운 독촉을 감당하지 못한 나머지 김성태에게 800만 달러 대납을 요구했다고 하니 말이다.

이러한 검사의 부당한 편견은 왜 생겼을까? 궁금하지 않을 수 없다. 이재명은 제20대 대통령 선거에서 윤석열과 경쟁하다 불과 0.73%의 표 차로 낙선하였다. 그 이후에도 제1 야당인 더불어민주당의 당 대표로 당선되었고, 가장 유력한 차기 대권 후보였다. 이러한 이재명의 정치적 지위와 역할 때문에 이재명을 정치적으로 제거해야 한다는 정치적 동기와 목적 이외에 다른 이유를 생각해내기는 어렵다.

2 이화영이 북한에 스마트팜 지원을 약속했을까?

가. 2018. 10.경 이화영의 대북제재에 대한 인식

검사는 선행사건에서 이화영이 스마트팜 사업이 대북제재 대상임을 알지 못하고 부주의하게 북측에 스마트팜 사업 지원을 약속하였다고 주장하였다. 선행사건 재판부도 그럴 가능성이 크다고 보았다. 그러나 이화영의 경력과 전문성, 언론 인터뷰 내용 등에 비추어 이화영이 스마트팜 사업이 대북제재 대상임을 모르고 있었을 것이라고 추정할 수는 없다. 그럼에도 불구하고 검사는 이화영이 스마트팜 사업이 대북제재 대상임을 알지 못했다고 주장하고, 선행사건 재판부는 이를 그대로 받아들였다.

1) 이화영 본인의 경험과 전문성, 대언론 발언 등

이화영은 제17대 국회의원 선거에서 당선된 국회의원(2004~2008)으로 국회 통일외교통상위원회 간사를 역임했고, 2007년경 평양을 방문하여 김성혜와 돼지농장 공동운영 사업을 협의하는 등으로 남북교류협력사업에 직접 관여한 경험을 한 이래로 대북, 대중 전문가로 활동해왔다. 김성태, 안부수의 진술에 의하면, 김성혜가 2018. 11. 29.~12. 1.경 김성태를 처음 만났을 때 '이화영이 돼지농장을 해줄 것처럼 하더니 해주지 않았다'고 비난하기도 하였다. 북한과 돼지농장 사업을 추진하는 데 있어 문제되는 국내적이고, 국제적인 법적, 제도적 제한들을 검토해 본 경험이 있다는 말이다.

이화영은 2018. 7. 10. 경기도 평화부지사로 취임한 이후 언론과의 인터뷰 과정에서 "북한과 당면한 교류협력도 중요하지만, UN제재 국면에 맞춘 정책을 준비하고 있다"고 발언하여 미국과 UN의 대북제재를 위반할 수는 없고, 이를 준수해가면서 남북교류협력사업을 추진할 수밖에 없음을 인식하고, 그렇게 하겠다는 입장을 명확하게 밝혔다(2018. 8. 1. 인천일보 기사 참조).

이화영은 2018. 8. 1. 중부일보와의 인터뷰에서 경기도의 남북교류협력사업 추진에 대하여, "평화는 제 역량이라기보다는 정세와 관련된 부분이다. 미국과 중국의 정상이 만나고 국교를 수립할 때까지 4년이 걸렸다. 남과 북이 만나고 우리가 기대하는 만큼 경제교류협력이 이루어지려면 약간의 시간이 필요하다. 짧으면 2년, 길면 4년 정도로 본다. 이 시기에 그럼 무엇을 해야 할까. 지금은 경기도에 절호의 기회다. 남북교류협력을 위한 준비사업을 하는 게 관건이다"라는 기본 입장을 밝히기도 하였다. 이화영은 2018년 하반기경 북미정상회담에 대한 낙관적 전망에도 불구하고 미국과 UN의 대북제재가 해제되기까지는 상당한 시간이 소요될 수밖에 없다는 현실인식을 갖고 있었음을 보여준다.

이화영은 1차 방북 성과 발표 기자회견에서 옥류관 유치 방안을 설명하면서 "대규모 현금 투자 등 북한 제재 내용과 관련 문제가 될 수 있어서 협의 중이다"라고 발언하기도 하였다(2018. 10. 8. 자 일요신문 기사). 이러한 이화영의 발언은 북한에 대규모 현금을 제공하는 것은 명목을 불문하고 미국과 UN의 대북제재 대상임을 명확하게 인식하고 있었음을 의미한다.

이화영은 2차 방북 직후인 2018. 10. 28. 연합뉴스와의 인터뷰에서 스마트팜 사업 추진에 대한 계획을 밝히면서 대북제재 국면에서 제재에서 벗어나지 않는 선에서 경기도의 남북교류협력사업을 진행하고자 한다고 전제하였고, 그에 해당되는 사업들로 조림사업과 공동방역, DMZ 생태공원 조성 등을 언급하였다(2018. 10. 28. 자 연합뉴스 기사). 스마트팜 사업을 대북재제에서 벗어나는 사업으로 본 것은 아니었음을 보여주는 대목이다.

▲ 농업 분야의 교류협력을 중점적으로 추진할 방침이다. 북한은 스마트농장에 관심이 무척 크다. 사물인터넷(IoT)과 정보통신기술 등 융복합 기술로 작물의 발육상태를 점검하고 온·습도 등을 자동으로 조절하는 스마트 시범농장을 황해도에 조성할 계획이다. 스마트농장과 연계한 스마트공장을 짓고

나아가 인구 5만 명 정도의 스마트 시티를 가꿀 장기 계획도 구상 중이다. 구체적으로 밝힐 수는 없지만, 국제사회의 대북제재가 풀리면 다양한 기업 교류도 추진할 예정이다. 제재국면 아래에서도 제재에서 벗어나지 않는 선에서 조림사업과 공동방역, DMZ 생태공원 조성 등 다양한 사업을 펼치려고 한다.

이러한 경력과 경험, 인식을 갖고 있는 이화영이 아무런 사전 검토도 없이 스마트팜 지원사업은 인도적 지원사업이라서 대북제재 면제 대상이라고 오인한 상태에서 2018. 10.경 북한을 방문하여 스마트팜 비용 500만 달러 지급을 약속한다는 것은 상식적으로 납득할 수 없는 주장이다.

2) 2018. 이전 경기도의 대북 농업협력사업 경험

남북교류협력법은 남북교류협력사업에 대한 통일부의 승인, 남북협력기금을 지원받은 자에 대한 통일부의 지도, 감독에 관하여 규정하고 있다. 2001. 11. 9. 제정된 경기도남북교류협력조례와 그 시행규칙에 의하면, 경기도남북교류협력기금을 사용한 자는 그 사용계획 및 사용결과를 경기도지사에게 보고하여야 하고, 사업종료 후 정산하여야 한다. 이러한 법령의 규정상 국가나 지방자치단체는 직접 대북지원사업이나 남북교류협력사업을 수행하는 것이 아니라 대북지원사업자를 지원하는 경우에도 지원 대상 선정, 사전·사후 감독과 검증, 정산 과정에서 해당 사업에 책임을 갖고 깊이 관여할 수밖에 없다. 담당 공무원들은 그 과정에서 미국과 UN의 대북제재에 관하여 구체적으로 검토할 수밖에 없어 이를 알지 못할 것이라고 추정할 수는 없다.

경기도는 2006년~2008년경 평양 당곡리 농촌현대화 사업과 2010년경까지 17억 7천만 원을 투입한 개풍양묘장사업을 수행하였다. 그 이외에도 경기도남북교류협력기금을 지원하는 형태로 수 많은 간접 경험도 하였을 것이다. 2010년 이명박 정부의 5.24조치로 인한 남북교류협력사업 중단의 경험도 갖고 있다. 이러한 경기도의 남북간 농업협력 경험에 비추어, 경기도 공무원들이 스마트팜 사업은 대북제재 대상이 아니라고 잘못 알고 있었을 가능성은 희박하다. 반대로 추정하는 것이 합리적이다.

그럼에도 불구하고, 선행사건 1심은 경기도 공무원들은 대북지원사업자를 통해서 대북지원사업을 수행할 뿐이고, 직접 수행한 것은 아니어서 스마트팜 사업이 대북제재 대상임을 사전에 파악하지 못했을 수 있다고 판시하였다. 대한민국 정부와 지방자치단체의 오랜 남북교류협력사업에 대한 경험을 간과한 나머지 상식과 경험칙에 반하고, 객관적 상당성도 없는 매우 부당한 판단을 한 것이다.

3) 2018. 10.경 경기도의 대북제재 검토

경기도의 2018. 10. 15. 자 경기도 남북교류협력 합의서 목록에는 "황해도 현장에 가서서 농장 살펴보시고 …(중략)… 현재 제재 국면 속에서도 할 수 있는 방법 모색(농업기술원)"이라고 기재되어 있다. 이는 이화영 등을 비롯한 경기도청 관련 공무원들이 '농림복합형 시범농장(스마트팜)'이 미국과 UN의 대북제재 대상임을 명확하게 인식하고 있었고, 그로 인한 제한하에서도 가능한 방법을 검토하고 모색하고 있었음을 의미한다. 경기도 평화협력국은 2018. 10. 17.경 '북한 스마트팜 지원사업은 대북제재와 대한민국 정부의 5.24조치 해제 시 가능하다'는 취지의 보고서를 작성하였다.

그렇다고 하여, 경기도가 이 무렵에 이르러서야 스마트팜 사업이 대북제재 대상임을 비로소 알게 되었다고 할 수는 없다. 앞서 본 바와 같이 과거 경기도가 수행한 북한과의 농업협력사업과 2010년 이명박 정부의 5.24조치로 인한 남북교류협력사업 중단, 다수의 경기도남북교류협력기금 지원 등의 경험 등을 통해, 경기도 관련 공무원들은 스마트팜 사업이 미국과 UN의 대북제재 대상임을 잘 알고 있었을 것이라고 추정하는 것이 정당하다.

4) 대북제재 대상임을 보고받고도 스마트팜 비용 500만 달러 지원 약속?

검사는, 이화영이 경기도 평화협력국으로부터 스마트팜 사업은 대북제재 대상임을 보고받고도, 2018. 10. 20.~23.경 2차 방북하여 김영철, 김성혜로부터 "남북교류협력은 대북제재 국면에서 빛이 나는 것으로 남측에서 성의를 보여줘야 한다"는 말을 듣고, 김영철, 김성혜에게 "황해도 스마트팜을 위해 500만 달러 상당을 지원해주겠다"고 재차 약속하였다고 주장한다. 선행사건 1심도 "2차 방북 당시 북한의 지원요청을 거절하거나 미온적인 모습을 보이게 되면 차후 북한과의 협력사업을 추진함에 있어 신뢰를 상실하게 될 위험이 있어 북측의 제안을 명시적으로 거절하기 어려웠을 것"이라고 판단하였다.

이화영은 경기도 평화부지사라는 고위 공무원이고, 전직 국회의원이자 2020. 4. 15. 실시되는 제21대 국회의원에 출마하고자 했던 정치인이었다. 경기도가 추진하는 남북교류협력사업은 이재명 경기도지사의 핵심 공약의 하나였기는 하나, 한반도 주변의 국제정세와 남북관계와는 무관하게 경기도가 독단적으로 추진할 수는 없는 문제라는 것 정도는 명확하게 인식하고 있었을 것이라고 추정함이 합리적이다. 만일, 경기도가 국제정세와 남북관계를 고려하지 아니하고 독단적으로 남북교류협력사업을 진행시킬 경우 정치적으로 큰 비난을 받을 수 있고, 이화영이 보좌하는 이재명 경기도지사의 정치적 위상에도 부정적인 영향을 미칠 수밖에 없다. 현실 정치인 이화영이 이러한 점들을 인식하지도 못한 채 북한의 요구에 못 이겨 대북제재 위반을 무릅쓰고 현금 500만 달러 지원을 약속한다는 것은 상식적으로 발생하기 어려운 일이다. 설령, 이화영이 그런 약속을 해준다고 한들 그 이행을 위하여 필요한 경기도 내부 절차 이행 과정에서 승인을 받을 수는 없었을 것인바, 북한에 약속을 해주는 것이 약속을 해주지 않는 것보다 더 큰 곤란한 상황을 초래할 수밖에 없었다. 이러한 점 때문에라도 이화영이 대북제재 대상임을 알고도 북한의 요구를 거절하지 못하고 500만 달러 현금 지원을 약속해준다는 것은 상식적으로 보더라도 발생하기 어려운 일이다.

나. 경기도지사 방북 성사 시 서면에 의하여 합의할 사안으로 유보

이화영은 2018. 10. 2.~3.경 중국 심양에서 북측을 만나 6개항에 대하여 합의하였다. 스마트팜 관련 합의 내용은 아래와 같다.

> 3. 경기도와 북측은 농림복합사업, 축산업, 양묘사업(나무가꾸기사업) 등을 서로 협의하여 추진하기로 하고, 여러 가지 협력사업을 위한 필요한 기구 설립을 추진하기로 하였다.
> - 당면하여, 황해도 지역의 1개 농장을 농림복합형(스마트팜)의 시범농장 개선사업에 참여하기로 하였다.

이화영은 송명철과 "서로 협의하여 추진", "여러 가지 협력사업을 위한 필요한 기구 설립 추진"하기로 합의하였고, 이를 전제로 하여 "황해도 지역의 1개 농장에 대한 농림복합형(스마트팜)의 시범농장 개선사업 참여"하기로 한다고 합의한 것이지 스마트팜 지원을 최종적으로 약속한 것은 아니었다. 스마트팜 비용 500만 달러 현금 지원을 약속한 것은 더욱 더 아니었다. 이화영의 주거지에서 발견된 또 다른 자필 메모에는 아래와 같이 "세부적인 논의"와 "구체적인 합의문" 작성에 대해서는 경기도지사를 비롯한 경기도 대표단 방북에서 다루어야 할 문제로 유보한다고 명시되어 있기도 하였다.

> 위 사항을 세부적으로 논의하고, 구체적인 합의문을 작성하기 위하여 경기도지사를 비롯한 경기도 대표단 방북하기로 한다.

이화영은 2018. 10. 4.~6. 「10.4선언 남북 공동행사」 방북단 일원으로

1차 방북하였다. 안부수는 선행사건 1심에서 이화영과 김성혜 간 협의 내용을 북한 측으로부터 "실시간으로 다 전달받고 제가 그대로 전달한 것"이라고 증언하였다. 안부수도 이화영이 2018. 10. 4.~6.경 방북 시 스마트팜 사업을 경기도지사가 방북하여 문서로 합의할 사항으로 유보하였음을 잘 알고 있었던 것이다.

이화영은 2018. 10. 20~23. 김성혜의 초청으로 2차 방북하였다. 이화영은 2차 방북 직후인 2018. 10. 28. 연합뉴스와의 인터뷰에서 "이 지사가 방북하면 옥류관 유치와 국제학술대회 등 6개 교류, 협력사업에 대해 서면 합의가 이루어질 것이다"라고 발언하였다. 여기에서도 스마트팜 사업은 경기도지사가 방북하여 서면으로 합의할 사항으로 유보된 사항이라고 명시하여 발표한 것이다.

아태협과 경기도가 공동 주관한 제1회 국제대회가 2018. 11. 14.~17. 고양시에서 개최되었다. 경기도지사 이재명과 조선아태위 부위원장 리종혁은 2018. 11. 16. "농림복합사업·축산업·양묘사업 등을 공동으로 추진한다"는 등의 6개 항목의 합의사항과 리종혁의 초청에 따라 이재명 경기도지사가 가까운 시일 내에 평양을 방문하기로 하는 내용이 포함된 합의문을 발표하였다. 경기도는 2018. 11. 17. 보도자료를 통해 "… 그간 추진해 온… ▲ 농림복합형 농장(스마트팜) 시범 공동 운영… 등의 남북교류협력사업이 더욱 탄력을 받게 될 전망이다"라고 평가하였다. 제1회 국제대회 기간 중 이루어진 대북접촉에서도 마찬가지로 스마트팜 사업은 경기도지사 방북 시 합의할 사항으로 남아 있었고, 스마트팜 사업에 대한 구체적이고 확정적인 합의가 이루어지기까지 한 것은 아니었다.

이화영은 2018. 11. 중순경 고양에서 개최된 국제대회 이후인 2018. 12. 17. 경기신문과의 인터뷰에서 "구체적인 교류협력사업을 가지고 북한을 찾겠다는 이 지사의 일정은 국제정세 등으로 기약 없이 미뤄지고 있다", "당초 연내에 진행해 보려고 했다. 하지만 대북제재 등이 원활하게 풀리지 않아 쉽지 않다", "(방북) 원칙은 찾아가서 인사하는 등이 아닌 서로 협력할 수 있는 일을 모색하고자 함"이라고 밝혔다. 이재명 경기도지사 방북이 지연됨으로 인하여, 스마트팜 사업 등에 대한 서면 합의도 지연될 수밖에 없는 상황이라고 명시하여 밝힌 셈이다.

이화영을 비롯한 경기도의 2018. 10. 당시의 공식 발표와 언론 인터뷰 내용 어디에도 이화영이 북한에 스마트팜 사업 또는 스마트팜 비용 500만 달러를 약속하였을 것이라고 추정할 수 있는 근거는 찾아볼 수 없다.

다. 안부수가 2018. 11. 20.~22. 중국에서 북측으로부터 들은 말

국정원 문서에 의하면, 안부수는 김성혜의 요청으로 2018. 11. 20.~22. 중국을 방문하여 2018. 11. 21. 김성혜를 접촉할 예정이라고 제보하였다. 국정원은 안부수로부터 김성혜 접촉 결과 등 활동 내용을 파악할 예정이라고 하였으나 그에 관한 국정원 문서는 선행사건에 제출되지 않았다. 그런데 방용철은 안부수 방중 기간 중에 리호남을 만났다. 안부수, 방용철, 김성혜, 리호남이 함께 만났을 가능성이 높다고 본다.

안부수 수첩 제26면 첫 줄에는 "11/22"이라는 문구가 쓰여 있고, 중간에 아래와 같은 문구가 등장한다.

경기도 스마트팜 농장 준비 결과 제시하라.

당시는 안부수의 주선으로 방용철과 리호남이 만난 자리였고, 경기도 관계자는 그 자리에 없었다. 따라서 "경기도 스마트팜 농장 준비 결과 제시하라"라는 문구는 리호남이 안부수에게 한 말이라고 짐작할 수 있다. 또는 김성혜가 한 말일 가능성도 있다. 안부수는 경기도와 북한 사이의 스마트팜 사업 추진을 주선하고 중개한 장본인이었다. 리호남은 이러한 안부수의 지위 때문에 안부수에게 '경기도 스마트팜 농장 준비 결과를 제시하라'고 요구하였을 것이다. 또는 안부수에게 요구함과 동시에 경기도에도 그러한 요구사항을 전달해달라고 요청한 것일 수도 있다.

여기에서 주목할 점은 리호남이 '약속한 사항(스마트팜 지원 또는 스마트팜 비용 500만 달러 현금 지원)을 이행하라'고 요구하지 않고, '스마트팜 농장 준비 결과를 제시하라'고 요구하였다는 사실이다. 리호남의 이 말은, 이화영이 방북하여 북한에 스마트팜 지원 또는 스마트팜 비용 500만 달러 지원을 약속한 것은 아니었음을 뒷받침한다. 또한, 리호남의 말에서 '준비'는 이화영이 방북하여 김영철, 김성혜와 협의한 스마트팜 사업의 내용이나 계획이 구체화된 단계까지 나아간 것은 아니었음을 의미한다. 이는 스마트팜 사업에 관한 구체적인 협의와 최종 합의를 경기도지사가 포함된 경기도 대표단 방북 성사 시로 유보해놓은 상황하에서 추가로 진전된 상황 내지는 향후 어떻게 진전시킬 것인지에 대한 안부수와 경기도 측의 답변을 촉구한 것이라는 점에서 2018. 10. 당시의 이화영, 경기도의 발표에도 부합한다고 할 수 있다.

라. 검사 주장의 불명확: 약속 내용이 '현금 지원'인지 여부

미국과 UN의 대북제재에 의하면, 북한에 대량의 현금을 지급하는 것은 인도적 지원 명목이라고 하더라도 금지된다. 북한이 인도적 지원 명목으로 받은 돈을 군사적 목적 등에 전용하더라도 지원 주체가 이를 검증하는 것이 현실적으로 어렵기 때문이다. 따라서 대북제재의 관점에서 보면, 같은 '스마트팜 지원 500만 달러' 또는 '500만 달러 규모의 스마트팜 지원'이라고 하더라도 그것이 '현금 지원인지, 아니면 현물(용역 포함) 지원인지'에 따라 완전히 다른 사업이라고 할 수 있다.

그런데 검사는 후행사건 공소장에서 이화영이 1차 방북 시 김성혜에게 약속한 내용을 '500만 달러 상당의 지원', '500만 달러 규모의 스마트팜 지원', '황해도 스마트팜을 위해 500만 달러 지원' 등으로 다양하게 주장하고 있다. 검사의 주장만으로는 이화영이 북한에 약속했다는 내용이 '스마트팜 지원 명목의 현금 500만 달러'인지 아니면, '500만 달러 상당의 스마트팜 사업 관련 기술과 설비, 장비'인지 알 수가 없다.

이화영이 약속했다는 지원의 내용이 '현금'인지 아니면 기술과 장비, 설비 등과 같은 '현물'인지는 '스마트팜 사업이 대북제재 대상에 해당되는지 여부'를 이화영이 사전에 알았는지, 이화영에게 대납을 요구할 만한 동기가 존재하는지를 판단함에 있어 매우 중요한 사실이다. 검사의 불명료한 공소사실로 인하여 피고인들의 방어권이 침해될 수 있으므로, 공소사실의 불특정과 마찬가지로 위법, 부당하다고 볼 수 있다.

그런데 선행사건 재판부는 '이화영의 약속'을 인정하면서도 검사의 주장대로 이화영이 500만 달러 현금 지원을 약속하였는지 여부에 대해서는 명시적인 판단을 하지 아니하였다. 이른바 '판단유탈'(피고인의 주장에 대한 판단의 누락)의 잘못을 범한 것이다.

마. 이화영이 약속한 돈의 액수와 김성태 등 진술의 신빙성

검사는 이화영이 2018. 10. 방북 시 김성혜 등에게 약속한 스마트팜 비용의 액수는 500만 달러였다고 주장한다. 이화영이 김성태에게 스마트팜 비용 500만 달러 대납을 요구하자, 김성태는 북한에 이를 지급하고 대북사업을 하기로 결심했다는 주장도 하고 있다. 즉, 이화영이 약속한 스마트팜 비용 액수와 김성태가 북한에 대납하기로 약속한 돈의 액수는 동일하게 500만 달러였다는 것이다. 그러나 검사의 주장은 김성태가 북측에 지급하였다고 주장하는 800만 달러 중에서 300만 달러를 방북 의전 비용으로 만들기 위한 짜맞추기일 뿐이다.

안부수의 제보에 의하면, 2018. 11. 29.~12. 1. 김성태가 안부수의 주선으로 김성혜를 처음 만났을 때 안부수는 김성혜로부터 이화영이 약속하고도 지원하지 않은 스마트팜 사업을 위해 필요하다면서 200~300만 달러를 부탁했다고 한다. 한편, 2018. 12. 29.~30. 김성태가 김성혜를 두 번째로 만났을 때는 김성혜가 50억 원의 현금 지원을 약속했다고 말했다고 제보했다. 김성혜가 말한 50억 원은 당시의 환율(1,113.3원/달러)로 450만 달러에 못 미치는 금액이다. 이처럼 안부수의 국정원 제보에 등장하는 김성혜가 스마트팜 사업용으로 요구한 돈은 검사가 주장하는 500만 달러보다 매우 큰 차이로 작은 금액이다.

그런데 김성태가 김성혜로부터 요구받았다는 액수는 또 다르다. 김성태는 국내로 강제송환된 다음 날인 2023. 1. 18. 자 조사에서 김성혜가 첫 만남에서 300~500만 달러를 요구해서 술김에 그 돈을 주겠다고 했었는데, 두 번째 만남에서는 김성혜의 요구액이 500만 달러로 증액되었고, 김성태는 300~500만 달러를 주겠다고 했다고 진술했다.

답 김성혜가 경기도가 500만 불 해주기로 했으니까 황해도에 500만 불을 지원해 주라고 하였으나, 저는 300~500만 불을 검토해보겠다고 하였습니다. 제가 이후 본격적으로 대북 제재가 완화되면 1억 불을 주고 여러 가지 사업을 하겠다고 말을 하였습니다. 그 이후 협약서들은 실무진들 미팅에서 만들어가기로 하였습니다.

일반적으로, 협상의 상황에서, 상대방이 500만 달러를 달라고 요구하였는데, 그에 대하여 300~500만 달러를 주겠다고 했다면, 상대방의 500만 달러 요구를 수용한 것이나 다름없다. 투기적 자본가이기는 하나 어쨌든 명색이 사업가인 김성태가 협상의 장에서 그런 식으로 말을 했다는 것은 상식적으로 납득할 수 없다. 경험한 사실을 기억나는 대로 진술하는 것이 아니라 검사가 요구하는 바에 따라 짜맞춰 진술하다보니 그렇게 상식적이 않은 진술을 하게 되었을 것이다. 다른 한편으로, 이화영이 김성혜에게 500만 달러 지원을 약속하고도 대북제재로 지원을 못 해주고 있는 상황에서 김성혜의 독촉을 받고는 김성태에게 대납을 요구했다는 것이고, 김성태는 이화영의 요구대로 500만 달러를 대납해주고 대북사업을 결심하게 된 마당에 그런 김성태가 위와 같이 500만 달러보다 현저하게 작은 금액을 내세우면서 치열하게 협상을 한다는 것도 이상한 일이기는 마찬가지다. 이화영의 요구에 따라 경기도를 위하여 대납을 하는 것이 아니라 김성태 본인과 쌍방울그룹의 대북사업을 위한 목적으로 지급하고자 한 돈이었기 때문에 그와 같이 협상을 진행하였을 것이라고 봄이 상당하다.

이러한 점에서, 김성태의 진술이나 안부수의 제보에 포함된 김성혜의 발언을 근거로 이화영이 2018. 10. 북한을 방문하여 스마트팜 500만 달러 지원을 약속한 사실을 인정하거나 그 대납 문제를 두고 김성태와 김성혜가 상호 협의하였다고 할 수는 없다. 쌍방울그룹과 북한 사이의 경협 추진을 위하여 주고받을 비공식 대가를 얼마로 할지를 상호 협의한 것이었을 뿐이고, 이화영이 북한에 약속했다는 500만 달러 대납을 두고 협의한 것은 아니었다고 보는 것이 합리적이고, 객관적 경위에도 부합한다.

바. 이화영이 구상한 스마트팜 사업: 현금 지원이 아닌 경제협력사업

경기도 농정해양국 원예특작팀은 2018. 9. 13. 자로 '스마트팜 시설 시범단지 조성'에 관한 업무보고서를 작성하였다. '스마트팜 시설 시범단지'는 남한의 자본과 영농기술, 북한의 토지와 노동력이 결합된 5ha 규모(상호 협의 후 조정 가능)의 사업으로 계획되었다. 경기도의 역할로 '자금

지원'이 기재되어 있는데, 여기에서 '자금지원'은 스마트팜 시범단지 조성사업에 참여하는 남측의 기업이나 단체에 대한 사업비 지원을 말하는 것이고, 경기도가 직접 북한에 현금을 지원한다는 것은 아니었다.

한편, 이화영은 1차 방북(2018. 10. 4.~6.) 직전인 2018. 9. 30. 경기일보와 북한과 합의하고자 하는 스마트팜 사업에 관한 인터뷰를 하였다. 경기일보의 보도에 의하면, 이화영은 "도 역시 남쪽 농가들과의 협업체계를 고려하며 해당 사업을 착실히 준비하고 있다", "도의 독자적인 스마트팜 기술력과 북한의 노동력을 합쳐 과실을 양측이 공유하는 체계로 되면 남과 북의 이해관계가 충족된다"고 발언하였다. 북한과 추진하고자 하는 스마트팜 사업을 단순한 인도적 지원사업이 아닌 경제협력사업으로 상정하고 있었음을 의미한다.

이처럼, 경기도는 현금이 아닌 기술과 장비, 설비를 지원하는 방법으로 북한과 스마트팜 사업을 진행하고자 하였다. 이화영은 여기에서 더 나아가 단순한 인도적 지원사업이 아닌 경제협력사업으로 스마트팜 사업을 구상하고 있었다. 이런 구상을 가지고 있던 이화영이 '경기도가 북한에 스마트팜 비용을 현금으로 지원하기로 약속한다'는 것은 상식적으로 발생하기 어려운 일이다.

사. 정황 등에 근거한 추정: 이화영 발표의 증명력 vs 간접사실의 추정력

선행사건 1심은 아래와 같이 이화영이 2018. 10. 방북에서 스마트팜 사업 지원을 약속한 사실이 인정된다고 판단하였다.

"⑩ 위와 같은 피고인과 북한 측의 스마트팜 등 사업의 협의 경과 등에 ㉠간헐적인 인도적 지원사업 외 남북교류협력사업이 거의 진행된 바 없어 그 사례나 경험이 축적되지 않았고, 이화영도 북한 측과 남북교류협력사업을 협의하는 과정에서 통일부 소속 공무원 등 전문가의 수행 없이 단독으로 협의한 점, ㉡ 이화영이 소위 대북전문가로서 국회의원이나 그 밖에 정치 활동 경험은 있으나, 실제 대북 관련된 프로젝트를 추진한 바 없고, 피고인의 입장에서 설령 스마트팜 지원사업이 대북제재 사항에 해당한다고 하더라도 인도적 지원 차원에서 제재 면제를 받아 신속하게 추진하거나 향후 북미 간의 정상회담이 성공적으로 마무리되어 대북제재가 해제되면 신속하게 진행하면 된다고 판단했을 여지도 충분한 점, ㉢ 이화영의 주장처럼, 피고인이 대북제재하에서도 북한에 스마트팜 사업을 적극적으로 지원하려는 모습을 보인 것이 아니라면, 그 시기에 북한에서 유독 경기도와 남북교류에 관하여 구체적 협의를 이어나가고 경기도가 주최한 제1회 국제대회에 직접 참석한 경위를 설명하기 어려운 점, ㉣ 이화영은 최소 2018. 10. 16.경에는 소속 공무원들로부터 보고를 받아 대북제재 해제 전 스마트팜 사업의 추진이 어렵다는 사정을 명확하게 인식하였을 것으로 보이나, 그렇다고 하여 2차 방북 당시 북한의 지원요청을 거절하거나 미온적인 모습을 보이게 되면 차후 북한과의 협력사업을 추진함에 있어 신뢰를 상실하게 될 위험이 있어 북측의 제안을 명시적으로 거절하기 어려웠을 것으로 보이는 점 등의 사정을 보태어 보면, 이화영이 "스마트팜 지원이 인도적 사업으로서 대북제재 면제 사유에 해당한다고 오인하고 약속"하였거나 "북한 측에 단기간 내에 적극적으로 스마트팜 사업을 지원하겠다"는 취지로 약속한 사실은 넉넉히 인정된다."

이러한 선행사건 1심의 판단은 이른바, 정황이나 간접사실에 근거한 추정에 의하여 요증사실인 '이화영의 약속'을 인정한 것이다. ㉠~㉣에 열거된 사실들은 선행사건 1심이 요증사실인 '이화영의 스마트팜 약속'을 추인하는 근거라고 본 정황 내지 간접사실들이라고 할 수 있다. '이화영의 스마트팜 약속'를 직접적으로 증명하는 사실관계나 증거들에 대한 인용은 찾아볼 수 없다.

정황 또는 간접사실이라 함은 요증사실의 존재 또는 부존재를 간접적으로 추인하는 사실을 말한다. 이러한 정황 내지 간접사실의 증명에 이용되는 증거를 간접증거라 한다. 정황이나 간접사실은 단독으로 유죄를 확정하기 어렵기 때문에, 여러 정황과 간접사실을 종합하여 논리적·합리적으로 입증의 주제가 되는 사실관계(이를 '요증사실'이라 함)를 추정(推定, 추측하여 확정함)하게 된다. 간접사실에 근거한 요증사실의 추정은 경험법칙과 논리법칙에 부합해야 한다. 이러한 정황이나 간접사실에 근거한 추정의 논리구조상 요증사실에 반대되는 사실관계에 대한 직접증거가 존재하는 경우에는 간접사실에 근거한 추정에 의하여 요증사실을 인정할 수는 없다. 또한, 간접사실에 의하여 요증사실을 추정하는 것이 가능한 경우에도 다른 간접증거가 존재하여 추정에 대한 합리적 의심을 배제할 수 없다고 한다면, 마찬가지로 추정에 의하여 요증사실을 함부로 인정할 수 없게 된다.

그런데 ㉠~㉣에 나열된 여러 사실관계들 중 일부는 앞서 본 바와 같이 객관적 사실로 인정하기 어렵고, 객관적 사실로 인정할 수 있는 것들도 '이화영 약속'의 존재를 추정케 하는 증명력을 가진다고 볼 수 없다.

설령, 요증사실인 '이화영의 북한에 대한 스마트팜 지원 약속'의 존재를 추정할 수 있는 정황과 간접사실들에 해당될 수 있다고 하더라도 위에서 본 바와 같이 '이화영의 약속'에 반대되는 사실관계를 뒷받침하는 직접증거가 존재하고, 직접증거의 신빙성이 인정되는 이상, 정황이나 간접증거에 근거한 추정의 논리구조상 위 ㉠~㉣에 나열된 여러 사실관계들에 대하여 요증사실인 '이화영의 약속'을 추정할 수 있는 증명력을 부여할 수는 없다.

이화영이, 2018. 10. 2.~3. 중국 심양에서 송명철을 접촉한 이래로, 스마트팜 사업에 대한 북한과의 최종적인 합의를 경기도지사가 포함된 경기도 대표단 방북 시 문서로 하기로 유보하였고, 경기도지사의 방북이 성사되지 아니하여 스마트팜 사업에 대한 서면 합의에까지 이르지는 못하였다는 점을 뒷받침하는 문서와 언론 인터뷰 등이 증거로 다수 존재한다. 이러한 증거들은 '이화영의 북한에 대한 스마트팜 지원 약속'이라는 요증사실에 반대되는 사실관계에 관한 직접증거라고 할 수 있다. 그럼에도 불구하고 위 ㉠~㉣에 나열된 여러 사실관계에 비추어 입증 주제인 '이화영의 북한에 대한 스마트팜 지원 약속' 사실을 인정할 수 있다고 본 선행사건 1심의 위 판단은 추정의 법리에 반하는 것으로 매우 부당하다.

위 ㉠에서, 경기도나 이화영이 남북교류협력사업에 대한 경험이 축적되지 않았다는 것은 앞에서 본 바와 같이 전혀 사실이 아니다. 경기도는 북한과 농업 협력사업을 해오다가 이명박 정부의 5.24조치에 의하여 중단된 경험을 갖고 있고, 이화영도 노무현 정부 시기 국회 통일외교통상위원회 간사를 역임한 이래로 대북, 대중 전문가로 활동해왔다. 김성혜가 김성태, 안부수에게 말했다는 대로, 김성혜와 돼지농장 지원 문제를 협의해오다가 성사시키지 못한 경험도 있다. 또한, 국정원 문서에 의하면, 이화영은 2018. 10.경 두 차례 방북하기에 앞서 대북전문가인 국정원 직원과 방북 시 협의할 스마트팜 사업 등에 관하여 여러 조언을 들었고, 다수의 남북교류협력사업 경험을 갖고 있는 경기도 관련 공무원들로부터 검토 보고나 추진계획을 보고받기도 하였다. 통일부 공무원이 동행하지 않았다고 하여 이화영이 대북제재 대상인지도 모르고 스마트팜 지원을 단기에 실행하겠다고 약속했다는 것은 상식과 경험칙에 반하는 억측에 불과하다. 위 ㉠에 열거된 사실관계 자체가 근거가 없고, 달리 보더라도 이화영의 약속을 추정할 수 있는 근거로 삼기에는 매우 부족한 것들이다.

위 ㉡에 설시된 것처럼 이화영은 2018. 10.경 남북정상회담과 북미정상회담의 영향으로 대북제재가 해제될 가능성이 높아진 상황을 감안하여 북한과 스마트팜 사업을 적극적으로 추진한 것은 사실이나 대북제재가 해제되기 전에도 실행 가능하다거나 대북제재 위반을 감수하고 실행하겠다는 생각으로 추진한 것은 아니었다. 이화영이 남북 간 긴장완화와 평화정착에 기여하고자 한 발 앞서 나간다는 기조로 스마트팜 사업을 적극적으로 추진하기는 하였지만, 결국 그 실행은 대북제재 해제 또는 그 면제승인이 있어야 가능하다는 점은 분명하게 인식하고 있었다. 대북제재 해제 가능성이 매우 높아진 정세하에서 표명한 스마트팜 사업 추진에 대한 적극적 의사는 정치인의 문법임을 감안한다면, 대북제재 해제를 조건으로 한다고 해석되어야 하고, 대북제재가 해제되기도 전에 실행하고자 하는 무조건의 의사표시는 아니었다고 볼 수 있다. 따라서 이화영의 스마트팜 사업에 대한 적극적인 태도와 입장, 추진 의지를 근거로 '이화영의 약속'을 추정할 수는 없다.

위 ⓒ에서, 2018. 11.경 북한이 유독 경기도와만 남북교류에 관하여 구체적인 협의를 이어나갔다는 것은 전혀 사실이 아니다. 무엇보다 문재인 정부가 남북정상회담에 이어 2018. 10.경 평양에서 남북고위급회담을 갖고 남북 간 경제, 사회, 문화 교류를 확대하기 위한 방안을 협의하였고, 2018. 12.경 철도 및 도로 연결 착공식을 갖기까지 하였다. 그 이외에도 다른 지방자치단체들과 민간에서도 다양하게 남북교류를 모색하거나 추진하고자 하였다. 여러 곳에서 남북교류협력사업 추진이 '봇물 터지듯' 이어지는 상황이었다.

한편, 2018. 11.경 북한의 제1회 국제대회 참가는 선행사건 1심이 본 것처럼 단순히 스마트팜 지원만을 기대하고 한 것은 아니었다. 북한은 안부수가 아태협 명의로 기획하고 개최한 제1회 국제대회를 통해 북미협상 성공 이후 추진하고자 했던 북일관계 정상화 과정에서 일제강점기 강제동원 배상금에 대한 협상력을 강화시키고자 하는 분명한 전략적 목표를 갖고 제1회 국제대회에 참가하였다. 북한은 다음 해인 2019. 7.경 북미 및 남북관계가 악화되는 상황하에서도 필리핀 마닐라에서 개최된 제2회 국제대회에도 대표를 참가시켰다. 2019년 하반기에는 안부수와 제3회 국제대회 개최도 협의하였다. 따라서 북한이 제1회 국제대회에 참가한 것을 두고, '이화영의 약속' 때문이었다고 추정할 수는 없다.

위 ㉣에서, 이화영이 스마트팜 사업의 추진이 대북제재 대상임을 인식하고도 2차 방북 시 북한의 지원요청을 거절하거나 미온적인 모습을 보이게 되면, 북한과의 협력사업을 추진함에 있어 신뢰를 상실하게 될 위험이 있어 북측의 제안을 명시적으로 거절하기는 어려웠을 것으로 보이는 점'을 '이화영 약속'에 대한 추정의 근거로 제시한 것은 말 그대로 선행사건 1심의 주관적 판단이고, 억측에 불과하다. 경기도의 예산으로 50억 원을 지원하는 것이 불가능함이 명백한 상황하에서 이화영의 약속은 거절보다 더 심각한 '곤란한 상황'을 초래할 수밖에 없기 때문이다. 다른 한편, 이화영이 2018. 10. 방북 시 단기간 내에 스마트팜 사업을 지원하겠다고 약속했다고 한다면, 2018년 남북교류협력기금사업계획안에 이를 반영했어야 할 것이다. 2018. 10. 30. 제7차 남북교류협력위원회에서 심의된 2019년 남북교류협력기금사업계획안에 의하면, 경기도는 황해도 농림복합형 시범농장 [스마트팜] 운영을 위하여, 2018년 4분기에는 사업비를 지출하지 않고, 2019년도에 34억 원의 사업비를 지출할 계획이었다. 이러한 점에 비추어 이화영이 방북하여 단기간 내에 스마트팜 사업을 지원하기로 약속했을 것이라고 추정할 수는 없다.

이상에서 살펴보는 바와 같이, 선행사건 1심은 '이화영의 약속'에 반대되는 사실을 뒷받침하는 명백한 직접증거들이 존재함에도 불구하고, 그 존재 자체가 불확실하거나 요증사실인 '이화영의 약속'을 추정할 수 없거나 추정력이 극히 미약한 정황 내지 간접사실에 불과한 ㉠~㉣만을 근거로 '이화영의 스마트팜 지원 약속'의 존재를 인정하고 말았다. 이는 형사소송법이 규정한 증거재판주의를 위반하고, 자유심증주의의 내재적 한계를 일탈한 것이다. '의심스러울 때는 피고인의 이익으로'라는 형사소송법상 가장 중요한 기본원칙을 위반한 것이기도 하다.

3 안부수의 국정원 제보의 허위성: '김성혜 말'의 증거능력, 신빙성

가. 김성혜와 안부수의 지위, 국정원의 관심사

안부수가 국정원에 제보한 김성혜 돈 요구의 목적, 배경, 당사자들의 이해관계를 제대로 이해하기 위해서는 먼저, 김성혜와 안부수의 지위, 당시 국정원의 관심사 등을 살펴볼 필요가 있다.

1) 김성혜

김성혜는 2018년 말~2019년 초경 조선아태위 실장 겸 조선노동당 통일전선부 실장으로 대남 및 대외 업무에서 중요한 역할을 수행하고 있던 인물로 알려졌다. 특히 2018~2019년 북미정상회담 당시 김성혜는 김영철 통일전선부장과 함께 대남정책 및 외교적 협상에서 실무적으로 중추적인 역할을 수행했다. 2018. 2.경 평창동계올림픽 개막식 및 폐회식에 북한 고위급 대표단의 수행원, 2018. 4.경 남북정상회담 연석회의, 2018. 10.경 김정은 위원장의 마이크 폼페이오 미국 국무장관 면담, 2019. 1.경 김영철의 미국 방문 시 미국 국무장관과의 고위급 회담, 트럼프 미국 대통령 면담에 참석하거나 배석하였다.

국정원 직원은 김성혜가 당시 북한 내에서 수행하는 역할의 중요성에 대하여 아래와 같이 증언하였다.

> **답** 예. 그리고 또 하나 설명을 드리고 싶은 것은 통일전선부는 남북한 관계의 일 뿐만 아니라 수교가 되지 않은 나라들과의 대외협상을 합니다. 그 당시는 북미 관계가 좋았다 나빴다 하는 시기였는데, 그 당시에 북미 협상의 실무자로 나섰던 게 김성혜였고요. 북일 교섭도 김성혜가 하고 있었습니다. 그래서 국정원 측에서는 김성혜의 활동, 동선, 행동반경이 남북관계, 북미관계, 북일관계에 다 중첩이 됐던 측면이 있었습니다.

2) 안부수

아태협은 통일부 고시인 대북사업처리규정상 대북지원사업자로 경기도의 지원을 받아 북한에 금송, 밀가루 지원 등을 지원하는 사업을 수행하였다. 구 대북사업처리규정 제2조 제3항에 의하면, 지방자치단체인 경기도는 2019. 10. 22. 이전까지는 직접 북한과 대북지원사업을 수행할 수는 없었고, 아태협 등과 같은 제3의 법인 또는 단체를 지원하는 형식으로만 대북지원사업을 할 수 있었다. 이에 따라 통일부에 신고하거나 승인을 받은 대북지원사업자들이 먼저 북한과 대북지원사업에 관하여 합의하고 나서, 통일부나 지방자치단체들이 대북지원사업자를 지원하는 형식으로 대북지원사업이 추진되는 경우가 많았다. 경기도가 아태협과 남북교류협력사업을 진행한 것은 이러한 규정과 관례에 따라 이루어졌다고 볼 수 있다.

안부수는 1차 평양 방문 기간 중 아태협과 조선아태위 사이의 합의에 따라 남북교류협력사업을 추진하기로 하였고, 김성혜로부터 스마트팜 사업에 대한 관심을 갖고 있다는 말을 들었다. 안부수는 위 합의를 근거로 경기도뿐만 아니라 서울, 강원도 등 여러 지방자치단체에 대하여 남북교류협력사업을 제안하였고, 그러던 중 2018. 9.경 이화영을 만나 경기도와 북한 사이의 스마트팜 시범농장 사업 등 협력사업을 추진하기로 하고 조선아태위에 이를 보고하였다. 즉, 황해도 스마트팜 시범농장 사업은 안부수 본인이 북한 조선아태위와 합의하고, 이를 근거로 경기도에 제안하여 추진하게 된 사업이었다.

아태협은 대북사업처리규정상 대북지원사업자의 지위를 갖고 경기도로부터 남북교류협력기금을 지원받아 북한 묘목 지원사업, 북한 밀가루 지원사업 등을 수행하였다. 안부수는 2019. 9. 16. 아태협이 경기도의 남북교류협력기금에서 지원받은 돈 중에서 약 7억 6천만 원을 횡령한 혐의로 기소되어 유죄판결을 받기도 하였다. 마찬가지로 황해도 스마트팜 시범농장 사업도 아태협이 대북지원사업자로 경기도로부터 남북교류협력기금을 지원받아 수행할 예정이었다.

그런데 안부수는 북한의 김영철, 김성혜의 신뢰를 기반으로 당시 유력한 대북브로커로 등장하였고, 옥류관, 대동강 맥주 사업권을 받기까지 하였음에도 불구하고, 그에 상응하여 북한의 외화벌이 요구에 기여하지 못하고 있는 상황이었다. 안부수가 아태협을 내세워 경기도와 추진한 남북교류협력사업들이 대북제재의 제한이나 경기도 내부 절차상의 제약으로 인하여 실행단계로 나아가지 못하고 있었기 때문이었다.

안부수로서는 김성혜로부터 200~300만 달러 마련을 부탁받았을 때 큰 부담과 책임을 느끼지 않을 수 없었을 것이다.

3) 국정원의 관심사

국정원 직원은 선행사건에서 2018년 하반기경의 한반도 정세와 남북관계, 안부수를 협조자로 정한 이유에 대해 아래와 같이 증언하였다.

> 답 예. 그렇게 보시면 되겠습니다. 그리고 2018. 9. 당시 대통령의 방북이 있었고, 2018. 하반기에는 북한 김정은의 방남이 초미의 관심사였기 때문에 김성혜를 상대로 하는 이 사업 건은 국정원 내에서도 관심사였습니다.

> 답 그때의 남북관계 상황에서 김성혜는 키 플레이어였기 때문에 관심을 갖는 것은 자연스러운 귀결이라고 볼 수 있습니다.

국정원은 2018년 하반기경 김정은의 2018년 내 서울 답방을 초미의 관심사로 다루고 있었는데, 김성혜가 김정은의 서울 답방과 관련하여 매우 중요한 역할을 할 것으로 판단하고, 김성혜의 신임을 받고 있는 안부수를 통해 김성혜로부터 북한의 김정은 서울 답방 추진 등에 관한 정보를 수집하기 위하여 안부수를 협조자로 지정한 것이다.

국정원 문서에 의하면, 김성혜는 방북한 이화영에게 "자신의 방남 계획을 김정은 위원장에게 보고하여 재가를 받았다"고 하면서 북미정상회담 일정과 겹치지 않을 경우 2018. 11. 고양에서 개최된 제1회 국제대회에 참석하고자 한다는 의사를 밝혔고, "김정은의 서울 방문 전 남측 분위기를 직접 점검하고 일본의 강제동원 책임론을 여론화하여 대일협상에 활용할 계획이라고 설명"했다고 한다.

국정원 직원은 안부수를 협조자로 하여 자신이 수행하고자 한 역할과 임무에 대하여 아래와 같이 증언하였다.

답 어려운 부분입니다만, 비유를 하자면, 경기장에 나서는 선수는 따로 있습니다. 그 경기가 성사되기 이전에 뒤에서 경기의 틀이 만들어지도록 노력하는 사람이 있고, 그와 관련된 사전정보를 수집을 해서 제공하는 역할을 하는 사람들이 있습니다. 검사님께서는 공개적으로 남북 간의 핫라인 같은 것을 말씀하신 것 같은데, 저는 그 업무량은 약간 질적인 차이가 있는 영역에서 일을 했습니다. 저는 뒤에서 백업을 하는 역할이라고 봐주시면 될 것 같습니다.

국정원 직원의 증언에 의하면, 국정원은 김정은의 서울 답방을 성사시키기 위하여 배후에서 안부수를 통해 김성혜, 김영철로부터 김정은의 서울 답방 관련 정보를 수집하고, 이를 이용하여 김정은 서울 답방을 위한 여건 조성과 사전 대비 등의 업무를 수행하고자 하였다고 추정할 수 있다.

나. 김성혜 돈 요구 관련 안부수 제보와 관련 경위

먼저, 김성혜가 안부수에게 돈을 요구하였다는 안부수 제보가 기재된 국정원 문서의 내용과 관련 경위를 살펴보자.

1) 2018. 11. 20.~22. 김성혜 요청에 의한 안부수 방중

국정원 문서에 의하면, 안부수는 김성혜의 요청으로 2018. 11. 20.~22. 중국을 방문하였다. 방용철은 안부수 방중 기간 중에 리호남을 만났다. 안부수, 방용철, 김성혜, 리호남이 함께 만났을 가능성이 높다고 본다.

안부수 수첩에 기재된 메모에 의하면, 북측은 안부수에게 '준비 결과를 제시하라'고 요구하였을 뿐이고, 스마트팜 비용 500만 달러 현금 지원 약속의 이행을 독촉한 것은 아니었다고 추정할 수 있음은 앞서 살펴본 바와 같다.

2) 2018. 11. 29.~12. 1. 중국 심양 접촉

국정원 문서에 의하면, 김성혜는 2018. 12. 1. 북한으로 돌아가는 공항에 배웅나온 안부수에게 친구로서 부탁한다면서, '200~300만 달러를 만들어 줄 수 있냐'라고 말했다.

[김성혜, 경기도와의 협력사업 부진에 따른 불안감 표출]
- ○ 김성혜는 이화영 경기부지사가 10월말(10.21~23) 방북시 황해도 시범농장사업 등 여러 협력사업을 약속했음에도 진척이 없다고 지적
- ○ 협조자가 이에 대해 대북제재로 인해 경기도가 할 수 있는 것이 제한적일 것이라고 설명하자
- - 김성혜는 李부지사 말을 믿고 상부(김정은)에 보고한후 황해도 금송농장을 시범농장으로 지정하여 2천명의 돌격대가 조직된 상태에서 (진전이 없어) 이

를 추진한 내가 어렵게 되었다고 언급한데 이어
- 12.1 歸北시 심양 공항에 배웅나간 협조자의 손을 잡으면서 "친구로서 부탁하는데 상황이 어렵다. 시범농장 사업을 추진해야 하니 200~300백만 불을 만들어 줄 수 있느냐"고 지원을 부탁

또한, 김성혜는 '중국 등 바깥에서의 행동이 불편할 뿐더러 마음을 터놓고 남북협력사업 등을 논의하면 좋겠다, 김영철과의 면담을 주선하겠다'라고 말하면서 안부수의 방북을 요청하였다. 김성혜는 '200~300만 달러'를 마련하는 문제에 대해 안부수와 구체적으로 협의하고, 안부수에게 더 강력하게 부탁하기 위하여 방북을 요청하였을 것이다.

그런데 안부수는 2018. 11. 29.~12. 1.경 당시 김성태, 방용철이 참석한 사실을 누락시켰을 뿐만 아니라 김성혜가 술에 취했다고 적극적으로 거짓 제보를 하였다.

[北美 접촉]
○ 협조자는 11.29 접촉 첫날 김성혜의 과다 음주(심양 白酒를 과음)로 인해 北美 접촉에 대해 김성혜의 언급을 들을 수 없었으나, 11.30 만찬 기회를 활용하여 北美 접촉에 대해 득문

김성태는 '김성혜가 2018. 11. 29. 저녁 만찬에서 김성태에게 300~500만 달러(또는, 500만 달러)를 요구하였고, 술김에 그 돈을 주겠다고 해버렸다'고 진술했다. 안부수는 김성혜가 김성태에게 돈을 요구한 것과는 별

도로 안부수에게도 200~300만 달러를 마련해달라고 부탁한 것처럼 제보한 셈이다. 그러나 당시 안부수가 쌍방울그룹이 아닌 다른 곳에서 200~300만 달러를 만들어 올 수 있는 상황은 아니었으므로, 이는 허위제보라고 볼 수밖에 없다.

3) 국정원의 김성혜 200~300만 달러 부탁에 대한 반응

국정원 직원은 선행사건에서 안부수의 제보를 받고 2가지 방향으로 예측을 했었다고 증언하였다.

첫째, 2018. 11. 말~12.경 북미회담을 하려고 하는 움직임이 있었고, 북한 인사들이 회담에 참석하기 위해서는 거마비가 필요한 상황이었는데 북한의 통전부 측에서 중대한 임무를 띠고 어디론가 움직이려고 하는 것 아닐까?

둘째, 통전부 측에서 상부에 돈을 바치기 위해서 아닐까?

국정원 직원은 이어서 '북한의 중량감 있는 인사인 김성혜가 어려움에 처해 있어 '딜(deal, 거래)'이 될 만한 규모나 시점이 된다고 한다면, 딜(deal)을 해볼 수도 있는 상황이라고 생각해서 안부수에게 김성혜가 요구하는 자금의 규모와 성격을 계속 파악해보라는 임무를 주었다'고도 했다. 이 증언에 의하면, 국정원은 판단 여하에 따라서는 김성혜의 전략적 중요성 등을 감안하여 김성혜가 요구하는 돈을 국정원 측에서 마련해주거나 안부수가 제안한 방안에 국정원이 협조해주는 것을 검토하였을 것이라고 추정할 수 있다.

그런데 국정원 직원은 안부수로부터 '김성혜가 이화영이 약속하고도 이행하지 아니한 스마트팜 사업을 위하여 필요하다고 하면서 200~300만 달러를 부탁하였다'는 구체적인 제보를 받고도 위와 같이 그와는 다른 방향의 의문을 갖고 안부수에게 확인을 해보라는 임무를 부여하였다. 당시 국정원 직원은 안부수가 제보한 김성혜의 위와 같은 말을 선뜻 그대로 믿지 못했음을 의미한다.

4) 2018. 12. 8. 안부수와 김성혜 사이의 통화

국정원 문서에 의하면, 안부수는 2018. 12. 8. 중국 심양에서 김성혜와 전화통화를 했다. 이 통화에서 안부수는 김성혜에게 "친구를 살려야 한다는 심정으로 자금 마련을 위해 백방으로 뛰고 있으니 기다려 달라"고 말했다고 한다. 김성혜는 "고맙다. 그러나 무리하지 말라"고 하면서 감사를 표시했다. 국정원 직원으로부터 부여받은 임무를 그대로 수행한 셈이다.

5) 2018. 12. 22.~26. 안부수의 2차 평양 방문

국정원 문서에 의하면, 안부수는 김성혜의 요청에 따라 2018. 12. 22.~26. 평양을 두 번째로 방문하였다. 안부수는 평양 방문 시 김영철에게 7만 달러를 제공한 혐의로 유죄판결을 받았고, 현재 대법원에 상고한 상태다. 안부수는 평양에서 김성혜로부터 요구받은 200~300만 달러를 마련하는 문제에 대해 구체적으로 협의하였을 가능성이 높다. 안부수는 김성태로부터 친서를 받아 북한에 전달했다고도 한다. 안부수는 2018. 12. 25.과 26. 초대소에서 김영철을 만났다. 북한은 경제적·

정치적 협력을 약속하거나 기대하는 외국의 중요 인사들을 초대소에 초청하여 극진하게 접대하는 것으로 알려졌다. 안부수가 두 번씩이나 초대소에서 당시 북한의 실력자인 김영철을 만났다는 것은 김성혜가 안부수에게 부탁한 200~300만 달러를 마련하는 문제가 그만큼 중요하고, 긴급한 현안이었기 때문이었을 것이다.

안부수는 평양에서 김성혜에게 '한국에서 돈을 만들기 위해 노력 중에 있다'고 말했다. 여기서 말하는 '노력'은 무엇을 말하는 것일까? 국정원 직원의 증언에 의하면, 안부수는 국정원 직원에게 '쌍방울그룹을 통해 김성혜가 요구하는 돈을 마련해주는 방안'에 대한 의견을 물었다고 한다. 그런데 김성태는 2018. 11. 29. 저녁 만찬에서 처음 만난 김성혜로부터 300~500만 달러(또는, 500만 달러)를 요구받고 순김에 주겠다고 했다고 진술하였다. 이러한 당시의 상황에 비추어, 안부수가 말한 '노력 중'인 방안은 다름 아닌 '쌍방울그룹이 북한에 돈을 지급하는 방안'을 두고 한 말이었다고 추정할 수 있다. 안부수는 자신이 직접 나서서 쌍방울그룹이 북한에 돈을 주도록 노력하고 있다고 말한 셈이다.

안부수는 초대소에서 김영철로부터 "김성혜 실장은 안부수를 믿고 의지하는 것으로 보임. 김성혜가 어려운 상황이니 친구로서 많이 도와주기 바람"이라는 말을 들었다고 한다.

6) 김영철의 부탁, 안부수의 쌍방울그룹과 북한의 접촉 중개

안부수는 김영철로부터 김성혜를 도와달라는 부탁을 받았다. 안부수로서는 북한의 신임을 유지하기 위해서는 북한의 권력 실세인 김영철이 초대소에 초대하면서까지 직접 부탁한 사항을 무시하거나 소홀히 할 수는 없었을 것이다. 국정원에서는 안부수를 협조자로 지정하여 김성혜, 김영철 관련 정보를 얻고자 하고 있었기 때문에, 안부수로서는 김성혜가 곤란한 상황에 직면하여 돈을 부탁했다고 한다면, 국정원도 안부수가 김성혜에게 돈을 마련해주는 것에 대하여 협조하거나 적어도 묵인은 해줄 가능성이 있다고 기대했을 수도 있다. 국정원 직원이 'deal'을 해볼 수도 있다는 고려하에 김성혜가 요구한 돈의 성격을 파악해보라는 임무를 줌에 따라, 안부수는 그러한 기대가 실현가능할 수도 있다는 생각을 가졌을 수도 있다.

안부수 수첩에 기재된 바와 같이, 쌍방울그룹이 제1회 국제대회 개최 전부터 안부수 본인의 중개로 북한과 경제협력사업 문제를 논의해 오고 있었고, 제1회 국제대회 기간 중에 영문의 투자의향서를 송명철 등에게 전달해놓기까지 하였다. 2018. 11. 20.~22.경에는 방용철과 리호남을 만나게 해주었고, 리호남이 방용철에게 제안서를 요청할 정도로 협의가 진전되고 있었다. 2018. 11. 29.~12. 1.경에는 김성태와 김성혜의 첫 만남을 성사시켜주기까지 한 상황이었다. 안부수가 국정원에 제안한 쌍방울그룹을 통해 김성혜에게 돈을 마련해주는 방안의 성사를 목전에 두고 있었던 셈이다.

쌍방울그룹으로서도 '어려운 상황' 내지 '곤란한 상황'에 처한 김성혜가 요구하는 돈을 주고 북한과 경제협력사업에 관한 합의서를 체결할 수 있게 된다면, 5억 달러씩이나 준 2000년경의 현대그룹과 비교했을 때, 대박이라고 할 수 있었을 것이다. 물론 주가조작을 위하여 형식적으로만 대북 경협을 추진하고자 했던 쌍방울그룹으로서는 그렇게 큰 돈을 북한에 지급할 이유가 없기는 하였다.

안부수로서는, 쌍방울그룹에게 그런 대박을 안겨준다면, 쌍방울그룹 내에서 중요한 직책을 맡고, 그에 상응하는 경제적 보상을 받을 수 있다고 기대하였을 것이다. 실제로도 2019. 1.경 쌍방울그룹과 안부수가 회장인 아태협 사이에 업무협약이 체결되었고, 아태협이 쌍방울그룹으로부터 사무실을 무상으로 제공받았으며, 기부금도 받았다. 안부수는 쌍방울그룹 계열사 사내이사로 선임되었다. 이러한 이해관계와 고려하에서 안부수는 쌍방울그룹과 북한 사이의 경제협력사업에 대한 접촉을 적극적으로 중개하였을 것이다.

7) 김성혜가 요구한 돈의 성격에 대한 안부수의 판단

2차 방북에서 돌아온 안부수는 국정원 직원에게 '김성혜가 요구하는 돈의 성격이 주변 뇌물용 또는 충성자금은 아니고, 경기도와 추진하기로 한 황해도 시범농장 사업자금'이라고 제보했다. 안부수의 이러한 판단의 근거는, 다름 아니라 안부수 본인이 제보한 김성혜, 김영철의 말이다. 그러나 아래에서 살펴보는 바와 같이, 농촌경제연구원이 발간한 북한농업동향에서 황해도 금송농장이 시범농장으로 지정되고, 관련하여 돌격대 조직이나 공사 착공이 있었다는 등의 북한농업 동향은 찾아볼 수 없다. 김성혜가 요구한 돈이 스마트팜 사업용이라는 안부수의 판단을 신뢰할 수 없는 이유들 중 하나다.

또한, 안부수는 2차 평양 방문시 김성태로부터 친서를 받아 북한에 전달하였다. 그와 관련하여 김영철, 김성혜와 구체적으로 협의하고, 김영철, 김성혜로부터 쌍방울그룹 측에 전달하는 말을 들었을 것이다. 그럼에도 불구하고 안부수는 국정원에 제보할 때 김성태로부터 친서를 받아 북한에 전달하고, 그와 관련한 김영철, 김성혜와의 협의 내용이나 쌍방울그룹 측에 대한 전달 사항에 대해서는 아무런 제보도 하지 아니하였다. 이러한 점에서 안부수의 2차 평양 방문 관련 국정원 제보도 허위제보라고 평가할 수밖에 없다.

국정원 직원이 의심한 바대로, 당시 김성혜는 주변 뇌물용이나 충성자금 또는 북미정상회담 추진을 위한 거마비로 200~300만 달러를 긴급하게 필요로 하였을 것이라는 추정을 배제할 수 없는 이유다.

8) 김성혜 요구 돈 마련 방법에 대한 안부수의 제안

국정원 직원은 선행사건에서 안부수로부터 '국정원에서 돈을 해줄 수 있느냐'는 말을 듣고는, '우리 사업을 위해서 김성혜를 살리는 것도 좋지만 안 되는 것은 안 되는 거다'라고 거절했다고 증언했다. 또한, '쌍방울한테 얘기할까'라는 안부수의 혼잣말 비슷한 말을 듣고는 정색을 하면서 '기업체한테 돈을 달라고 하는 건 말이 안 된다'라고 한 적도 있다고 증언했다. 안부수로부터 '김성태가 김성혜를 만나 쌍방울그룹 대북 경협을 협의했다'는 말은 듣지 못하고 있었는데, 2018. 12. 중순경 그 얘기를 듣고는 '좀 이상하게 벗어나고 있구나'라고 생각하여, 안부수에게 쌍방울그룹과의 접촉을 만류했다는 증언도 하였다. 국정원 직원의 증언에 의하면, 증언에 부합하는 내용이 기재된 국정원 문서가 존재할텐데 국정원이 선행사건에 제출한 문서들에는 그러한 내용은 없다는 점에 주목하지 않을 수 없다. 그러나 안부수는 국정원 직원의 만류와 반대에도 불구하고 쌍방울그룹과 관계를 단절하지 않았고, 쌍방울그룹을 통해 김성혜가 요구하는 돈을 마련해주는 방안을 계속 추진하였으며, 2019. 1.경 쌍방울그룹 계열사 사내이사에 취임하는 등으로 오히려 관계를 강화하였다.

9) 2018. 12. 29.~30. 대북접촉

국정원 문서에 의하면, 2018. 12. 29.~30. 중국 심양에서 이루어진 김성태 등과 김성혜 등의 접촉도 김성혜의 요청에 따라 안부수가 쌍방울그룹 측에 연락하여 성사되었다.

쌍방울그룹은 2018. 12. 29.~30. 중국 단동에서 북한 측에 북남협력제안서를 제시하였다. 북남협력제안서에는 '협동농장지원[단계적으로 300~500만 달러]'이라는 내용이 기재되어 있다. 그런데 국정원 문서에 의하면, 상당 부분이 지워져 있어 단정할 수는 없으나, 안부수는 이러한 사실을 모두 누락시킨 채로 김성태 등은 참석하지 않은 상태에서 혼자서 김성혜를 접촉한 것처럼 국정원에 제보하였다.

안부수는 이 접촉에서 김성혜로부터 '이화영이 2018. 10.경 방북 시 스마트팜 현대화 기술지원뿐만 아니라 50억 원 규모의 자금지원도 약속했기 때문에 조선아태위 차원에서 김정은 위원장에게 보고하였으며, 농장 현대화를 위한 돌격대도 조직하였다'는 말을 들었다고 제보하였다. 그 이외에도 '조선아태위가 책임지기로 했는데 박철이 김성혜 대신 책임지기로 하고 조선아태위 부위원장직을 사임하기로 하였다', '김정은의 김영철에 대한 신임이 대단하고, 김정은, 김영철의 결정으로 김성혜는 북미회담에 계속 나서고 있다', '황해도 스마트팜 사업은 김성혜가 책임지고 진행하여야 하는 사업이다'라는 말도 들었다고 제보했다.

10) 김성혜의 2019. 1. 15. 추가 접촉 제의

김성혜는 2018. 12. 29.~30. 접촉을 끝내면서 안부수에게 2019. 1. 15.경 다시 만나자고 제의하였다. 2019. 1. 17. 자 합의서 체결 직전에 만나자고 한 점이 눈에 띈다. 안부수는 김성혜가 황해도 시범농장 해결책을 찾기 위한 목적으로 추가 접촉을 제의한 것으로 생각했다고 한다.

김성혜가 안부수에게 제의한 대로 2019. 1. 15. 안부수와 김성혜의 추가 접촉이 있었을 것으로 추정된다. 선행사건에 제출된 국정원 문서에는 이에 관한 제보는 없다. 쌍방울그룹과 북한 조선아태위는 2019. 1. 17. 안부수가 참석한 가운데 2019. 1. 17. 자 합의서를 체결하였다. 김성혜가 안부수에게 제의한 2019. 1. 15. 자 접촉도 2019. 1. 17. 자 합의서 체결을 위한 쌍방울그룹과 조선아태위 사이의 협의를 위한 것일 가능성이 높아 보인다.

11) 안부수의 2019. 1. 23.~24. 대북송금 관여

쌍방울그룹은 2019. 1. 23.~24.경 수십 명의 임직원들로 하여금 3~4만 달러씩 휴대하고 중국 심양으로 출국하게 하는 기상천외한 방법으로 200만 달러를 밀반출하여 송명철에게 지급하였다. 안부수도 직접 14

만 5,040 달러를 휴대하여 밀반출하고, 환치기로 심양에서 180만 위안을 받아 쌍방울그룹이 송명철에게 지급한 200만 달러에 보탰다.

방용철은 2022. 11. 17. 수원지검에서 거액의 외화 현금을 밀반출하는 것에 대해 안부수에게 물어보았다고 진술하였다.

> 답 저도 당연히 안부수한테 물어볼 수 밖에 없었습니다. 그러니까 김성태 회장님도 안부수에게 제가 부담스러워 하니 돈을 가지고 가라고 하신 것이지요.

> 답 제가 당연히 북한 사람들을 안부수로부터 소개를 받았는데 어떻게 상식적으로 안부수한테 안 물어보겠습니다. 그리고 김성태 회장님의 큰 돈이 나가는데

박○○은 2022. 10. 16. 수원지검에서 2019. 1.경 외화를 휴대하고 출국하는 방법으로 밀반출할 때 안부수로부터 '이런 거 국정원에서도 다 알고 있다'는 말을 들었다고 진술하였다.

> 답 예. 안부수가 알고 있었습니다. 제가 안부수에게 '직원들이 가방이나 트렁크에 돈을 넣고 나가면 엑스레이가 찍히지 않냐'고 물어봤습니다. 그랬더니 안부수가 자기는 책과 책사이나 담배상자에 넣고 간다면서, 만불짜리를 넣어놓는 트렁크도 보여주었습니다. 그때 안부수가 이렇게 트렁크에 넣고 나가도 안찍히는데 3만~4만불이 찍히냐고 하였습니다. 그리고 그때 안부수가 이런 거 국정원에서도 다 알고 있다고 하는 것으로 보아 안부수도 당연히 알고 있었다고 생각합니다.

다. 안부수 제보의 허위성

안부수의 제보에는 김성혜, 리호남, 박철, 김영철의 말이 포함되어 있는바, 그러한 말들이 증거능력을 갖고 있는지, 그리고 그 말을 믿을 수 있는지 문제된다.

안부수 제보에 포함된 위 4인의 말은 형사소송법상 '전문진술(傳聞陳述)'에 해당한다. 김성태, 방용철, 안부수의 진술에 포함된 위 4인의 말도 마찬가지로 '전문진술'에 해당한다. 형사소송법상 전문진술은 피고인이 부동의하면, 원칙적으로는 원진술자가 법정에서 증언을 하여야만 증거능력을 갖게 된다(형사소송법 제310조의2). 다만, 예외적으로 외국 거주 등의 사유로 증인 출석이 어렵고, 그 진술이 특히 신빙할 수 있는 상태하에서 행하여졌다고 인정될 경우에는 피고인이 부동의하더라도 원진술자의 증언 없이도 증거능력이 있다고 본다(형사소송법 제314조). 여기에서 '특히 신빙할 수 있는 상태하에서 행하여진 때'라 함은 '원진술자가 그 진술을 하였다는 것에 허위개입의 여지가 거의 없고, 그 내용이 신빙성이나 임의성을 담보할 구체적이고 외부적인 정황이 있는 경우'를 말한다.[4]

선행사건 1심은 김성태 등의 진술에 포함된 위 4인의 말에 대해서는, '(원진술자인 김성혜 등이) 그 진술을 하였다는 것에 허위개입의 여지가 거의 없고, 그 진술 내용이 신빙성이나 임의성을 담보할 구체적이고 외부적인 정황이 있는 경우'에 해당되어 증거능력이 있다고 판단하였다.

---

[4] 대법원 2022. 4. 28. 선고 2018도3014 판결 등

나아가 신빙성도 있다고 보았다. 안부수 제보에 포함된 김성혜 등의 말의 증거능력과 신빙성에 대해서도 동일하게 판단한 것으로 해석된다.

먼저, 원진술자인 김성혜 등이 안부수가 제보한 말들을 안부수 앞에서 실제로 하였을까? 그 점에 대하여 허위개입의 여지는 없는 것일까?

2018. 11. 29~12. 1. 중국 심양 대북접촉과 2018. 12. 29.~30. 중국 단동 대북접촉에서, 안부수는 김성태, 방용철과 함께 김성혜를 만나 쌍방울그룹과 조선아태위 사이의 경협 문제를 협의했다. 그럼에도 불구하고 안부수는 그런 사실을 누락시키고 안부수 단독으로 김성혜 등을 만난 것처럼 제보했다. 2018. 11. 29. 저녁 만찬에서는 김성태가 술에 취해 실수를 한 것임에도 불구하고, 안부수는 김성태가 아닌 김성혜가 과음한 것처럼 허위로 제보하기도 했다. 안부수의 2차 평양 방문에 대한 제보도 김성태의 친서를 받아 북측에 전달한 사실과 그와 관련하여 협의하거나 쌍방울그룹 측에 대한 북측의 전달 사항에 대해서는 아무런 제보도 하지 아니하였다. 이러한 점에서 안부수의 김성혜 돈 요구 관련 국정원 제보 내용은 중요한 점에서 객관적 사실에 부합하지 않는다. 즉, 허위 제보를 한 것이다.

또한, 내용상으로 보더라도, 안부수가 김성태, 방용철과 함께 김성혜 등을 만나 쌍방울그룹과 조선아태위 사이의 경협 문제를 협의한 사실을 함께 감안해 보면, 김성혜가 안부수에게 했다는 부탁의 내용은 당시 대북접촉의 상황과는 전혀 어울리지 않는 심각한 문제점을 갖고 있다. 김성태, 안부수 등은 김성태가 2018. 11. 29. 김성혜를 처음 만나 술김에 김성혜가 요구하는 돈 300~500만 달러(또는 500만 달러)를 주겠다고 했다고 진술했다. 이런 상황하에서 김성혜가 김성태에게 요구한 것과는 별도로 안부수에게 200~300만 달러를 부탁했을 가능성은 희박하다. 김성혜가 안부수에게 별도로 돈 관련 부탁을 했다고 한들 안부수가 쌍방울그룹을 통해 마련해주는 것 말고 달리 그런 거액의 돈을 마련해 줄 수 있는 방법은 없었을 것이다. 다른 한편으로, 국정원 직원은 안부수로부터 쌍방울그룹을 통해 김성혜에게 돈을 마련해주는 방안을 제안받기도 했고, 쌍방울그룹과 북한 사이의 경협에 대한 협의를 중개하고 있다는 말도 나중에 듣게 되었다고 증언했는데, 그에 관한 국정원 문서가 제출되지 않은 것도 문제다. 안부수 제보대로, 김성혜가 안부수에게 '친구로서 부탁한다면서 200~300만 달러를 만들어 달라'고 말했다는 제보는 믿을 수 없다.

안부수 수첩에는 쌍방울그룹과 북한이 2018. 11. 14.~17.경 고양시에서 개최된 제1회 국제대회 개최 전부터 상호 경협사업을 추진했고, 1천만 달러 상당의 스마트팜 지원에 대해서도 협의했을 수 있음을 보여주는 메모가 등장한다는 점은 뒤에서 상세하게 살펴보기로 하자. 방용철은 김성태와 김성혜의 첫 만남 직전인 2018. 11. 20.~22.경 중국에서 리호남을 만나 쌍방울그룹이 북한에 제안서를 제출하는 문제 등을 협의하기도 했다. 김성태와 김성혜의 첫 만남은 위와 같은 사전 협의를 거쳐서 비로소 성사되었다. 쌍방울그룹과 조선아태위 사이의 경협에 관한 협의는, 국정원 문서에 의하더라도 처음부터 끝까지 김성혜의 안부수에 대한 요청과 안부수의 중개 내지 주선을 통해 이루어졌다. 그럼에도 불구하고 안부수는 검찰 조사와 선행사건 증언 시 쌍방울그룹과 조선아태위 사이의 경협에 관한 협의 내용과 그 전말에 대해서는 잘 알지 못하고, 관여하지도 않은 것처럼 진술하였다. 전형적인 '유체이탈 화법'으로 믿을 수 없다. 안부수는 국정원에 김성혜 돈 요구 사실을 제보함에 있어서도 그러한 사실은 철저히 누락시킨 채 김성혜와 김영철의 말을 듣고 국정원에 단순히 제보하는 역할만을 한 것처럼 보이도록 가장했던 것이다.

당시 김성혜가 김성태 앞에서 돈을 요구했다면, 그 돈은 쌍방울그룹과 북한이 상호 간에 협의해온 경협과 관련된 돈이었을 것이라고 추정할 수 있다. 그런데 김성혜는 이러한 당시의 협의 내용과 무관하게 또는 그와는 별도로, 안부수에게 '친구로서 부탁한다'고 하면서 '스마트팜 사업을 추진하기 위해 필요한 200~300만 달러를 마련해달라'고 부탁했다는 것이다. 안부수가 쌍방울그룹 말고 다른 곳에서 200~300만 달러를 만들어 올 수도 있는 상황이었다면 혹시라도 모르겠다. 그런 상황은 전혀 아니었다. 김성혜가 김성태에게 요구하는 것과는 별도로 안부수에게 200~300만 달러를 부탁했다는 것은 당시의 상황에 비추어, 매우 부자연스럽다.

이러한 점들에 비추어, 안부수 제보에는 허위개입의 여지가 존재한다. 김성혜 등이 안부수가 제보한 말들을 실제로 하였을 것이라고 단정할 수 없는 이유다.

검사는 후행사건 공소장에서 김성혜가 김성태가 협의한 것과는 별도로 안부수에게 200~300만 달러를 요구했다고 주장하나 상식적으로 받아들일 수 없다.

다음으로, 김성혜 등이 했다는 말의 내용이 '신빙성이나 임의성을 담보할 구체적이고 외부적인 정황이 있는 경우'에 해당한다고 보기도 어렵다. 아래에서 별도로 자세히 살펴볼 것인데, 북한은 쌍방울그룹의 주가조작 목적을 인지한 상태에서 이를 묵인하고, 외화벌이에 이용하고자 하였다. 원진술자인 김성혜 등은 그러한 북한의 목적에 따라 치밀한 계산하에 지어내거나 과장하여 발언하였을 가능성도 있다.

이러한 점들을 종합해보면, 김성혜 돈 요구 관련 안부수 제보를 기재한 국정원 문서의 기재 내용, 구체적으로는 김성혜 등의 말이 증거능력을 가진다고 할 수는 없다.

라. 김성혜 등의 말의 신빙성

안부수 제보에 포함된 김성혜 등의 말을 믿을 수 있을까? 다시 말하여, '이화영의 약속'에 관한 김성혜 등의 말이 객관적 사실이고, 진실이라고 단정할 수 있을까?

1) '이화영 약속'에 관한 김성혜 말의 신빙성

김성혜가 안부수를 만난 자리에서 "이화영 경기부지사가 10월 방북 시 황해도 시범농장사업 등 여러 협력사업을 약속했음에도 진척이 없다"는 지적을 하고, "지난 10월말 이화영 부지사 방북 시 현대화 기술지원뿐만 아니라 50억 원 규모의 자금지원도 약속했기 때문에 아태위 차원에서 위원장에게 이를 보고하였으며, 농장 현대화를 위한 돌격대도 조직되었음"이라고 말한 것이 사실이라고 가정해보자. 김성혜 등의 이

말들을 액면 그대로 믿을 수 있을까?

　김성혜의 말에 의하면, 이화영은 2018. 10. 20.~23.경 2차 방북에서 약속을 하였고, 그 약속은 김성태와 김성혜가 처음 만난 2018. 11. 29.경 이미 이행이 완료되었어야 한다. 2018. 11. 말경을 이행기한으로 보더라도 약속일로부터 불과 1달 10일의 기간이 존재할 뿐이다. 안부수는 2018. 11. 14.~17. 개최된 제1회 국제대회 직후부터 이화영으로부터 연락이 없다는 독촉이 오기 시작했다고 진술했다. 안부수의 진술에 의하면, 이화영의 약속일로부터 이행기까지의 기간은 한 달도 채 안 된다. 김성혜는 그 짧은 기간 동안 북한의 최고지도자인 김정은에게 보고한 후 황해도 금송농장을 시범농장으로 지정하고, 돌격대 2,000명을 조직하는 절차도 모두 마쳤다는 말이다.

　최고지도자의 자의적인 징벌이 허용되는 북한 체제하에서, 이화영의 말만 믿고 김정은 위원장에게 보고했다가는, 보고대로 이행되지 않을 경우, 허위보고 등으로 숙청당할 위험이 있는데, 이화영의 말만 믿고 이런 식으로 일을 추진함으로써 숙청당할 위험을 자초하는 북한 공무원이 있을지 상식적으로 의문이다.

　한편, 경기도 남북교류협력기금 운영기준에 의하면, 기금사업 추진 절차는 아래와 같다.

기금사업 추진 절차

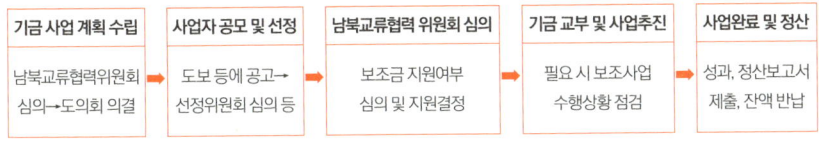

경기도가 직접 기금을 사용하는 경우에도 사업계획 수립과 예산편성 등의 절차를 거쳐야 한다.

이화영이 2018. 10.경 방북하여 김성혜 등에게 스마트팜 사업 또는 그 비용 50억 원을 약속했고, 그 약속이 1달 10일(안부수의 진술에 의하면, 한 달 미만) 이내에 이행되어야 했다고 한다면, 경기도는 이화영이 2차 방북에서 돌아오자마자 2018년 남북교류협력기금사업계획안을 변경하는 절차를 밟아야 했을 것이다. 그런데 경기도는 2018. 10. 30. 제7차 남북교류협력위원회를 개최하여 2018년도가 아닌 2019년 남북교류협력기금 사용계획 및 기금운용계획(안)을 심의했다. 여기에서 심의된 경기도의 2019년 남북교류협력기금사업계획안에 의하면, 경기도는 「황해도 농림복합형 시범농장 [스마트팜] 운영」을 위하여, 2018년 4분기에는 방북승인 관련 통일부 협의, 실무협의회 구성 및 세부사항 실무협의를 진행하고, 2019년도에 사업대상지 현장방문 및 구체적인 지원안 마련, 남북협력기금 등 예산확보(도의회 협의 포함), 공동합작 시범사업 협약 체결, 사업추진 및 준공 등의 절차를 거쳐 사업비 약 34억 원을 지출할 계획이었다. 즉, 2018년 4분기에는 황해도 농림복합형 시범농장(스마트팜) 운영에 기금을 지출할 계획은 아예 없었다.

검사가 주장하는 바대로, 이화영이 스마트팜 지원이 대북제재 대상인지 몰랐다고 하더라도 경기도 남북교류협력기금이라는 것이 부지사와 도지사가 결정하면 아무 때나 집행할 수 있는 예산은 아니라는 것 정도는 알고 있었을 것이다. 그런데도 불구하고 이화영이 2018. 10. 방북하여 경기도가 북한에 불과 1달 10일 내에 50억 원의 돈을 현금으로 지원하겠다고 약속한다는 것은 상식적으로 이해될 수 없는 일이다. 경기도의 2019년 남북교류협력기금사업계획안의 내용은 '이화영이 2018. 10.경 방북하여 스마트팜 사업을 약속한 것은 아니었다'는 사실을 뒷받침한다.

김성혜 등의 입장에서 보더라도, 불과 1달 10일(안부수의 진술에 의하면, 한 달 미만)이라는 아주 짧은 기간 내에 경기도로부터 50억 원을 지원하겠다는 이화영의 말만 믿고 김정은에게 보고까지 하고 황해도 금송농장에 스마트팜을 설치하는 계획을 세웠다가 이화영의 약속 위반으로 김정은의 질책을 받는 어려운 상황(또는, 곤란한 상황)을 자초했다는 것은 도무지 믿기 어렵다.

일반적으로 보더라도 일정 기간 교섭해온 당사자들 사이에 구속력이 있는 약속이 이루어졌는지에 대해 다툼이 발생하는 일은 드물지 않다. 국가 간의 외교적 교섭이나 정치적인 교섭에서도 그런 일은 자주 발생한다. 정치적, 외교적 교섭에서는 문서에 의한 최종적인 합의에 이르기 전에 단계를 나누어 각 단계마다 잠정적인 합의를 할 수도 있다. 그러한 합의는 말 그대로 잠정적인 것이다. 권한을 가진 대표자가 최종 합의사항을 기재한 문서에 서명 또는 날인하기 전까지는 구속력을 가지는 '합의'가 성립되었다고 할 수는 없다. 이화영이 2018. 10.경 방북 시 북한과 협의한 황해도 스마트팜 시범농장사업이 바로 그러했다.

상당 기간에 걸쳐 진행되어 오던 교섭이 구속력 있는 최종 합의에 이르지 못하고 결렬되는 경우 교섭 당사자들은 결렬의 책임을 상대방에게 전가하면서 상대방이 '합의'를 위반하였다고 비난하는 일은 드물지 않다. 단순한 오해에서 비롯되는 경우도 있으나, 정치적 의도를 갖고 일부러 합의 위반을 주장하는 경우도 많이 발생한다.

과거 남북 간 교섭에서도 이러한 일은 자주 발생했었다. 특히, 북측 인사들은 명분을 앞세워 감정적으로 남한 당국이나 남측 인사들이 '외세의 눈치를 보느라 민족 간 합의를 위반했다'고 비난하는 경우가 많았다. 안부수 제보에 등장하는 '이화영이 2018. 10. 방북해서 약속을 하고도 안 지켰다'라는 취지의 말은 이화영이 스마트팜 사업 추진에 대해 적극적 의사를 표명해왔음에도 불구하고 대북제재로 인하여 신속하게 진척되지 못하고 있는 상황에 대한 책임을 이화영에게 일방적으로 전가하는 식의 감정적 또는 정치적 비난 발언이지 진짜로 이화영이 약속을 하고도 안 지켰다는 취지로 한 말이라고 단정하여 해석할 수는 없다.

이러한 점들에 비추어 안부수가 제보한 김성혜의 '이화영이 스마트팜 비용 500만 달러 지원을 약속했다'는 말 자체를 그대로 믿기는 어렵다.

2) 김정은의 질책, 김성혜의 곤란한 상황에 관한 김성혜 말의 신빙성

국정원으로서는, 김정은 서울 답방 등과 관련한 'Key Player'의 지위에 있는 김성혜가 이화영의 스마트팜 약속 미이행으로 '곤란한 상황'에 처하게 되었다면, 이는 단순히 개인적 문제가 아니라, 북한 내부의 권력관계, 남북 및 북미관계에 상당한 영향을 미칠 수 있는 사안일 수도 있었으므로, 그에 대한 신중한 검토와 평가가 필요하였을 것이다. 국정원 입장에서는, 문재인 대통령의 방북에 대한 답방으로 김정은이 2018년 내에 서울을 방문할 것인지가 초미의 관심사였고, 김성혜는 그와 관련하여 매우 중요한 인물이었다. 문재인 정부가 추진하는 남북 간 긴장완화와 평화정착, 구체적으로는 김정은의 서울 답방과 관련하여, 매우 중요한 전략적 가치를 가지는 정보였다고 할 수 있다. 국정원 직원이 안부수의 제보를 받고, 경우에 따라 딜(deal, 거래)을 해볼 수도 있다고 판단하여 안부수에게 김성혜가 요구하는 자금의 규모와 성격을 계속 파악해 보라는 임무를 준 것은 이러한 맥락에서 이해할 수 있다. 국정원 직원이 말한 딜(deal)은 김성혜에게 요구하는 돈을 주고 김정은의 서울 방문과 관련된 중요한 정보를 얻어내거나 그와 관련하여 남한에 유리한 방향으로 협조를 받아내는 것을 의미하였다고 추정할 수 있다.

반면, 북한 체제는 권력자가 자의적으로 책임 소재를 엄격하게 따지는 구조로, 특히 대남사업에서의 실패는 내부적으로 심각한 비판이나 처벌로 이어질 수 있다. 물론, 국정원 문서에 의하면, 김성혜가 직면한 곤란한 상황은 그렇게 심각한 정도는 아니었다고 볼 수도 있다. 최종적으로는 김정은, 김영철의 결정으로 면책을 받았다고 했기 때문이다. 그렇다고 하더라도 개인숭배가 정당화되는 북한에서 최고권력자인 김정은의 질책을 받고, 박철이 조선아태위 부위원장직에서 물러났어야 할 정도의 사안이었다고 한다면, 김성혜, 박철, 김영철 등 북측 인사들이 그런 민감한 정보가 자기들 내부를 벗어나 이화영 등 남한의 고위 공무원들에게까지 공개되고, 알려지는 것을 용인하였을 가능성은 매우 낮다.

나아가 김성혜가 북한의 중요한 자산인 희토류 등 개발사업권을 쌍방울그룹에 내주고 500만 달러라는 헐값을 받는 방법으로 김정은의 질책을 받기까지 한 곤란한 상황을 모면하고자 하였다고 한다면, 북한 체제의 입장에서 심각한 부정행위(대한민국의 형법상 뇌물이나 배임, 국고손실)에 해당되어 용납되기 어려웠을 것이다.

따라서 김성혜 등이 김정은에 대한 보고와 질책, 그로 인한 자신의 곤란한 상황을 모면하기 위하여 희토류 등 사업권을 헐값에 넘겨주는 식의 부정행위를 공모하였다는 것은 상식적으로 믿기 어렵다. 즉, 김정은에 대한 보고와 질책, 김성혜의 곤란한 상황이 실제로 발생하여, 김성혜 등이 안부수에게 그렇게 말했다고는 믿기 어렵다는 말이다.

다른 한편으로, 북한은 경기도와 황해도에 시범농장을 공동운영하는 방안을 요구하다가 2019. 5.경 대상 지역을 평안남도 온천군으로 변경하였고, 경기도는 북측의 요구에 따라 온천군에 유리온실농장을 설치하는 것에 대하여 UN으로부터 제재 면제승인을 받아내기까지 하였다. 안부수가 김영철에게 말한 바대로 스마트팜 사업 추진이 지연된 것은 대북제재로 인한 불가피한 문제였고, 늦어지기는 했으나 경기도가 유리온실농장으로 변경하여 UN으로부터 제재 면제승인을 받아내는 등으로 진척되고 있었으므로, 대미 협상에서 중책을 맡은 김성혜가 스마트팜 사업 지연으로 인하여 북한 내부적으로 곤란한 상황에 직면하게 되었다는 것은 상식적으로 믿기 어려운 면도 있다.

국정원 문서에 기재된 안부수 제보 내용에 의하더라도, 김성혜는 북한 내부적으로 어떤 문책도 받지 않고 북미정상회담 업무를 계속 수행하였다. 박철이 2018. 12. 29.~30. 접촉 때 김성혜 대신 책임을 지고 조선아태위 부위원장 직을 사임하게 되었다고 말하기는 하였으나, 그 전인

2018. 11. 29.~30. 접촉 때는 책임을 지고 사임한다는 언급은 하지 않았고, 단지 교류협력 업무는 그만두고 북미관계만 담당하게 되어 안부수를 더 이상 볼 수 없게 되었다고만 말했었다고 제보되어 있다. 즉, 박철이 황해도 금송농장 시범농장 지정 문제로 문책을 당하게 되었다는 말은 전혀 없었다. 전자와 후자의 제보 내용이 상호 모순적이다. 박철의 말은 김성혜의 곤란한 상황이 사실인 것처럼 믿게 만들기 위하여 지어낸 것이라고 의심해볼 수 있는 대목이다. 이런 이유로도, 박철의 말을 그대로 믿기 어렵고, 따라서 김성혜의 말도 의심할 수밖에 없다.

3) 김성혜가 요구한 돈은 스마트팜 관련이라는 안부수 제보의 신빙성

가) 김성혜가 스마트팜 사업용으로 돈을 요구했다는 안부수의 판단

안부수의 첫 번째 제보에는 '이화영이 약속한 스마트팜 사업용'이라는 김성혜의 말이 이미 포함되어 있었다. 안부수는 첫 번째 제보에서부터 김성혜가 요구하는 돈이 스마트팜 사업용임을 뒷받침하는 근거를 국정원 직원에게 확실하게 제시한 셈이다. 그럼에도 불구하고 국정원 직원은 그 말을 믿지 못하고 전혀 다른 방향인 주변뇌물용이나 북미협상을 위한 거마비 등으로 의심한 나머지 안부수에게 그 성격이 무엇인지 계속 파악해보라는 임무를 주었다고 증언했다. 국정원 직원이 믿지 못한 데에는 충분한 근거가 있다고 할 수 있다. 김성혜 등이 북한 체제에 불리하고, 비밀로 하여야 할 '김정은 보고와 질책', '김성혜의 곤란한 상황' 등과 같은 중요 전략 정보를 함부로 발설하면서까지 안부수에게 돈을 부탁했고, 그 돈이 이화영이 약속하고도 이행하지 아니한 스마트팜 사업용이라는 것은 상식적으로 믿기 어려운 일이기 때문이었을 것이다.

안부수는 2차로 평양을 방문해서 초대소에서 김영철을 만나고 돌아와서는, 김성혜가 요구한 200~300만 달러는 '뇌물용 또는 충성자금'이 아니라 '경기도와 추진하기로 한 황해도 시범농장 사업자금으로 추정'한다고 국정원에 거듭 제보하였다. 그러나 안부수가 북한의 초대소에 초대되어 북한 권력 실세인 김영철을 만나서 김성혜를 도와달라는 부탁을 받았다고 하는 사실 이외에 추가적인 정보는 없었다. 여전히 '이화영이 약속한 스마트팜 사업용'이라는 안부수의 제보만으로는 국정원 직원이 가졌던 의문을 불식시킬 만한 근거가 확보되었다고 평가할 수는 없는 상황이었다. 그럼에도 불구하고 국정원 직원은 그에 대해서 특별한 언급이나 분석, 판단도 없이 국정원 문서에 안부수의 제보 내용을 그대로 기재하였다는 것이다. 국정원이 안부수의 제보를 그대로 신뢰하였는지는 확인하기 어려우나 안부수의 제보에는 김성태의 친서 전달과 쌍방울그룹의 대북 경협에 대한 협의라는 중요한 사실관계가 누락되어 있다는 점에서 '이화영이 약속한 스마트팜 사업용'이라는 안부수의 제보도 그대로 믿을 수는 없다.

나) 2018.경 이후 북한의 스마트팜 건설 동향

한국농촌경제연구원은 2023. 12.경까지 1년에 4회 북한농업동향을 발간하였다. 북한농업동향에 의하면, 북한 김정은은 2018년 전후로, 경제건설 총력노선을 천명하였고, 농업의 현대화·집약화·과학화를 강조하기 시작하였다. 김정은은 2018. 1. 1. 신년사에서 '농사를 과학기술적으로 지어 알곡 생산 목표를 반드시 점령하며 축산물과 과일, 온실 남새와 버섯 생산을 늘려야 합니다'라고 발표하였다. 여기에서 '남새'는 채소를 이르는 북한 말이다. 북한의 농업연구원 평양 남새 과학연구소는 2018. 6. 12. 온실 남새 부문 과학기술토론회를 개최하였다. 김정은은 그 일환으로 2018. 7. 17. 함경북도 경성군 중평리에 대규모 남새온실농장을 건설할 구상으로 현지 시찰을 하였고, 같은 군 온포온실농장 건설준비사업 현지 지도를 하였다. 김정은은 2019. 10. 18에도 위 중평리 소재 중평남새온실농장과 양묘장 건설현장을 현지 지도하였다. 중평남새온실농장은 2019. 12. 6. 완공되었다. 김정은은 2018. 말경 북한 노동당 중앙위원회에서는 '온실남새 생산의 과학화, 집약화 수준을 높여야 한다'고 강조하며 각 도·시·군에 온실남새 기지를 건설할 것을 지시하였다.

다) 북한 황해도 황주군에 스마트팜 설치, 운영에 관한 보도의 부존재

북한의 온실농장은 기술적·인프라적 한계로 스마트팜이라고 부를 수 있는 수준은 아니다. 북한은 온실농장에 스마트팜 기술을 도입하는 방안을 적극적으로 추진하고 있었고, 김정은 위원장의 역점 시책사업이기도 하였다. 스마트팜 수준에 못 미치는 온실농장이 중요하게 보도되고 있는 북한의 사정에 비추어 본다면, 만일, 안부수 제보 내용대로 김성혜가 김정은 위원장에게 보고하고 나서, 황해도 금송농장을 스마트팜 시범농장으로 지정하고 돌격대 2천 명을 조직하기까지 하였다면, 북한 체제에서는 노동신문 등에 대대적으로 보도될 만한 사안이었다고 할 수 있다.

한국농촌경제연구원이 발간한 북한농업동향에는 북한의 농업에 대한 노동신문 등 북한 매체들의 보도가 매우 상세하게 정리되어 있다. 2018. 1.경 이후의 북한의 농업 동향이 기재된 제20권 제1호부터 2023. 12.경 발간된 제25권 제3호까지의 북한농업동향을 확인해보니, 함경남북도와 평안남북도 각지의 온실농장 설치와 운영 동향에 대한 보도는 매우 빈번하게 등장하는 반면, 황해도 지역에서 온실농장 관련 보도가 매우 드문 데다가 황해도 황주 지역에 소재하는 금송농장이 시범농장으로 지정되어 스마트팜으로 현대화되었다거나 황해도의 다른 협동농장에 스마트팜이 착공되거나 완공되어 운영 중이라는 내용은 확인되지 않는다.

따라서 김성혜, 김영철이 말했다는 대로, 이화영의 약속을 믿고 김정은 위원장에게 보고하고 황해도 금송농장을 스마트팜 시범농장으로 지정하고, 돌격대까지 조직하였다는 김성혜의 말을 그대로 믿기는 어렵다.

마. 국정원 문서들에 대한 의구심

안부수는 김성혜로부터 돈을 요구받은 사실을 국정원에 제보할 때, 쌍방울그룹을 통해 그 돈을 마련해주기로 이미 마음을 먹은 상태에서, 국정원의 승인 내지 묵인을 구하고자 하는 의도를 갖고 있었다고 의심할 수밖에 없다. 쌍방울그룹과 북한은 제1회 국제대회 전부터 상호 간 경협 문제를 협의해왔고, 그 과정에서 '스마트팜 지원 1천만 달러' 문제도 함께 논의하고 있었는바, 김성태가 북한으로부터 경협 추진의 전제조건으로 스마트팜 지원 명목의 1천만 달러 현금을 요구받고도 결심을 못 하고 망설이고 있는 상황하에서, 중개자인 안부수로서는 국정원을 이용하여 '북측이 요구한 스마트팜 지원 명목의 현금 1천만 달러 지급'에 대한 김성태의 결심을 촉진하고자 하였을 가능성이 높다. 그런데 국정원 직원은 안부수로부터 쌍방울그룹을 통해 김성혜에게 돈을 마련해주는 방안을 제안받았으나 반대했다는 것이고, 국정원은 2019. 1. 말경 쌍방울그룹 주가조작 연루설 대두 가능성을 염려하여 안부수와의 협조자 관계를 종결지었다고 한다.

이러한 상황하에서 안부수는 국정원 직원에게 제안했던 바대로, 쌍방울그룹을 통해 김성혜에게 돈을 마련해주는 방안을 실행에 옮겼다. 안부수가 쌍방울그룹을 통해 김성혜에게 돈을 마련해주고자 함을 파악한 국정원이 실제로 강력하게 반대함에도 불구하고 그렇게 할 수 있었을까?

안부수와의 협조자 관계를 종료시킨 이후에도 국정원은 안부수, 방용철로부터 대북접촉 정보를 계속 수집하였다. 안부수와 쌍방울그룹이 대북접촉을 한 장소인 중국 심양, 단동에는 국정원 요원들이 파견되어 활동하고 있었을 것이고, 이들을 통해 관련 정보를 수집했을 것이다. 국정원은 안부수가 쌍방울그룹을 통해 김성혜에게 돈을 마련해주는 방안을 실행에 옮긴 사실을 충분히 파악할 수 있었다는 말이다. 국정원이 선행 사건에 제출한 문서들에도 그에 관한 정보들이 기재되어 있기도 하다. 공교롭게도 국정원이 안부수와 협조자 관계를 종결지은 시점은 김성태 등이 200만 달러를 심양으로 밀반출하여 송명철에게 지급한 2019. 1. 23.~24.경 이후다. 국정원은 관련 사실을 파악하고(또는, 묵인하고) 안부수와의 협조자 관계를 종결지었던 것은 아닐까?

한편, 김성태는 북한에 거액의 현금을 지급하는 것을 쉽게 결단하지 못했다고 한다. 대북제재 위반, 대한민국 법률 위반으로 인한 제재와 처벌에 대한 두려움 때문이었을 것이다. 그런데 박○○은 수원지검에서 안부수가 2019. 1. 23.~24.경 200만 달러를 밀반출할 당시 '이런 거 국정원에서도 다 알고 있다'고 말하는 것을 들었다고 진술했다. 안부수가 박○○에게 그런 말을 한 것이 사실일까? 혹여 안부수가 김성태에게 '국정원의 승인(또는 묵인)을 받았다'고 말하였고, 김성태는 안부수의 이 말을 듣고 안심한 나머지 '임직원 수십명으로 하여금 3~4만 달러씩 휴대하고 출국하게 하는 방법으로 밀반출'하여, 송명철에게 200만 달러라는 거액의 현금을 제공하는 결단을 하게 된 것은 아닐까?

국정원은 선행사건에 안부수 제보 등을 기재한 문서를 상당 부분을 지운 채로 제출했다. 예를 하나 들자면, 아래와 같다.

* 「쌍방울그룹」은 "△체결식 ■ 개최 △■ 향후 일정·과제 등 논의"를 촉구하는 서한을 북측에 전달(10.23)

국정원이, 선행사건에 제출한 국정원 문서에 '2019. 11. 말~12. 초 경 지급하였다고 하는 200만 달러 내지 300만 달러는 방북 의전 비용이 아닌 2019. 5. 12.자 협약서 공개 체결식에 대한 대가라는 내용'이 기재되어 있거나 '이화영의 스마트팜 약속에 반하는 내용'이 포함되어 있어 이러한 내용들을 모두 삭제하고 제출하거나 아예 제출하지 않은 것이라는 의심을 갖지 않을 수 없다.

안부수는 2018. 11. 20.~22.경과 2019. 1. 15.경에도 김성혜로부터 접촉 요청을 받았다고 국정원에 제보했는바, 안부수가 위 각 시점에 김성혜를 만나 대북송금 관련 협의를 했을 것으로 추정됨에도 불구하고, 선행사건에 제출된 국정원 문서 중 관련 문서는 발견되지 않는다. 또한, 이화영이 북한과 스마트팜 사업을 협의한 2018. 10. 2.~3.경 심양 송명철 접촉과 2018. 10. 4.~6.경 1차 방북에 관한 이화영의 제보 내용을 기재한 문서는 제출되었으나, 2018. 10. 20.~23.경 2차 방북에 관한 제보를 기재한 국정원 문서는 발견되지 않는다. 국정원이 쌍방울그룹 대북송금 관련 문서를 선행사건에 전부 제출한 것은 아니라고 추정할 수 있는 대목이다.

차제에 국정원은 위와 같은 의혹을 해소하기 위해서라도, 삭제된 부분을 포함하는 완전한 문서를 제출하고, 제출되지 않은 관련 문서들이 있다면, 후행사건에라도 추가로 제출할 필요성이 있다. 나아가서는, 관련 의혹을 해소하기 위하여 국정원이 직접 관련 사실을 조사하여 공개하는 것이 책임 있는 태도라고 할 것이다.

4 안부수 수첩 읽기: 언제부터 쌍방울그룹 대북사업이 시작되었을까?

가. 검사의 주장, 선행사건 재판부의 판단

검사는 2023. 2. 28. 자 김○○ 공소장에서, 이화영이 김성태에게 '경기도를 대신하여 제1회 국제대회를 지원하는 것을 기회 삼아 대북사업을 진행하라'는 취지로 권유했다고 주장했다. 2023. 3. 21. 자 이화영에 대한 선행사건 공소장에서는, '이화영은 위와 같이 권유한 상태에서, 2018. 10.~11.경 김성혜로부터 스마트팜 비용 500만 달러 지급을 수회 독촉을 받게 되자, 재차 김성태에게 경기도의 지원하에 대북사업을 진행하라고 권유하면서 스마트팜 비용을 대납하라고 요구하였고 이에 김성태와 방용철은 2018. 11.~12.경 중국 심양 및 단동에서 2회에 걸쳐 조선아태위 실장 김성혜, 부위원장 박철, 정찰총국 출신 대남공작원 리호남 등 북한 고위직들을 만난 후 이화영의 요구에 따라 경기도가 북한에 지급하기로 약속한 스마트팜 비용 500만 달러를 대납하고, 이를 계기로 대북사업을 시작하기로 마음먹었다'고 주장했다.

선행사건 재판부는 검사의 주장대로 김성태가 이화영의 요구에 따라 스마트팜 비용 500만 달러 대납을 결심하고 난 이후인 2018. 12.경부터 대북사업을 추진하였다고 판단하였다. 그 이전에는 쌍방울그룹이 대북사업을 검토하거나 준비한 적도 없었다는 것이다.

[선행사건 1심 판결]

"김성태가 본격적인 대북사업을 추진하게 된 시점은 2018. 12.경 이후로서 만약, 2018. 4.경 주가 상승을 경험한 김성태가 그러한 이유로 대북사업을 추진하기로 마음을 먹었다면 2018. 4.경 무렵 혹은 그 이후 가까운 시점에 대북사업을 추진하기 위한 검토나 준비를 하였을 것으로 보이는데 2018. 12.경까지 그러한 정황을 찾을 수 없다."

[선행사건 2심 판결]

"쌍방울그룹은 2018. 12.경 이전에는 북한 측에 1,000만 달러 상당의 내의 제공이나 평양 매장 개설 정도의 사업을 계획하였을 뿐 북한의 자원개발 등의 사업을 계획하거나 추진하였던 것으로 보이지는 않는다."

나. 수원지검의 안부수 수첩 압수, 선행사건에 미제출

수원지검은 대북송금 사건 수사 과정에서 안부수의 수첩을 압수하였다. 안부수 수첩에는 아래 기간에 걸쳐 김성혜, 박철, 리호남, 송명철 등 북측 인사들이나 쌍방울그룹 측 인사들과 협의한 내용에 대한 자필 메모가 기재되어 있다.

(i) 2018. 11. 14.~17.경 개최된 제1회 국제대회 이전의 준비기간과 기간 중
(ii) 2018. 11. 20.~22. 방용철이 안부수의 소개로 중국에서 리호남을 만난 기간
(iii) 2018. 11. 29.~12. 1. 김성태, 방용철과 함께 김성혜, 박철, 리호남을 접촉한 무렵
(iv) 2018. 12. 29.~30.경 위 사람들이 접촉한 무렵

형사소송법은 "2. 상업장부, 항해일지 기타 업무상 필요로 작성한 통상문서", "3. 기타 특히 신용할 만한 정황에 의하여 작성된 문서"는 당연히 증거능력이 있다고 규정하고 있다(형사소송법 제315조 제2호, 제3호). 형사재판에서 이러한 문서는 업무의 기계적 반복성으로 인하여 허위가 개

입될 여지가 적고, 문서의 성질에 비추어 고도의 신용성을 갖고 있다고 본다.[5]

안부수 수첩에 등장하는 문구들은 안부수가 위 기간 중 북측 인사들 또는 쌍방울그룹 임원들을 만나 회의하거나 대화하면서 들은 말을 본인의 기억을 위하여 메모한 것으로 허위개입의 여지가 거의 없다고 볼 수 있다. 따라서 안부수 수첩은 형사소송법상 당연히 증거능력이 있고, 증명력도 높은 증거에 해당된다고 본다.

그런데 수원지검은 무슨 이유에서인지 선행사건에는 안부수 수첩을 증거로 제출하지 않았다가 후행사건에 이를 증거로 제출하였다. 선행사건 변호인들은 2심에서 안부수 수첩을 근거로 변론의 재개를 요청하였으나 선행사건 2심은 이를 받아들이지 아니하였다.

다. 안부수 수첩에 기재된 메모의 내용

1) 쌍방울그룹이 제1회 국제대회 전부터 대북사업을 추진한 사실

안부수 수첩 제3면에는 아래와 같은 문구가 기재되어 있다.

"쌍방울 ⇒ 아태에 공문", "투자의향서 ⇒ 영문"

그 바로 아랫부분에는 "박-철⇒김현경(김성혜 실장) 들어가는데, 사전에 대표단", 그 다음에 "사업비, 행사가 잘 진행되게 협조 부탁한다"는

---

[5] 대법원 2015. 7. 16. 선고 2015도2625 판결

문구가 기재되어 있는 점에 비추어 위 문구는 제1회 국제대회 개최 전에 그 준비과정에서 안부수가 쌍방울그룹 관계자 또는 북측 인사들과 협의한 내용을 메모한 것임을 알 수 있다. 위 메모에 의하면, 쌍방울그룹은 안부수와 함께 북한의 조선아태위에 공문을 보내고, 영문으로 작성된 투자의향서를 보내는 문제를 협의하였을 것이라고 추정할 수 있다. 실제로 쌍방울그룹은 안부수의 배려로 제1회 국제대회에 방용철, 양선길을 참석시킬 수 있었고, 방용철과 양선길은 안부수로부터 송명철을 소개받았다. 쌍방울그룹이 송명철 또는 북측 참가자들 누군가에게 '북한 조선아태위'에 보내는 공문과 '영문으로 된 투자의향서'를 전달했을 것이라고 충분히 짐작할 수 있다.

또한, 안부수 수첩 제5면에는 아래와 같은 문구가 기재되어 있다.

"쌍방울 계획서

호텔 ⇒"

"13일 ⇒ 나와서 14일 오전 들어가는 것으로

기업인 ⇒ 불가 ⇒ 쌍방울은 (???)[6] 통해 제안하는 것으로

송명철 미팅. 안 회장 통해서 전달"

"쌍방울 내의 공식적으로 지원

---

6 안부수 수첩에서 읽기 어려운 문구임을 표시함

개성으로 → 아니면 남포로 지원"

위 문구들 중간에 "13일 ⇒ 나와서 14일 오전 들어가는 것으로"에서 13일과 14일은 2018. 11. 13.과 14.을 의미하는 것으로 보인다. 제1회 국제대회는 2018. 11. 14.~17.경 개최되었다. 따라서 위 문구들은 제1회 국제대회 전에 안부수가 누군가와 협의한 내용일 거라고 추정할 수 있다. "송명철 미팅. 안회장 통해 전달"이라는 문구는 제1회 국제대회에 참석할 방용철, 양선길이 송명철을 만날 것이고, 안부수를 통해 "쌍방울 계획서" 또는 그 앞에 등장하는 '조선아태위에 대한 공문'이나 '영문으로 작성된 투자의향서'를 북측에 전달한다는 취지로 해석할 수 있다. 이 문구들도 마찬가지로 쌍방울그룹이 제1회 국제대회 기간 전에 안부수를 통해 북측과 경제협력사업을 추진하고 있었음을 보여준다.

안부수 수첩 제9면에는 아래와 같은 문구가 기재되어 있다.

"나노스 ⇒ KCC 측에
└ 제안 ⇒"

그 다음 제10면에는 "정세현 장관 기조연설 원고 신속히", "15일, 17일 동선" 등이 기재되어 있다. 15일과 17일은 제1회 국제대회 기간 중의 날을 의미한다. 전 통일부 장관 정세현은 제1회 국제대회에서 참석하였다. 따라서 위 문구는 제1회 국제대회 기간 중에 협의한 내용이라고 할 수 있겠다. 또한, 위 문구는 제1회 국제대회 기간 중에 안부수가 관여한 상태에서 나노스가 누군가에게 어떤 사업제안을 하였음을 의미한다. 나노스의 대북사업과 관련이 있을 것이라고 추정할 수 있다. 그렇다고 한다면, 제1회 국제대회 기간 중에 나노스의 대북사업에 관한 협의도 이루어졌을 것이라고 짐작할 수 있다.

안부수 수첩 제15면에는 아래와 같은 문구들이 쓰여 있다.

"쌍방울 ⇒ 그룹

내의 지원 북측과 협의하여

제재완화의 기점으로 북측에 공장을 합작 설립하는 협의 했다.

또한 쌍방울은 북측에 대동맥주 생산성 증대를 위한 내용 대한 →

나노스 ⇒ 평양 능라지구(도) 호텔 개발사업을 진행하기로 협의했다.

광림 ⇒ (??)[7]"

안부수 수첩 제13면에는 제1회 국제대회 기간 중인 2018. 11. 15.~17. 열린 행사와 일정이 메모되어 있고, 제14면에는 "노(???)[8] 공연 12월 ⇒ 3박 4일 방북단 합류"라는 간단한 메모만 되어 있다. 제16면에는 메모 시점을 추정할 수 있는 문구는 없는데 제17면 첫머리에 "옥류관 조감도 전시장 비치 문제, 다른 사항, 2명 소속을 신고해야 함"이라는 문구가

---

7 안부수 수첩에서 읽기 어려운 문구임을 표시함
8 안부수 수첩에서 읽기 어려운 문구임을 표시함

등장한다. 여기에서 "2명 소속을 신고해야 함"이라는 문구는, 제1회 국제대회 참석자들에 대한 국정원과 경기도의 통제로 인하여, 방용철, 양선길이 쌍방울그룹 소속으로는 참석할 수 없어 쌍방울이 아닌 다른 어디 소속으로 참석하는 문제에 관한 메모라고 추정할 수 있다. 따라서 위 제15면 기재 문구도 제1회 국제대회 기간 전이나 기간 중의 협의 내용을 기재한 문구들이라고 할 수 있다. 위 문구들에 의하면, 쌍방울그룹은 안부수와 함께 북측에 '합작공장 설립', '대동강맥주 생산성 증대', '나노스 명의로 평양 능라지구호텔 개발사업', '광림 관련 문제' 등을 협의했을 것이라고 추정할 수 있다. 쌍방울그룹은 제1회 국제대회 이전부터 계열사인 나노스, 광림을 통해 '평양 능라지구와 백두산에 호텔을 신축하는 개발사업'(안부수 수첩 제5, 15면), '대동강맥주 생산성 증대를 위한 협력사업'(안부수 수첩 제15면), '북한에 합작공장 설립'(안부수 수첩 제15면) 등의 경제협력사업을 진행하는 방안을 협의하고, 추진하고 있었음을 충분히 짐작할 수 있다.

2) 안부수 수첩에 등장하는 '1천만 달러, 스마트팜 농장 지원'

안부수 수첩 제17면에는 아래와 같은 문구도 등장한다.

천만 달러 ⇒ 스마트팜 농장
지원

위에서 본 바와 같이 안부수 수첩 제17면의 문구들은 제1회 국제대회 기간 중 또는 그 전에 작성된 메모로 추정할 수 있다. 여기에서 주목되는 점은 안부수가 누군가와 스마트팜 농장 지원 문제를 협의했는데, 그 금액이 '이화영이 2018. 10.경 북측에 약속했다'는 스마트팜 비용 50억 원도 아니고, 300~500만 달러 또는 500만 달러도 아닌 무려 "1천만 달러"에 이른다는 사실이다. 안부수 제보를 토대로 작성된 국정원 문서에도 김성혜가 안부수에게 부탁한 돈은 200~300만 달러에 불과하였다. 김성태, 방용철, 안부수의 진술에 의하더라도 이화영이 북한에 약속했다는 스마트팜 비용은 50억 원을 넘지 않는다. 검사는 이화영이 북한에 약속한 스마트팜 비용 지원금은 500만 달러라고 주장하고 있다.

그렇다면, 위 "천만 달러 ⇒ 스마트팜 농장 지원"은 '누가 누구와 협의한 사항'이고, '지원의 주체'는 과연 누구일까?

안부수 수첩에 의하면, 쌍방울그룹은 제1회 국제대회 전부터 안부수의 중개로 여러 대북 경협 방안을 협의하고 있었다. 안부수가 쌍방울그룹 이외에 다른 남한 기업과 북한 사이의 경협을 중개했다는 문구들은 등장하지 않는다. 이러한 경위에 비추어 당시 쌍방울그룹 말고 북한과 '스마트팜 지원 1천만 달러'에 관한 협의를 했을 것으로 짐작되는 주체는 보이지 않는다. 따라서 쌍방울그룹이 제1회 국제대회 기간 전부터 북측과 '1천만 달러어치 내의 지원' 문제 이외에 '1천만 달러 상당의 스마트팜 농장 지원 문제'도 함께 협의하고 있었다고 추정해볼 수 있다.

북한 측에서 쌍방울그룹과 경제협력사업에 대한 협의 과정에서 합의서 체결 등의 전제조건으로 1천만 달러를 스마트팜 지원 명목으로 지급해달라고 요구하였을 것이다. 안부수가 관여한 상태에서 쌍방울그룹과 북한 사이에 '1천만 달러의 스마트팜 지원' 문제에 관한 구체적인 협의가 진행되고 있었다고 짐작해볼 수 있는 대목이다. 이화영이 2018. 10.경 북한과 협의한 황해도 스마트팜 시범농장 사업과는 별도로 말이다.

선행사건 1심은 쌍방울그룹이 2018. 12. 29.~30. 김성혜 등에게 제공한 북남협력제안서에 '협동농장 지원[단계적으로 미화 300 내지 500만 불 지원]'이라고 기재된 것과 관련하여 아래와 같이 판단하였다.

"협동농장은 당시 쌍방울그룹이 추진하고자 하는 사업도 아니었고, 쌍방울그룹은 협동농장과 관련하여 그 어떠한 경험이나 관련된 기술을 보유하고 있지 않았기 때문에 피고인의 부탁으로 스마트팜 비용을 대신 납부하는 취지로 기재한 것이 아니라면, 쌍방울그룹에서 경기도가 추진하려 하였던 그와 같은 항목을 별도로 인도적 지원이라는 표제 하에 기재할 이유가 없다"

그러나 쌍방울그룹과 민경련 사이에 체결된 2019. 5. 12.자 협약서 제8조는 농축수산협력사업에 관하여 규정하고 있다. 구체적으로는 "농축수산협력사업에는 농업, 축산업, 수산업발전에 필요한 자금을 융자 및 투자하는 사업과 북측 농축수산물의 남측 반출 등의 사업들이 포함된다"고 규정하고 있다. 또한, 배상윤의 장원그룹(KH그룹의 다른 이름)과 북한 민경련 사이에 체결된 2019. 5. 12.자 협약서 제2조는 필룩스가 "LED 조명 설치사업 및 LED 스마트팜 개발 협력사업"을 담당하고, '장원그룹이 민경련과 외부투자 유치, 투자그룹(컨소시엄) 구성, 합작법인 설립의 방법으로 위 사업을 추진할 수 있다'고 규정하고 있다. 배상윤의 장원그룹이 작성하여 북측에 제안한 2019. 7. 19.자 프로젝트 제안서에는 "LED 스마트농장사업"에 대한 제안이 매우 구체적으로 기재되어 있다.

안부수 수첩에 기재된 바대로 쌍방울그룹과 조선아태위가 '스마트팜 지원 1천만 달러'에 대한 협의를 진행한 결과, 현금 지급 이외에 스마트팜 사업 협력 방안에 관한 규정이 위와 같이 장원그룹과 민경련 사이의 2019. 5. 12.자 협약서에 반영된 것이라고 추정할 수 있다. 선행사건 1심은 이러한 증거들을 살펴보지도 아니한 채 협동농장이나 스마트팜 사업은 경기도만 추진한 것이라고 전제하고 위와 같이 자의적으로 판단하였다.

3) 2018. 11. 20.~22.경 방용철의 리호남 접촉 관련 문구

방용철은 제1회 국제대회가 끝난 직후인 2018. 11. 20.~22.경 안부수의 소개로 리호남을 접촉하였다. 국정원에 제보한 바대로, 안부수가 2018. 11. 21. 중국에서 김성혜를 만났다고 한다면, 방용철, 리호남과 함께 만났을 가능성도 있다.

안부수 수첩 제26면 첫 줄에는 "11/22"이라는 문구가 쓰여 있고, 중간에 아래와 같은 문구가 등장한다.

경기도 스마트팜 농장 준비 결과 제시하라.

제안서 ⇒ 제재 국면에 어떤 모습을 보일 것인지 제안서

앞에 쓰여 있는 "경기도 스마트팜 농장 준비 결과 제시하라"라는 문구는 앞에서 살펴본 바와 같이, 리호남이 안부수에게 한 말이라고 짐작할 수 있다. 그 아래 "제안서 ⇒ 제재 국면에 어떤 모습을 보일 것인지 제안서"라는 문구에서 제안서는 누군가가 북한에 제시하는 제안서를 말한다고 짐작할 수 있다. 문제는 당시 누가 제안서를 작성하여 북한에 제시한다는 것일까? 그 앞에서 경기도에 '스마트팜 농장 준비 결과를 제시하라'고 요구하면서 동시에 '경기도에 제안서를 제출해달라'고 요구한다는 것은 아무래도 이상하다. 경기도와 조선아태위는 스마트팜 사업에 관하여 3차례 이상 협의한 상황하에서 리호남은 경기도의 그에 대한 준비결과를 제시하라고 요구하는 단계였기 때문이다. 반면, 쌍방울그룹은 제1회 국제대회 기간 전 또는 그 기간 중에 북한에 영문으로 투자의향서를 준 적이 있었으므로, 리호남이 방용철에게 투자의향서에서 한 걸음 더 나아가 제안서를 제출해달라고 요구하는 것은 자연스럽다. 따라서 여기에서 제안서 작성의 주체는 다름 아닌 쌍방울그룹이라고 추정할 수 있다.

리호남이 "제재 국면에 어떤 모습을 보일 것인지"라고 말한 상대방도 방용철일 것이다. 리호남이 방용철에게 위와 같이 말한 이유는 아마도 쌍방울그룹이 북한에서 요구하는 '스마트팜 지원 명목의 1천만 달러'를 지급하는 것을 주저하고 있어 쌍방울그룹의 그에 대한 결심을 촉구할 필요가 있었기 때문일 것이다.

안부수 수첩 제27면에는 아래와 같은 문구가 기재되어 있다.

쌍방울 그룹 차원에서 협약서 ⇒ 투자의향서

└, 아태와 계약

쌍방울에서 ⇒ 어찌한다는 것을 계약서 작성

1,500억 ⇒ (??)[9] (펀드)

검은돌 2억 → 주소

희토류 3억 → 그 주소

└쌍방울. 훈춘법인과 계약

안부수 수첩 제28면에는 아래와 같은 문구가 쓰여 있다.

나노스 → 능라도 / 백두산 호텔 사업 준비

안부수 수첩 제34면 이후부터는 김성태와 방용철이 2018. 11. 29.~12. 1. 안부수의 주선으로 김성혜, 박철, 리호남를 만나 협의한 사항들에 대한 메모가 등장한다. 따라서 그 앞에 있는 제27면, 제28면의 기재 문구들은 모두 2018. 11. 20.~22.경 방용철, 안부수, 리호남의 접촉에서 협의된 내용이라고 추정할 수 있다.

방용철은 2018. 11. 20.~22. 안부수의 소개로 리호남을 만난 자리에서 쌍방울그룹과 조선아태위 사이의 합의서를 작성하는 문제를 구체적

---

[9] 안부수 수첩에서 읽기 어려운 문구를 표시함

으로 협의하였고, 나노스가 북한에서의 능라도와 백두산에서의 호텔 사업, 희토류개발사업 등을 추진하는 문제도 협의하였을 것이라고 추정할 수 있다.

라. 제우스1호투자조합 관련 수원지검 수사보고

수원지검의 2022. 10. 3. 자 수사보고에 의하면, "김성태는 나노스 주가를 부양할 경우 전환가액 500원 대비 막대한 시세차익을 얻을 수 있다는 판단하에, 2018. 7.~9.경 제우스1호투자조합의 조합원들을 기망하여 나노스㈜의 지분 70% 61억 7,000만 원 상당의 전환사채를 김성태 또는 김○○ 명의로 이전"하였다고 한다. 이는 김성태가 2018. 7.~9. 경 이전부터 주가조작을 목적으로 쌍방울그룹 대북사업을 추진하기 시작했다는 것을 의미한다. 앞서 본 안부수 수첩에 등장하는 '쌍방울그룹이 안부수의 중개로 2018. 11.경 개최된 제1회 국제대회 전부터 대북 경협을 추진하였다'고 추정할 수 있는 메모 내용과도 부합한다고 할 수 있다. 수원지검은 이러한 수사보고도 무시한 채 '김성태가 이화영의 요구에 따라 스마트팜 비용 500만 달러 대납을 결심하고 2018. 12.경부터 비로소 쌍방울그룹 대북 사업을 추진하기 시작하였다'고 주장하고 나선 것이다.

마. 선행사건 재판부 판단의 부당성

이화영의 변호인은 변론 종결 이후이기는 하였으나, 안부수 수첩에 쌍방울그룹이 제1회 국제대회 개최 전부터 안부수의 중개로 북한과 경협 문제, 스마트팜 지원 명목으로 1천만 달러 지급 문제를 협의해왔음을 보여주는 문구들이 기재되어 있음을 확인하고 이를 증거로 제출하면서 변론 재개를 요청하였다. 안부수 수첩에 기재된 바와 같이, 쌍방울그룹이 제1회 국제대회 전부터 안부수의 중개로 북한과 경협 문제를 협의하고, 경기도와는 별도로 '스마트팜 지원 1천만 달러'에 관하여 협의해 온 것이 사실이라고 한다면, 김성태가 경기도를 위하여 스마트팜 비용 500만 달러를 대납하였다는 주장은 성립될 수 없기 때문이다. 그런데 선행사건 2심은 변론을 재개하지 아니하고 판결을 선고하였다. 김성태가 이화영의 요구를 받고 스마트팜 비용 500만 달러를 대납하기로 결심하고 나서야 비로소 쌍방울그룹의 대북사업이 추진되기 시작하였다고 판단한 선행사건 1심의 판단을 그대로 인정하였다.

검찰은 선행사건에 안부수 수첩을 증거로 제출할 수 있었음에도 제출하지 않았다. 이는 피고인의 정당한 이익을 옹호하기 위하여 피고인에게 이익이 되는 사실도 조사, 제출하여야 하는 검사의 객관의무를 위반한 것이다.

이화영 측으로서는 항소심 변론 종결 전에 이를 확인하지 못했으므로, 변론 재개를 신청하는 것이 변론권의 남용이라고 할 수는 없었다. 안부수 수첩은 대북송금 사건의 실체적 진실을 확인할 수 있는 매우 중요한 증거임에도 불구하고, 선행사건 2심이 이를 심리하지 않고 판결을 선고한 것은 매우 부당하다.

5 김성혜의 쌍방울그룹을 통한
      외화벌이에 대한 안부수의 협조

가. 안부수가 김성혜로부터 부탁받은 돈을 마련해주어야 할 동기, 이유

김성혜가 경기도와 스마트팜 사업이 진척되지 않음으로 인하여 곤란한 상황에 직면해 있었다고 한다면, 그들의 신임 덕분에 영향력 있는 대북브로커로 부상하고, 국정원의 협조자 지위에까지 오를 수 있었던 안부수로서는 김성혜의 곤란한 상황은 곧 안부수 본인의 위기로 받아들였을 것이다. 또는 김성혜가 곤란한 상황임을 언급하면서까지 절박하게 요구한 200~300만 달러를 마련해주는 데 성공한다면, 안부수 본인의 대북브로커로서의 지위가 한층 더 강화되고 공고해질 것이라고 기대하였을 수도 있다.

김성혜와 김영철은, '이화영의 약속', '김정은에 대한 보고', '금송농장 시범농장 지정과 돌격대 조직', '잠을 못 잘 정도로 어려운 상황' 등을 언급하는 것만으로 안부수로 하여금 김성혜의 부탁을 들어주어야 한다는 부담을 갖게 하고, 이를 통해 남한에서 200~300만 달러를 만들어 보도록 압박할 수 있는 안성맞춤인 명분이 될 수 있다고 판단했을 수 있다.

국정원 직원은 안부수로부터 '김성혜가 200~300만 달러를 만들어 달라는 부탁을 하더라'는 제보를 받고 그 목적이 '충성자금 또는 주변 뇌물용'으로 의심했다고 증언했다. 국정원에서 김성혜가 요구하는 돈을 마련해주거나 안부수가 마련해주도록 모종의 조치를 취할 수도 있는 가능성을 염두에 두었을 가능성을 생각해볼 수 있는 대목이다. 적어도 안부수는 그런 기대를 갖고 국정원의 그에 대한 적극적인 응답을 얻기 위한 목적으로 김성혜 돈 요구 사실을 국정원에 제보하였을 가능성이 높아 보인다.

그런데 국정원 직원의 분석대로 김성혜가 돈을 요구한 목적이 '충성자금이나 주변뇌물'로 제공하는 데 있었다고 한다면, 안부수로서는 그런 목적의 돈을 김성혜에게 마련해주는 것은 남한의 국가보안법에 위반될 수밖에 없어 국정원의 묵인을 받기도 어려울 뿐만 아니라 안부수 본인 입장에서도 매우 위험한 일이 될 수밖에 없었을 것이다.

김성태도 김성혜가 요구하는 돈을 만들어서 지급하여야 하는 당사자였으므로, '충성자금이나 주변 뇌물'로 사용하기 위한 돈이라고 한다면, 그 위험과 부담이 더욱 더 크다고 느낄 수밖에 없다. 물론 김성태에게 대북제재 위반이라는 부담도 무시하지 못할 정도로 컸을 것이고, 방용철이 진술한 바대로, 북한에 거액의 현금을 주는 문제를 쉽게 결단하지 못하고 고민하기도 하였는데, 그에 더하여 국가보안법 위반의 위험까지 안고 있다고 한다면, 북한에 거액의 현금을 지급하겠다는 결정을 감히 하지 못했을 수도 있다.

이러한 이해관계와 고려가 작동하여 김성혜, 김영철이 안부수에게 거짓으로 '이화영의 약속', '김정은에 대한 보고와 그의 질책', '잠을 못 잘 정도로 어려운 상황'이라는 말을 만들어내었거나 과장하고 각색하여 말을 했을 가능성이 충분하다고 할 수 있다. 또한 안부수와 김성혜, 김영철이 그런 상황과 명분을 만들어서 김성태를 설득하고, 나아가 국정원으로부터도 승인을 받거나 최소한 묵인을 얻어보자는 목적과 고려하에서 그런 말을 만들어냈을 가능성도 배제할 수 없다.

나. 안부수가 이화영과 김성혜 돈 요구에 대해 상의했을까?
1) 안부수와 국정원의 관계, 김성혜 돈 요구 사실의 비밀성

국정원은 초미의 관심사였던 김정은의 2018년 내 서울 답방 문제의 중요성, 김성혜의 지위, '김성혜가 돈을 요구하였다'는 정보의 전략적 가치 등을 고려하여 안부수의 제보 내용을 매우 중요한 첩보로 판단하였을 것이다. 국정원 문서에 의하면, 안부수 제보 내용은 2급 비밀로 지정되었다. 이에 국정원은 안부수에게도 제보 내용을 비밀로 유지하도록 지시했을 것이다.

국정원 직원은 안부수로부터 김성혜가 이화영의 약속 위반으로 인한 곤란한 상황을 호소하면서 200~300만 달러를 마련해달라고 부탁하였다는 제보를 받고 안부수에게 김성혜가 요구하는 돈의 성격을 파악해보라고 지시하였다고 증언했다. 그런데 국정원 직원은 안부수의 이런 제보를 받고도 이화영에게 아무런 확인도 해보지 않았다고 증언했다. 국정원 직원이 김성혜와 딜(deal, 거래) 가능성까지 염두에 두고 안부수에게 김성혜가 요구한 돈의 성격을 파악해보라고 지시하면서도 인척관계이자 고향 선배이기도 한 이화영에게는 직접 확인해보지는 않았다는 것은 아무래도 이상하다.

국정원 직원은 김성혜가 요구한 돈의 용도가 이화영이 약속하고도 이행하지 아니한 스마트팜 사업 지원과 관련된 것이라는 제보 자체를 믿지 못했고, 나아가서는 국정원이 파악해 놓은 정보에 비추어 이화영에게 직접 확인하는 것조차 필요하지 않을 정도로 '이화영이 약속한 스마트팜 사업용'은 아니라고 판단할 수 있었기 때문일 것이라고 추정해볼 수도 있다.

안부수가 평양 방문에서 돌아와 김성혜가 요구한 돈은 '충성자금이나 주변뇌물용'이 아닌 이화영이 약속했던 스마트팜 사업용이라고 재차 보고했으나 국정원이 이를 그대로 믿었다는 증거나 정황은 확인되지 않는다. 국정원은 두 달도 채 안 지나 안부수와의 협조자 관계를 종결지었다. 안부수가 평양 방문 후 '충성자금이나 주변 뇌물용이 아닌 이화영이 약속한 스마트팜 사업용'이라고 거듭 제보했음에도 불구하고, 국정원이 그에 대하여 특별한 조치를 취하지도 아니한 채 안부수와의 협조자 관계를 종결지었다는 것은 국정원 직원이 안부수가 쌍방울그룹을 통해 김성혜에게 돈을 마련해주고자 허위제보한 것이라고 의심했기 때문이라고 추정할 수 있다.

국정원은 안부수로부터 쌍방울그룹을 통해 김성혜에게 돈을 마련해주는 방안을 듣고는 이에 반대했다고 한다. 반대한 이유는 미국과 UN의 대북제재에 위반되고, 대한민국의 법률에도 위반되기 때문일 것이다. 국정원은 김성혜 돈 요구 관련 안부수 제보를 2급 비밀정보로 취급한 점에 비추어 안부수에게 관련 정보를 비밀로 유지하도록 지시하였을 것으로 보이는바, 안부수가 그러한 상황하에서 국정원의 반대와 국가보안법위반 등의 중대한 형사적 위험을 무릅쓰고 쌍방울그룹을 통해 김성혜에게 거액의 현금을 마련해주고자 한 이상, 이화영을 비롯한 다른 사람에게 관련 사실을 함부로 공개할 수는 없었을 것이다.

한편, 이화영과 국정원 직원은 인척 관계이고, 고향 선후배 관계였다. 이화영은 국정원으로부터 안부수를 소개받았다. 안부수는 국정원 직원이 이화영과 소통한다는 사실을 알고 있었다. 안부수로서는 국정원 직원이 반대한다면, 이화영도 쌍방울그룹을 통해 김성혜가 요구하는 돈을 마련해주는 방안을 반대할 것이라고 예상하였을 가능성이 높다. 또는, 안부수가 이화영에게 김성혜로부터 돈을 마련해달라는 부탁을 받은 사실과 쌍방울그룹을 통해 그 돈을 마련해주는 방안을 알려주는 경우 그러한 사실을 비밀로 유지하지 아니하고 국정원에게 알려줄 가능성이 높다고 보았을 수도 있다. 이러한 점들을 감안했을 때, 안부수로서는 김성혜가 요구한 돈을 쌍방울그룹을 통해 마련해주는 문제를 이화영에게 알리고, 이에 관하여 이화영과 상의할 수는 없었을 것이다.

2) 김성혜 돈 요구는 안부수와 김성태에게 '첩보'였음

방용철은 2022. 11. 15. 수원지검에서 안부수가 김성태에게 '경기도에서 스마트팜을 북한에 지원해주기로 하였는데 잘 안 되었다'고 말해주었다고 진술하였다. 여기에서 주목되는 부분은 방용철은 당시 안부수와 김성태에게 안부수의 위 말을 일종의 '첩보'와 같았다고 진술하였다는 사실이다.

답 안부수가 경기도가 스마트팜을 북한 측에 지원해주기로 하였는데 잘 안되었다는 것을 김성태 회장에게 첩보라고 해야 할까요, 그런 식으로 알려주었던 것 같습니다.

'첩보'는 사전적으로 '몰래 알아낸 정보'라는 의미를 갖고 있다. 원래는 군사적 맥락에서 '적의 동향, 군사 배치, 전략, 기밀 등을 은밀하게 수집한 정보'를 말한다. '첩보'는 비즈니스적 맥락에서도 자주 사용되기도 한다. 그 경우 '첩보'는 '경쟁사의 기술, 경영 전략, 신제품 정보, 시장 동향 등 상업적 가치가 있는 정보로서 은밀히 수집한 것'을 말한다.

방용철이 아무런 의미나 맥락도 없이 안부수가 김성태에게 '첩보'처럼 '경기도의 스마트팜 사업이 잘 안 되고 있는 사실'을 알려주었다고 진술했을 리는 없다. 방용철은 수원지검에서 진술할 때 '첩보'라는 단어를 사용함으로써 2018년 말 당시 경기도의 스마트팜 사업이 잘 안 되고 있는 사실은 안부수가 다른 사람 '몰래 알아낸 정보'로서 특별히 김성태에게만 알려준, 비즈니스적으로 가치가 매우 큰, 정보였음을 간접적으로 드러낸 것이라고 할 수 있다.

방용철은 아래와 같이 진술함으로써 안부수로부터 받은 첩보가 김성태에게 매우 유용하고 전략적 가치가 있는 비즈니스 정보였다는 점을 인정하였다.

답 그리고 PPT에 저런 내용이 들어간 것은 저희가 김성혜를 만나기 전에 안부수를 통해서 북한의 관심사항에 대한 소스를 전달받아 준비하였습니다. 저희도 북한 측에 무엇을 쥐어줘야 당연히 저희랑 무엇을 하려고 하지 않겠습니까. 저희가 북한 측에 쌍방울과 같이 대북사업을 하자고 하려면 밑밥을 주어야 하지 않겠습니까.

김성태는 당시 북한에 1천만 달러어치 내의 기부 의사를 밝히면서 대북사업을 추진하고자 하였으나 아직 성과가 나오지 않고 있는 상황하에서, 위와 같은 정보는 김성태로 하여금 김성혜가 요구하는 돈을 지급함으로써 대북사업을 파격적인 조건으로 급속하게 진척시킬 수 있다는 확신을 갖게 하였을 것이다. 안부수는 그러한 맥락과 배경하에서 김성태에게 무슨 '첩보'라도 되는 양 김성태에게 '경기도의 스마트팜 사업이 잘 안되고 있고, 그로 인하여 김성혜가 곤란한 상황에 직면해 있다'라고 알려주면서 '이를 기회로 이용하여 쌍방울그룹의 대북사업을 진척시켜 보라'고 했다고 추정할 수 있는 것이다.

또한, 방용철은 '경기도의 스마트팜 사업이 잘 안 되고 있는 사실'을 안부수가 김성태에게 알려준 '첩보'였다고 진술함으로써 이화영 등 다른 사람으로부터는 그러한 사실을 듣지 못했음을 드러낸 것이기도 하다. 따라서 방용철의 '첩보' 진술에 의하면, '이화영이 김성태에게 스마트팜 비용 대납을 요구하였다'는 김성태, 방용철, 안부수의 진술은 믿을 수 없다고 보아야 한다.

방용철의 아래 진술에 의하면, 김성태와 방용철은 안부수로부터 김성혜가 곤란한 상황에 직면하여 돈이 필요하다는 말을 듣고, 그 돈을 지급할지 말지를 고민하면서 최종 결심을 위하여 안부수와 상의하였다고 한다.

답 (중략) 안부수에게 제가 부담스러워 하니 돈을 가지고 가라고 하신 것이지요. 김성태 회장님도 정말 고민이 많으셨습니다. 쉬운 것이 아니었습니다. 김성태 회장님도 그때까지, 돈을 전달하는 과정까지, 북한 송명철은 주로 제가 만나서 들은 이야기를 주로 전달받는 상황이라 불안해 하였습니다. 북한 측이 돈을 먹고 튈 수 있으니까요. 그런데 약속한 날짜에 북한 사람들과 실제 만나기도 하여 믿을 수 있다는 생각이 들어 제가 김성태 회장님께 북한 사람들이 약속을 지킬 것 같다고 설득하는 상황이 되었습니다. 처음에는 김성태 회장님

답 제가 솔직히 안부수에 물어봤습니다. 당연히 북한 사람들이 돈을 먹고 튀는 것 아니냐고 하였습니다. 그랬더니 안부수가 의리가 있으니 걱정을 하지 말라고 하였습니다.

답 (중략) 김성태 회장님의 큰 돈이 나가는데 제가 어떻게 안 물어보겠습니다. 제가 걱정이 되어 안부수에게 돈을 가지고 나가는 것에 대해 물어보니 안부수가 자기도 대동강 맥주 사업 이야기를 하면서 시간이 걸려도 해주니 걱정하지 말라고 안심까지 시켜두었습니다.

이러한 방용철의 진술도 김성태가 북한에 스마트팜 비용 500만 달러를 지급하고, 북한 조선아태위와 2019. 1. 17. 경협 합의서를 체결할 수 있게 된 것은 안부수로부터 첩보처럼 전달받은 김성혜의 곤란한 상황에 관한 정보 덕분이고, 안수부의 중개와 조언을 따른 결과이지 이화영의 요구에 따라 한 것은 아니었음을 의미한다.

다. 김성혜 등의 이화영에 대한 독촉의 존부

이화영은 김성혜 등 북측 인사들과 직접 소통할 수 있는 채널을 갖고 있었던 것은 아니었다. 이화영과 경기도 평화협력국은 안부수를 통해서만 북측과 접촉할 수 있었다. 따라서 김성혜 등 북측 인사들이 이화영에 대하여 독촉을 하였다고 한다면, 안부수를 통해서 하였을 것이다. 그런데 안부수는 북측의 이화영에 대한 독촉을 이화영에게 전달하였다는 진술을 하지 않았다. 검사의 주장에 의하면, 안부수는 제1회 국제대회 직후 북측의 연락을 피하고 있는 이화영에게 '어떻게 된 거냐, 북한에서 자꾸 스마트팜 때문에 연락이 와가지고 지원이 안 된다고 하는데 무슨 약속을 그렇게 하셨냐'라고 말을 하였고, 이화영은 '알았습니다. 처리해야죠'라고 말했다는 것이다.

당시 이화영은 안부수를 통해 북측과 접촉하고 있었는바, 이화영이 북측의 연락을 피하고 있었다고 한다면, 그 누구도 아닌 안부수와의 접촉을 피하고 있었다는 말이다. 이러한 점에서 이 부분 안부수의 진술은 그야말로 '유체이탈 화법'으로 도무지 믿을 수 없다.

당시 경기도 평화부지사인 이화영과 대북브로커인 안부수의 관계상 두 사람 사이에 그런 식의 대화가 가능했을지 의문이기는 하지만, 그런 식의 대화가 실제로 있었다고 하더라도 이를 두고 안부수가 북측 인사들의 이화영에 대한 독촉의 의사를 전달한 것이라고 할 수 있을지도 의문이다. 안부수의 말은 '김성혜 등 북측 인사들이 이화영의 약속 위반에 대하여 불만 내지 반감을 표시하더라'는 정도로 북측 입장을 전달한 것에 불과하고, 약속의 이행을 촉구하는 의사의 전달이라고 해석하기는 어렵다.

안부수의 제보에 의하면, 김성혜는 이화영의 약속 위반으로 김정은으로부터 질책을 받고는 어려운 상황에 처하여 잠을 못 잘 정도로 힘들었다고 한다. 안부수의 제보대로 김성혜가 곤란한 상황에 처해 있었다고 하더라도 김성혜가 이화영에게 자신의 약점 또는 북한 체제 내부의 비밀에 해당될 수도 있는 자신의 곤란한 상황을 내세워 이화영에 대하여 독촉한다는 것은 상식적이지 않다. 따라서 국정원 문서에 기재된 안부수 제보를 근거로 김성혜가 이화영에 대하여 독촉을 하였다고 단정할 수는 없다.

한편, 안부수 수첩에 의하면, 김성혜는 2018. 12. 1. 안부수를 만나 "열우당 시절을 생각해 제안을 한다"고만 말했고, '이화영의 약속 이행을 독촉'하는 취지로 발언하지는 않았다. 또한, 김성혜는 '조선아태위가 곤란'하다고 언급했을 뿐이고, '김정은의 질책으로 인해 김성혜 개인이 곤란한 상황에 직면했다'는 취지로 언급한 사실은 없었다. 안부수 수첩에 등장하는 관련 메모를 구체적으로 보자.

[제34쪽]
저녁시간 ⇒ 같이 함께 대화
천진 훈춘 공장 법인

나노스

〈스마트팜〉 지원 부분

황해도 시범농장 ⇒ 경기도

　　└ 긴급 → X

묘목 - 밀가루

　　⇓

아태 → 안 되면 사기꾼으로서 → 겨울 동안 건설해야 한다.

[35쪽]

11/29

　황주군 금송농장(열악함, 기다리는 중 → 아태가 곤란) 황해도

※ 돌격대 조직(2,000명 정도 준비) - 시범농장

TV 잘 봤다.

[37쪽]

12/1

방북자 명단

쌍방울 내의건 마무리. 의류 안 됨

원칙은 의류(상표 있는 것) 받지 말 것

남 사상이 드러남

경기도 이화영 지원 부분 어쩔 것인지? 스마트팜 지원문제

열우당 시절을 생각해 제안을 한다.

문이 열리면 이화영 선생만 하겠나
　　　성혜 ⇒ 말

위와 같은 김성혜의 발언에 대한 메모에 이어 아래와 같은 박철의 발언에 대한 메모가 등장한다.

　　숭실대 ⇒ 12/15일 정도 → 이후
　　　　제안서 ⇒
　　박철 부위원장 ⇒ 스마트팜 해결 못 하면, 비키라는 내용. 다시 못 볼 수 있다.

이어서 안부수 수첩 제42면에는 아래와 같은 메모가 등장한다.

　　1. 경기도 제안서나 묘목 등(문서로 보내줄 것)
　　2. 경협 문서로 보낼 것
　　　쌍방울 → 사업자 첨부 인감 첨부
　　　※ 희토류 금광 "합의서, 계약서"

안부수 수첩에 등장하는 박철의 발언("스마트팜 해결 못 하면, 비키라는 내용. 다시 못 볼 수 있다.")을 이화영에 대한 독촉으로 읽을 수 있을까?

박철의 발언에 대한 메모는, 그에 앞서 김성혜로 추정되는 북측 인사가 한 것으로 보이는 '이화영과의 열린우리당 시절 인연을 생각해서 피고인이 평화부지사를 맡고 있는 경기도에 북한과 스마트팜 지원 사업을 할 수 있는 기회를 우선 주겠다'는 취지의 시혜(施惠)적인 발언에 대한 메모 다음에 바로 등장하는 것이 아니라, 일단 대화의 주제와 소재가 변경되고 나서 그 이후에 등장한다는 점에 주목할 필요가 있다.

김성혜로 추정되는 북측 인사의 시혜적 발언에 대한 메모에 이어서 "숭실대 ⇒ 12/15일 정도 → 이후, 제안서 ⇒"라는 문구가 써 있다. 이 문구들은 김성혜로 추정되는 북한 인사의 이화영 관련 발언과는 주제와 소재가 완전히 다른 내용의 대화에 대한 메모다. 그 다음에 비로소 박철의 위 발언에 대한 메모가 등장한다.

박철의 발언에 대한 메모의 위치에 비추어 보면, 박철의 발언은 김성혜로 추정되는 북한 인사의 이화영에 대한 시혜적 발언과는 직접 관련이 없고, 이화영이 아닌 다른 상대방 즉, 당시 김성혜, 박철, 리호남을 만나 쌍방울그룹의 대북 경협을 협의하고 있는 상대방인 김성태, 방용철에 대하여 한 것이라고 추정할 수 있다.

박철의 발언은 그 상대방이 경기도나 이화영으로 명시되어 있지 아니한 데다가 앞서 본 김성혜의 발언으로 추정되는 문구들의 맥락이나 뉘앙스와는 사뭇 달라서 이를 이화영이나 경기도에 대한 최후 통첩성 발언으로 단정할 수는 없다. 김성혜로 추정되는 북측 인사가 안부수를 통해 전달하는 형식으로 이화영과 경기도에 시혜적으로 기회를 주는 것처럼 말했었고, 그 이후 대화의 소재와 주제가 일단 다른 내용으로 변경되었는데, 박철이 그 이전의 화제로 다시 돌아가 김성혜로 추정되는 북측 인사의 발언 맥락이나 톤과는 전혀 다르게 이화영이나 경기도에 대하여 최후통첩성 발언을 한다는 것은 매우 어색하다. 또한, "다시 못 볼 수 있다"는 말은 대면하고 있는 상대방에 대하여, 그 자리에서 즉시 또는 가까운 시일 내에 북측의 요구사항을 수용하지 않으면, 더 이상 추가 협상을 하지 않겠다는 말이라는 점에서도 그 상대방은 이화영, 경기도가 아닌 김성태와 방용철이라고 보는 것이 합리적이다.

안부수는 2023. 4. 18. 선행사건에 증인으로 출석하여 검사의 주장에 반하는 종전의 증언을 번복하면서도 2018. 11. 29.~12. 1. 김성태와 김성혜가 처음 만났을 때 김성혜로부터 들은 이화영 약속 위반은 과거 이화영의 국회의원 시절의 일로 기억한다는 진술을 그대로 유지했다. 이러한 안부수의 진술에 의하더라도 김성혜와 박철이 당시 이화영이 2018. 10. 방북시 약속한 스마트팜 사업 미이행을 문제삼아 발언한 것은 아니었을 것이라고 짐작할 수 있다.

앞서 본 바와 같이 쌍방울그룹은 제1회 국제대회 이전부터 대북 경협을 구체적으로 협의해왔었고, 경기도와는 별도로 '1천만 달러 상당의 스마트팜 농장 지원' 문제도 함께 협의해왔음이 확인된다. 안부수 수첩에 메모된 박철의 최후통첩성 발언은 쌍방울그룹이 북한과 협의해온 '1천만 달러 상당의 스마트팜 농장 지원'을 약속하지 못한다면, 그동안 북한이 쌍방울그룹과 협의해온 대북 경협 문제와 관련하여 협의를 계속할 생각이 없음을 고지하는 취지로 해석할 수 있는 것이다.

김성태는 2018. 12. 29.~30. 대북접촉에서 북남협력제안서로 '협동농장지원(단계적으로 300~500만 달러 지원)'을 약속하였는바, 이는 300~500만 달러를 2회 이상 지원한다는 것으로 '1천만 달러 상당의 스마트팜 농장 지원'을 구체적으로 약속하는 취지로 해석할 수 있다. 이에 따라 2018. 12. 29.~30. 접촉에서 쌍방울그룹과 북한은 2019. 1. 17.자 협약서 체결에 구체적으로 합의했을 것이다. 안부수 수첩에 등장하는 '2. 경협 문서로 보낼 것', '쌍방울→사업자 첨부, 인감 첨부', '희토류 금광 합의서 계약서'라는 문구는 박철이 김성태, 방용철에게 고지한 최후통첩이 효과를 발휘하여 쌍방울그룹과 조선아태위가 합의에 도달한 사실을 뒷받침한다.

라. 안부수의 '유체이탈 화법', 진술의 신빙성

안부수 본인의 국정원 제보 내용과 관련 경위를 종합해보면, 안부수야말로 김성태와 공모하여 북한에 거액의 현금을 지급한 주범이다. 그럼에도 불구하고 수원지검은 안부수에 대해서는 안부수 본인이 중국 심양으로 밀반출한 14만 5,040 달러와 180만 위안에 한정하여 김성태와 공모한 것으로 기소하였다. 안부수의 형사 책임을 경감시켜주고, 진술 변경을 회유하였다고 의심할 수밖에 없다.

수원지검은 이화영, 방용철을 외국환거래법 위반으로 기소한 2023. 3. 21. 이틀 전인 2023. 3. 19. 김성태를 위 사건에 대한 참고인으로 소환하여 방용철, 안부수, 김○○, 채○○, 박○○과 대질시켜 조사했다. 이날 조사에서 위 6인은 수원지검의 '800만 달러 대납 프레임'에 완벽하게 부합하는 진술을 번갈아 가면서 하였다. 그 이전에 김성태가 하였던 수원지검의 '800만 달러 대납 프레임'과 상반되거나 불일치하는 진술은 이 조사에서 모두 변경되었다.

[선행사건 기소 전 안부수의 스마트팜 관련 진술]

안부수는 2023. 1. 31. 선행사건이 병합 기소되기 전의 이화영에 대한 특가법위반(뇌물) 사건에 증인으로 출석하여 아래와 같이, 김성태와 방용철이 이화영과 스마트팜 비용에 대해 상호 협의하거나 김성혜가 곤란한 상황에 직면하였다는 것은 전혀 알지 못한다고 진술하였다.

문 증인은 그날 이후 김성태와 피고인 방용철이 김성혜가 요구한 스마트팜 사업 비용과 관련하여 피고인 이화영과 어떻게 논의를 하였는지 알고 있는가요.

답 전혀 모릅니다.

문 증인은 경기도가 북한에 스마트팜 사업 비용을 지급해 주지 못하는 바람에 김성혜가 북한에서 어떠한 곤란한 상황에 처했는지에 대해서 들은 것이 있는가요.

답 들어본 적 없습니다.

그러나 안부수는 2023. 3. 19. 김성태에 대한 피신조사에서 방용철, 김○○, 채○○ 등과 대질을 하면서 이화영으로부터 직접 '2018. 10.경 2차 방북에서 돌아와 대북제재에 걸릴 수 있다는 생각도 못 하고 북한에 스마트팜 50억 원을 지원해주기로 했다'는 말을 들었다고 진술을 변경하였다. 김성태가 2023. 1. 28. 이후 수원지검에 한 진술에 맞추어서 안부수도 진술을 변경한 것이다.

문 또한 2차 방북 직후에 이화영 부지사가 저를 만나서 "북한에 스마트 팜에 50억원을 해주기로 하고, 인도적 지원에 30억원을 해주기로 했다"라고 말했었습니다. 그 때만 해도 이화영은 그것이 대북제재에 걸릴 수 있다는 생각은 하지 못하고 있었던 것 같습니다. 저한테도 국제대회 5억원 지원을 해주겠다고 약속했다가 2018. 10. 하순경 2차 방북 하고 나서 3억원 밖에 해주지 못한다 하면서 2억원은 쌍방울 후원을 받아주겠다고 했었습니다. 패턴이 똑같습니다. 일단 아무것도 알아보지도 않고 약속해서 상대방이 준비하도록 해놓고서는 나중에 안된다고 하는 것입니다.

안부수는 2023. 4. 18. 선행사건에 증인으로 출석하여 위 대질신문에서 김성태, 방용철로부터 들은 말과 일치되게, '이화영이 방북하여 스마트팜 비용 500만 달러 지원을 약속하였다', '그 불이행으로 곤란한 상황에 직면한 김성혜로부터 독촉을 받고는 김성태에게 그 대답을 요구하였다'고 증언함으로써 종전의 증언을 번복하였다.

['유체이탈 화법']
경기도와 북한 사이의 스마트팜 사업 협의 과정에서 안부수가 한 역할에 비추어 '이화영이 2018. 10.경 방북하여 김성혜에게 스마트팜 비용 500만 달러를 약속하였다'고 한다면, 안부수는 즉시 이를 알 수 있었다고 보아야 한다. 그런 안부수가 2018. 11. 29.~12. 1. 김성혜의 말을 듣

고 처음으로 이화영의 약속을 알게 되었다는 것은 믿을 수 없다.

또한, 안부수는 쌍방울 대북송금에 주도적으로 관여하였음에도 불구하고 안부수는 자신은 관여한 바가 없었다는 듯이, '이화영이 김성태에게 스마트팜 비용 500만 달러 대납을 요구하더라', '김성혜가 안부수 본인에게 부탁한 200~300만 달러는 그와는 별도이다'라는 취지로 진술하였다. 전형적인 '유체이탈 화법'이다.

안부수의 변경된 증언대로, 이화영이 2019. 1. 17. 합의서 체결할 무렵에도 이화영이 안부수에게 쌍방울 내의 1천만 달러어치를 팔아서 50억 원을 맞추자고 했다고 한다면, 안부수가 쌍방울그룹을 통해 김성혜에게 돈을 마련해주기 위해서 성사시킨 김성태와 김성혜의 만남 등과 같은 일련의 과정을 이화영은 전혀 모르고 있었다는 말밖에 안 된다. 이런 점에서 안부수의 이 진술은 '이화영이 김성태에게 스마트팜 비용 500만 달러 대납을 요구하였다'는 검사의 주장과 모순됨을 우선 지적해둔다.

다른 한편으로, 이화영이 '쌍방울 내의 1천만 달러어치를 팔아서 북한에 현금을 주자'고 말했다는 것은 상식적으로 믿을 수 없다. 쌍방울그룹이 북한에 지원하겠다고 한 쌍방울 내의 1천만 달러어치는 재고 상품으로 중국에 이를 내다 팔 수 있는지도 의문이고, 재고 상태에 있는 내의에 책정되었던 정가대로 판매할 수 있는 것도 아니어서 팔리더라도 50억 원을 마련할 수도 없었다. 이화영이 이러한 사정도 모르고 쌍방울그룹에 그런 식으로 제안하고, 심지어는 쌍방울그룹과 북한 조선아태위 사이에 주고받을 돈에 대한 합의가 이루어져 2019. 1. 17. 자 합의서를 체결하는 현장에서도 그런 식으로 계속해서 대납을 요구했다는 것은 더욱 더 상식에 맞지 않다.

방용철은 김성태와 김성혜가 처음 만난 2018. 12. 1.경 리호남이 그런 식으로 말하면서 '쌍방울 내의 1천만 달러 지원 대신 스마트팜 비용 500만 달러를 달라고 제안하였다'고 진술하였다. 리호남으로서는 김성태, 방용철에 대하여 내의 지원 대신에 현금을 지급 하도록 압박하고 설득하기 위한 협상용으로 위와 같이 말하는 것은 매우 효과적인 협상용 발언이 될 수 있었을 것이다.

그러나 이화영이 김성태나 안부수에게 그런 식으로 말했다고 한다면, 이는 매우 엉뚱하고, 부자연스럽고, 부적절하기까지 한 발언이다. 명색이 국회의원까지 역임한 이화영이 이런 엉뚱하고, 부자연스럽고, 부적절한 발언을 반복적으로 했다는 것은 상식적이지 않다. 안부수는 김성태, 방용철과 입을 맞추어 증언을 하다 보니, 방용철로부터 들은 리호남의 협상용 발언을 마치 이화영이 한 것처럼 허위로 증언하게 된 것이라고 의심할 수밖에 없다.

이상에서 살펴본 바와 같이, 이화영이 김성태에게 스마트팜 비용 800만 달러 대납을 요구하였다는 안부수의 진술은 일관성이 없을 뿐만 아니라 전형적인 '유체이탈 화법'으로 믿기 어렵다.

그럼에도 불구하고 선행사건 1심은 '대체로 일관되고, 객관적 사실관계와 모순되는 부분을 찾기 어렵고, 허위 진술할 뚜렷한 동기도 찾기 어렵다'고 하면서 안부수의 진술은 신빙성이 있다고 판단하였다. 선행사건 1심의 이런 판단이 정당하다고 할 수는 없다.

마. '안부수의 개인적 이해관계'에 대한 선행사건 2심 판단의 부당성

선행사건 2심은 "당시는 김성태가 안부수와 알게 된 지 얼마 되지 않은 시점으로 별다른 신뢰 관계가 형성되지도 않은 안부수의 말만 듣고 대북사업을 결심하면서 500만 달러라는 거액을 북한 측에 지급한다는 것은 경험칙상 수긍이 가지 않는 점, 안부수는 당시 김성혜 외에도 김영철 등의 두터운 신뢰를 받고 있었고, 스마트팜 비용 지급을 책임질 특별한 사정도 없었던 점, 달리 위 주장 사실을 뒷받침하는 별다른 자료도 보이지 않는 점 등"을 근거로 들어 안부수의 개인적인 이해관계로 쌍방울그룹을 통해 김성혜가 요구했다는 돈을 지급하게 된 것으로 볼 수는 없다고 판단하였다.

우선, 안부수가 김성태를 안 지 얼마 안 되었다고 단정할 수 없다. 아태협 관련자인 정○○, 김○○, 김○○ 등은 수원지검에서 '안부수가 오래 전부터 김성태를 잘 안다. 20년 지기다'라고 말하는 것을 여러 번 들었다고 진술하였다. 안부수 자신도 2023. 1. 16. 선행사건 1심 증인으로 출석하여 '김성태는 만난 지는 오래되었다'고 증언하기도 하였다. 안부수가 선행사건 기소일인 2023. 3. 21.로부터 이틀 전인 2023. 3. 19. 수원지검에서 김성태 등과 대질한 후 재차 선행사건에 증인으로 나와서는 이화영의 부탁으로 '김성태를 안 지 오래되었다'고 거짓으로 진술하였을 뿐이라고 증언하였으나, 이 증언을 믿기는 어렵다.

안부수는 두 번이나 평양을 방문하였는데, 두 번째 평양 방문은 김성태가 김성혜를 처음 만난 직후에 이루어졌다. 이 평양 방문 시 안부수는 북한의 실력자인 김영철, 김성혜를 초대소 등에서 만나 극진한 대접을 받았다. 당시 안부수는 김성태로부터 친서를 받아 북한에 전달해주기도 하였다. 김성태로서는 대북사업을 실제로 하고자 하는 진지한 의사는 없었고, 주가조작에 이용하고자 하였을 뿐이므로, 그런 안부수를 신뢰하지 못할 이유가 없었다.

안부수는 김영철, 김성혜의 신임에 기초하여 영향력 있는 대북브로커로 부상하였고, 경기도와 북한 사이의 황해도 스마트팜 시범농장 사업은 앞서 본 바와 같이 안부수 본인의 사업이기도 하였다.

이러한 관계에 비추어 안부수가 2차 평양 방문 당시 김영철에게 '이화영을 소개한 사람인 자신이 해결책을 찾아보겠다'라고 말하는 것은 전혀 이상한 일이 아니다. 김성혜의 부탁에 이어 북한의 실력자인 김영철이 직접 도와달라고 했으니, 안부수로서는 어떻게든 김성혜가 부탁한 200~300만 달러를 만들어주어야겠다고 다짐할 수밖에 없었을 것이다.

선행사건 2심은 이러한 안부수의 이해관계를 보지 못한 나머지 '김성혜 외에도 김영철 등의 두터운 신뢰를 받고 있었고, 스마트팜 비용 지급을 책임질 특별한 사정도 없었다'고 잘못 판단한 것이다.

6 스마트팜 비용 대납 관련 김성태 진술의 비일관성

가. 강제송환된 김성태의 최초 진술

김성태는 국내로 강제송환된 다음 날인 2023. 1. 18. 수원지검에서 조사를 받았다. 이날 조사에서 김성태는 그 이전 쌍방울그룹 임원들과 안부수의 진술에서 나오지 않았던 '800만 달러 대납'에 관한 진술을 쏟아냈다. 이화영 당시 경기도 평화부지사가 '경기도를 위해 대납해달라고 하여 북한에 800만 달러를 지급했다'는 것이다.

[술김에 처음 만난 김성혜의 300~500만 달러 요구 승낙]

김성태는 2018. 11. 29.~12. 1.경 중국 심양에서 방용철, 안부수와 함께 김성혜, 박철, 리호남을 만났는데, 처음 만난 '김성혜로부터 300~500만 달러 요구를 받고 술에 취한 김에 해주겠다고 하였다'고 진술했다.

[김성혜와 첫 만남 이후 이화영에게 스마트팜 지원 못 한 이유 물어봄]

김성태는 김성혜와의 첫 만남 직후 이화영을 만나 이화영에게 '이화영이 황해도 스마트팜에 300~500만 달러를 지원하겠다고 해서 준비를 했는데 이화영이 지원을 하지 않아서 곤경에 처해 있다'는 김성혜의 말을 들려주고, 북한에 스마트팜을 지원하지 못한 이유를 물어보았더니, 이화영이 '대북제재 때문이다'라고 답하더라고 진술했다. 이화영의 권유로 김성혜를 만난 것은 아니라는 말이다.

답 제가 한국에 와 가지고 이화영에게 '안부수를 통해서 김성혜를 만나고 왔다'고 말을 하였더니 이화영이 김성혜가 대단한 여자라고 하였습니다. 제가 물어봤는지 방용철이 물어봤는지 모르겠는데, 이화영에게 왜 북한에 지원을 해주지 않냐고 하니, 이화영이 대북 제재 때문에 지원을 해주지 못한다고 하였습니다.

[김성혜와 첫 만남 이후 이화영에게 대북사업을 하겠다고 말함]

김성태는 김성혜와의 첫 만남을 끝내고 귀국하고 나서 이화영 당시 경기도 평화부지사에게 '술을 먹고 김성혜에게 실수한 얘기와 김성혜가 해달라는 것을 해주고 대북사업을 하겠다는 얘기'를 해주었다고 진술했다. 이 말을 들은 이화영이 '김성혜가 실력자니까 김성태가 그렇게 해주면 경기도도 좋지 않겠냐'고 호응했다고 진술했다. 이때까지만 하더라도 김성태는, 이화영으로부터 대북사업 관련 조언을 받은 것일 뿐이고, 이화영이 김성태에게 스마트팜 비용 대납을 요구한 것은 아니었다고 진술한 셈이다. 대북사업을 결심한 것도 술김에 김성혜가 요구한 돈 300~500만 달러를 주겠다고 말해버리고 나서였고, 이화영으로부터 스마트팜 비용 500만 달러 대납 요구를 받고 결심한 것은 아니었다고 진술한 셈이다.

답 제가 이화영에게 술을 먹고 김성혜에게 실수를 한 이야기를 하였고, 김성혜가 해달라는 것을 해주고 대북사업을 하겠다는 이야기도 하였습니다.

[김성혜와 첫 만남 이후 이화영이 김성혜를 만나게 해달라고 함]

김성태는 이화영에게 김성혜와 만나 대북사업을 협의한 사실을 말해주었고, 이 말을 들은 이화영이 김성태에게 자기와 경기도 평화협력국장도 김성혜를 만날 수 있게 해달라고 부탁하였다고 진술했다.

답 예. 이것 때문에 만난 것은 아니고, 제가 원래 이화영하고 몇 개월에 한번씩 만나서 소주를 마십니다. 그때 제가 이화영에게 김성혜를 만나서 협의를 했고 실무진들과 만나기로 하였다고 하니, 이화영이 그러면 경기도의 평화협력국장과 자기도 만나게 해달라고 하여 그렇게 하자고 하였습니다.

[자료 확인, 변호사 상의 후 대북송금 진술하기로]

김성태는 이날 조사에서 2019. 1.경 및 11. 말~12. 말경의 대북송금에 대한 신문도 받았으나 구체적인 진술은 하지 않았다. 그 대신 '송명철 등에게 돈을 지급하고 영수증은 돈 지급 시마다 포스트잇 같은데 받아서 보관했었는데 어디에 있는지 모르겠다'고 하면서 '정확한 경위나 금액은 추후 자료를 보고 변호사와 상의한 후 진술하겠다'고 하여 진술을 미루었다.

답 영수증을 받았는데, 제가 찾아보려고 하니 없었습니다. 영수증이 크게 써준 것은 아니고 포스트잇에 써서 주었습니다. 돈을 건네줄 때마다 나눠서 써준 것으로 기억합니다.

답 제가 집이나 사무실에 원래는 합의서하고 포스트잇 같은 영수증 몇장을 같이 보관했었는데, 지금은 어디 있는지 모르겠습니다.

나. 2023. 1. 28. 자 김성태에 대한 피신조서

[대북송금 총액은 860~870만 달러]

김성태는 첫 피신조사일로부터 10일 후인 2023. 1. 28. 다시 수원지검에 출석하여 조사를 받았다. 첫 피신조사 때 '정확한 경위나 금액은 추후 자료를 보고 변호사와 상의한 후 진술하겠다'고 했고, 그로부터 10일의 기간도 주어졌으므로, 대북송금 경위를 파악하고, 변호사와도 상의하고 나서 이날 피신조사를 받았을 것이라고 추정할 수 있다. 그런데 김성태는 '2019. 1.경 200만 달러, 2019. 4.경 300만 달러, 2019. 11.경 300만 달러, 2019. 7.경 60~70만 달러 등 합계 860~870만 달러를 주었다고 진술했다. 검사가 주장하는 대북송금 총액 800만 달러보다 많은 860~870만 달러를 북한에 주었다고 진술한 것이다.

[이화영의 대납 요청을 받고 나서 사실 확인차 김성혜 처음 만남]

첫 피신조사에서는, 2018. 11. 29.~12. 1.경 중국 심양에서 처음 만난 김성혜로부터 돈을 요구받고 술김에 주겠다고 하고 나서 이화영에게 그 얘기를 해주고 북한에 스마트팜 지원을 해주지 못한 이유도 물어보았다고 진술했던 김성태는, 이날 피신조사에서는 말을 완전히 바꾸어, 김성혜와의 첫 만남 이전에 이화영으로부터 '방북해서 김성혜에게 500만 달러를 약속했으나 경기도가 돈을 줄 수 없는 사정'에 대해 먼저 설명을 들었고, 그 이후 이화영의 말이 사실인지 확인하기 위한 목적으로 김성혜, 리호남 등을 접촉하게 되었다고 진술했다. 이날 피신조사에서 김성태가 진술하는 사실관계의 큰 줄기가 검사의 대납 프레임에 부합하는 방향으로 변경된 것이다.

답 제가 이화영이 방북을 하기 전에 1000만 불 내의를 기부하겠다고 제안을 한 적이 있었습니다. 그러고 나서 방북한 이후 가을 쯤이었는데 이화영이 '자기들이 김성혜랑 노무현 재단 사람들끼리 만찬을 하였는데 황해도 스마트팜 돌격대에 500만 불을 지원해달라고 제안을 하였고, 옆에 있던 이광재 지사가 경기도의 평화기금이 많이 있지 않으냐 해주면 되지 않느냐'고 하였고 이화영이 거기서 '제가 그것을 하려고 온 것이 아니냐'고 하였다고 하였습니다. 그렇게 엄청 좋은 술을 북한 사람들과 같이 먹었고, 김영철이 다시 초대를 하여 대접을 하고 김정은에게 보고까지 하였다고 하였습니다. 그런데 이화영이 서울에 돌아와서 알아보니 대북 제재 때문에 줄 수가 없으니 골치가 아프다고 하였습니다. 그래서 이화영이 제가 대북사업에 관심이 있는 것을 알고 저한테 대신 500만 불을 내주면 경기도나 이재명 지사가 그것을 잊겠느냐고 하였습니다.

[이화영으로부터 들었다는 말, 단순 조언에서 대납 요구로 달라짐]

김성태는 첫 피신조사에서는 이화영에게 '술김에 김성혜가 요구한 300~500만 달러를 주겠다'고 말한 사실을 얘기해주고, '김성혜가 요구하는 돈을 주고 대북사업을 하겠다'는 본인의 결심을 말하고 나서, 이화영으로부터 조언 정도를 들었다고 했었는데, 이날 피신조사에서는 말을 완전히 바꾸어 '이화영으로부터 대납 요구를 받았다'고 진술했다. 김성태가 이화영에게 '500만 불을 안 주면 경기도와 인연이 끊어지게 생겼는데 어떻게 하겠냐'고 물어보았고, 이에 대하여 이화영이 '이 지사가 잘

되면 쌍방울 생각을 해주지 않겠느냐, 그리고 대북제재가 완화되면 더 잘되지 않겠느냐'라고 하면서 대납을 요구했다고 진술을 변경 것이다.

다. 김성태 진술의 신빙성 평가

김성태의 진술 변경은 어떤 개별 사실에 대한 것이 아니라 김성혜와 첫 만남 전과 후에 그와 관련하여 이화영과 나눈 대화의 핵심적인 주제에 관한 것으로 단순히 착오로 잘못 진술할 수도 있는 그런 내용이라고 볼 수 없다. 이화영으로부터 스마트팜 비용 500만 달러 지원 요구를 받고서 김성혜를 처음 만났는지 아니면, 김성혜를 처음 만나고 나서 이화영에게 사실 확인차 물어보고, 김성혜가 요구하는 돈을 주고 대북사업을 하겠다는 본인의 결심을 얘기했는지는 착오로 잘못 진술하기는 어렵다. 김성태는 첫 조사에서 이화영에게 뇌물을 준 사실을 인정하였기 때문에 이화영을 보호하기 위하여 대북송금에 대해 거짓으로 진술할 이유는 없었다. 첫 조사에서의 진술이 진실에 더 가깝고, 그로부터 10일 후 이루어진 두 번째 조사에서의 진술은 검사의 요구에 따라 변경한 것이라고 의심할 수밖에 없다.

7 이화영이 모르쇠로 일관한다는 검사의 부당한 공격에 대하여

가. 검사의 주장

검사는 선행사건 항소심 결심 공판에서 "이화영은 언제까지 모르쇠로 일관할 것인가?"라는 선정적인 제목으로 프레젠테이션을 했다. 이화영이 김성태에게 2018. 10.경 방북 시 북한에 약속한 스마트팜 비용 500만 달러와 2019. 7.경 약속한 방북 의전 비용 300만 달러를 대납하게 한 사실이 있음에도 불구하고, 이재명 당시 경기도지사의 관여 사실을 숨기기 위해 아무것도 모른다고 발뺌하고 있다고 비난한 것이다.

검사는 이화영이 2012. 9. 6. 쌍방울그룹 계열사 사외이사로 쌍방울 내의 품평회에 참석하여 김성태와 함께 찍은 사진, 2018. 10.경 전후 스마트팜 사업을 비롯한 경기도 남북교류협력사업에 대한 적극적인 추진 의지를 표명한 사실, 2018. 11.경 김성태가 중국 심양에서 김성혜, 박철을 만나 찍은 사진이 이화영의 스마트폰에서 발견된 사실, 이화영이 2019. 1. 17. 자 쌍방울그룹과 조선아태위 사이의 합의서 체결 현장에 등장한 사실 등을 근거로 제시하면서, 이화영이 김성태에게 대납을 요구하여 쌍방울 대북송금이 이루어진 사실을 잘 알고 있으면서도 부인한다고 비난하였다.

나. 이화영이 안 사실, 알지 못한 사실

이화영은 검사가 주장한 것처럼 쌍방울그룹과 북한이 상호 간 경협을 추진한 사실에 대하여 아무것도 모른다고 진술한 사실이 없다. 이 점만으로도 "이화영은 언제까지 모르쇠로 일관할 것인가?"라는 검사의 주장은 허위사실로 이화영을 공격한 것으로 매우 부당하다.

이화영은 쌍방울그룹이 제1, 2회 국제대회와 아태협 등을 후원해준 사실, 안부수의 도움으로 제1회 국제대회에 방용철, 양선길을 참석시켜 송명철을 만나게 한 사실, 북한과 쌍방울 재고 내의 1천만 달러어치 지원 등 인도적 지원과 경협 문제를 협의한 사실, 2019. 1. 17. 중국 심양에서 조선아태위와 합의서를 체결한 사실은 알고 있었고, 그 점에 대해서는 부인한 적은 없었다.

다만, 이화영은 2018. 10.경 북한에 스마트팜 사업 지원 또는 그 비용 500만 달러 현금 지원을 약속하거나 김성태에게 800만 달러 대납을 요구한 사실이 없고, 김성태가 북한에 800만 달러를 현금으로 지급한 사실은 몰랐다고 진술하였을 뿐이다.

이화영이 위와 같이 알고 있었다고 진술한 전자의 사실을 근거로 하여 후자의 사실관계까지 알고 있었을 것이라고 추정할 수는 없다. 2019. 2. 말경 하노이 북미정상회담이 결렬되기 전까지 한반도 정세와 국내의 정치적 분위기는 북미 간 비핵화와 관계 정상화 합의로 대북제재가 해제될 수도 있다는 낙관적 전망이 매우 우세하였다. 이화영은 이러한 낙관적 전망하에서 쌍방울그룹이 북한과 경협을 추진하고 2019. 1. 17. 자 합의서를 체결한 사실을 알고, 이를 자연스럽게 받아들였을 뿐이다.

이화영은 국정원으로부터 안부수를 소개받는 과정에서 국정원이 안부수를 통해 김성혜 관련 정보를 얻고자 할 만큼 안부수와 김성혜 관계가 특별히 밀접하다는 사실을 알게 되었고, 경기도의 남북교류협력사업도 안부수의 중개로 추진하고자 했다. 이러한 상황하에서 이화영은 안부수가 쌍방울그룹의 대북 경협 추진을 중개하면서 김성혜를 활용한다는 사실도 알게 되었다. 당시의 정세와 분위기상 김성태가 김성혜를 만난 사실 자체는 당시로서는 이화영에게 특별한 일은 아니었다.

한편, 안부수나 김성태, 방용철로서는 국정원에서도 주목하는 김성혜를 만난 사실은 이화영에게 자신의 존재감을 과시할 수 있는 소재였을 것이다. 안부수, 김성태, 방용철 중 한 사람이 이화영에게 김성태와 김성혜, 박철이 함께 있는 사진을 보냈다고 한다면, 그러한 과시 목적으로 보냈을 것이라고 볼 수 있다. 따라서 검사가 주장하는 것처럼, 이러한 사실관계를 근거로 김성혜가 이화영에 대하여 스마트팜 비용 500만 달러 지원 약속 이행을 독촉하고 있었다거나 이화영이 김성태에게 그 대납을 요구하여 김성태가 김성혜를 만나게 된 것이라고 추정할 수는 없다.

검사가 이화영의 핸드폰에서 발견했다는 2018. 11. 29.경 김성태, 김성혜, 박철이 함께 찍은 사진도 이화영이 스마트폰에 보관한 수많은 사진 중의 하나였다. 이화영은 선행사건 항소심 결심 공판에서 검사의 주장에 대하여 항변하면서 그와 관련하여 특별한 기억을 갖고 있지는 않다고 진술했다. 다만, 이화영은 김성태가 남한의 다수 기업가들을 외화벌이 대상으로 이용한 전력이 있는 리호남을 빈번하게 만난다는 사실은 당시 알지 못했고, 만일, 그런 사실을 알았다고 한다면, 김성태에게 그 위험성을 경고해주었을 것이라고 진술하였다. 공교롭게도, 김성태 또는 방용철이 이화영에게 보냈다는 사진에는 리호남은 빠져 있다. 김성태, 방용철, 안부수도 리호남을 접촉한 사실만은 이화영에게 비밀로 유지하고자 하였다고 추정할 수 있는 대목이다.

이화영은 쌍방울그룹의 사외이사로 선임되었다. 경기도 평화부지사 취임 이후 이화영의 지인이 쌍방울그룹 법인카드를 사용한 것이 선행사건에서 뇌물, 정치자금법 위반으로 인정되기도 하였다. 이화영으로서는 그에 대한 법적, 윤리적 평가를 무겁게 받아들일 수밖에 없을 것이나, 그로 인하여 이화영이 형사적, 정치적으로 도박에 가까운, 김성태에게 800만 달러를 대납하게 하는 행위를 할 만한 동기를 갖게 되었다고 할 수는 없다. 김성태는 쌍방울그룹의 대북 경협을 추진하면서 전환사채 발행 등으로 막대한 차익을 얻었을 것으로 추정되나 이화영이 그 수익을 분배받거나 분배받기로 약속한 사실도 없었다.

다. 이화영이 2019. 1. 17. 자 합의서 체결식 참석에 대하여
1) 이화영 일행이 김성태와 함께 등장한 경위

안부수는 2023. 1. 31. 선행사건 1심에서 '북한은 경제력도 부족할 뿐만 아니라 여행의 자유도 없기 때문에 북한의 관리 또는 고위직에 있는 사람이 해외로 나와서 남측 사람을 만날 때는 자주 나오기가 어려우니 한 번 나오는 김에 자기가 만나고 싶은 여러 팀을 불러서 순서대로 만난다'고 증언하였다. 2019. 1. 17. 중국 심양 회의도 '이화영과 김성태가 북한의 송명철이 심양으로 한 번 나온 김에 각각 송명철을 만나게 해달라고 해서 안부수 본인이 북측과 쌍방울, 북측과 경기도의 회의를 주선한 것이었다'고도 증언하였다. 이러한 북한의 사정으로 인하여, 안부수는 송명철이 경기도와 쌍방울그룹을 만나는 일정과 장소를 별도로 정하지 못하였을 것이다. 또한, 북미정상회담 성공으로 대북제재가 해제될 것이라는 전망이 높아지면서 쌍방울그룹과 같은 사기업이 대북 경협을 위하여 북한 인사들을 접촉하는 것이 그렇게 이상한 일은 아니라고 받아들여 질 수 있는 상황적 요인도 작용하였을 것이다.

이화영은 안부수로부터 중국 심양 소재 캠핀스키호텔에서 2019. 1. 17.과 18.진행될 북한과 회의를 통보받았다. 숙박은 인근에 있는 샹그릴라호텔에서 할 예정이었다. 김성태, 방용철도 마찬가지로 안부수로부터 일정을 통보받았다고 한다. 이화영과 신○○ 등 경기도 직원들은 안부수로부터 통보받은 회의 시각에 맞추어 2019. 1. 17. 14:30 출발 항공편을 예약했으나 출발이 지연되어 14:53경 출발하였고, 예정된 시각을 도과하여 늦게 심양공항에 도착하게 되었다.

김성태는 경기도가 예약한 것보다 조금 앞선 시각에 이화영의 것까지 포함해서 심양행 비행기표를 예약했는데, 경기도에서 김성태가 예약한 이화영의 표를 취소시켰다. 김성태는 이화영 일행과 비슷한 시각에 심양에 도착하였다고 한다. 이에 따라 이화영 일행은 김성태와 함께 숙박 장소인 샹그릴라호텔에 들러 체크인을 하고 나서 경기도와 조선아태위 사이의 회의 장소인 캠핀스키호텔에 가게 되었다. 당시 쌍방울그룹도 같은 캠핀스키호텔에서 당일 오전부터 조선아태위와 회의를 갖고 협약식도 진행하고 있었다.

채○○은 검찰에서 쌍방울그룹과 조선아태위 사이의 합의서 체결 등을 위한 회의 장소 옆에 별도로 작은 방이 있었고, 쌍방울그룹에서 그 방까지 예약한 것은 아니었는데 이화영 등 경기도 일행이 그 방을 사용하였다고 진술했다. 이 작은 방이 경기도와 북한 사이에 예정된 회의 장소로 예약되었을 것으로 짐작된다.

당시 이화영 일행이 김성태와 함께 캠핀스키호텔 회의장에 도착하였을 때, 방용철 등 쌍방울그룹 직원들과 북한 조선아태위의 송명철 등이 함께 있었다. 이화영 일행은 당시 경기도와 북한 사이에 현안이 되고 있는 협력사업을 협의하기 위한 회의에 참석하기로 예정되어 있었을 뿐이고, 쌍방울그룹과 북한의 합의서 체결식이나 PPT에 참석하는 것은 전혀 예정되어 있지 않았다. 이화영의 당시 출장 계획에 의하면, 이화영 등 경기도 일행은 2019. 1. 17. 15:25경 심양공항에 도착하여 16:00~18:00경 캠핀스키호텔에서 북한과 회의를 하는 것으로 예정되어 있었다. 쌍방울그룹과 경기도는 각각 다른 시간에 별도로 북한 송명철을 만나는 것으로 예정되어 있었던 것이다. 안부수는 이를 전제로 하여 쌍방울그룹과 북한 조선아태위 사이의 회의와 서명식 일정을 그 전에 마치는 것으로 예정했을 것이라고 추정할 수 있다.

2) 김성태가 이화영의 비행기표를 구매한 이유

검사는 김성태가 중국 심양에 가고자 하면서 이화영의 비행기표까지 예약한 것을 두고 이화영이 김성태에게 대납을 요구하였음을 뒷받침하는 정황이라고 주장한다.

이화영은 안부수의 주선에 따라 평화협력국 직원들과 함께 2019. 1. 17. 14:30경 인천공항을 출발하여 15:25경 중국 심양공항에 도착해서 같은 날 16:00~18:00경과 2019. 1. 18. 08:00~11:00경 연달아 송명철을 만나 경기도와 북한의 교류협력사업에 관하여 협의하고, 같은 날 13:00 경 심양에서 북경으로 이동하여 이틀간 중국 기업인 간담회 등의 일정을 소화하고 2019. 1. 20. 귀국하는 출장계획을 갖고 있었다.

만일, 김성태가 이화영의 출장계획을 알고 있었다고 한다면, 이화영의 인천공항 출국 시간에 맞춰 김성태 본인의 비행기표만 예약하면 될 일이었다. 그러나 김성태는 이화영이 경기도의 공식 출장으로 심양으로 출국하기로 되어 있는 사정을 알지 못하였는지, 이화영의 비행기표를 함께 예약한 것이라고 추정할 수 있다.

따라서 김성태가 2019. 1. 17. 이화영의 비행기표를 예약한 사실을 근거로 김성태가 이화영의 요구에 따라 스마트팜 비용을 대납하고, 쌍방울그룹의 대북사업을 추진하게 된 것이라고 추정할 수는 없다.

3) 송명철이 '경기도는 나가 있으라'고 말한 이유

김성태는 강제송환된 다음 날인 2023. 1. 18. 수원지검에서 2019. 1. 17. 자 합의서 체결 장소에 이화영과 같이 도착했을 때 송명철이 이화영을 보더니 '경기도는 나가 있으라'고 했다고 진술했다. 검사가 그 이유를 묻자 김성태는 아래와 같이 진술했다.

> **답** 이화영이 찍힌 저 사진을 찍기 전에 그랬을 것입니다. 그때 옥신각신 했으니까요. 이화영이 주기로 했던 돈을 주지 못했으니까 나가라고 한 것입니다. 그래서 제가 그러면 '저도 그만하고 가겠다고 사람 사는게 그런게 아니다'라고 말하였더니 북한 애들이 난리가 난 것이지요. 제가 돈을 주기로 했으니까요.

그래서 그렇게 수습을 하고 이화영이 같이 앉아 있는 사진을 찍었고, 합의서도 작성한 것입니다.

그러나 이화영이 북한에 주기로 했던 돈을 주지 못했기 때문에 송명철이 '나가라'고 했다는 김성태의 진술은 '이화영의 요구에 따라 스마트팜 비용 500만 달러를 대납했다'는 진술과는 모순된다. 만일, 김성태가 진술하는 바대로, 김성태가 이화영의 요구에 따라 김성혜를 만나 이화영이 스마트팜 비용 500만 달러를 약속하고도 지키지 못해 김성혜가 곤란한 상황에 직면한 사실 확인을 하고, 스마트팜 비용 500만 달러를 대납하기로 결심했다고 한다면, 송명철 등 북측 인사들로서는 이화영에게 고마워해야 할 일이지 반감을 드러낼 일은 전혀 아니라고 할 수 있기 때문이다. 그리고 어차피 송명철 등은 안부수의 중개로 같은 날 캠핀스키호텔에서 이화영 등과 남북교류협력사업에 관하여 협의할 예정이었다. 김성태가 이화영의 요구와는 상관 없이 쌍방울그룹의 대북사업을 위하여 경기도와는 별도로 북한에 돈을 지급하기로 하였다고 한다면 모를까, 김성태의 진술대로 이화영의 요구에 따라 대납하기로 한 상황이었다고 한다면, 송명철이 이화영이 약속을 안 지킨 것에 대한 반감으로 '경기도는 나가 있으라'고 말했다는 것은 상식적으로 납득할 수 없다.

송명철이 이화영 등 경기도 일행에 대하여 '경기도는 나가 있으라'고 한 이유는 당시 진행하고 있던 회의는 쌍방울그룹과 북한 사이의 일로 경기도가 관여할 일이 아니었기 때문일 것이다. 남북교류협력법은 남한 주민이 북한 주민을 접촉하고자 하는 경우 사전에 신고하도록 하고 있다(동법 제9조의2). 통일부는 신고 수리의 조건으로 사후 결과보고를 하도록 요구하고 있기도 하다(동법 시행규칙 제16조 제5항 제2호). 북한은 남한 주민을 접촉하는 것에 대하여 이보다 훨씬 강력한 규제를 하고 있다고 알려져 있다. 북한 인사들이 해외에서 남한 주민을 접촉할 때는 1인 단독은 허용되지 않고 반드시 2인 이상이 동행해야 한다고도 한다.

이러한 점들에 비추어, 송명철은 북한 당국에 2019. 1. 17. 자 합의서는 쌍방울그룹과 체결하는 것이어서 이화영 등은 참석하지 않고, 이화영과는 별도로 접촉할 것이라고 보고하였을 것이고, 이러한 상황하에서 이화영이 쌍방울그룹과 조선아태위 사이의 2019. 1. 17. 자 합의서 체결식에 참석하는 것은 북한 당국에 대한 사전 보고 내용에 반하는 것으로 판단하여 '경기도는 나가 있으라'고 말할 수밖에 없었을 것이라고 추정하는 것이 합리적이다.

검사가 수사과정에서 제시한 쌍방울그룹 측의 PPT 장면 사진에는 김성태는 등장하나 이화영은 등장하지 않는다.

한편, 2019. 1. 17. 합의서 체결 동영상을 보면, 김성태가 송명철과 함께 서명하는 장면에 이화영은 등장하지 않고, 단지 이화영이 "저렇게 뭐 프로, 프로 development", "저런 거 안 써도 돼. 영어는"이라고 말하는 음성만 녹음되어 있다.

채○○은 검찰에서 이화영이 쌍방울그룹과 북측이 2019. 1. 17. 합의서를 체결하고 있는 회의실 옆방에 있었다고 진술하였다.

답 저는 이화영이 말하는 것을 못 들었습니다. 이화영이 있는 방이 옆방이었는데, 거기가 완전히 분리된 공간은 아니나 보이지는 않은 곳이었습니다. 그래서 오전에 무엇을 하였는지는 잘 모르겠습니다.

이화영은 김성태가 서명하는 장소에는 동석하지 못하고, 북한과 예정된 회의 장소로 추정되는 그 옆에 있는 방에서 송명철을 기다리고 있는 상황하에서 김성태가 서명하는 장면을 보면서 위와 같이 말을 했을 것으로 짐작된다. 이화영의 위 발언은 이화영이 2019. 1. 17. 자 합의서 체결 사실이나 그 내용을 알지 못하고 있는 상황하에서 어색한 느낌을 지우기 위하여 한 말로 보일 뿐이다. 검사가 확보한 사진들 중에는 이화영이 김성태, 방용철과 같은 편에 앉아 있고, 반대편에 송명철이 앉아 있는 상황하에서 김성태가 발언하는 장면이 있다. 각자 따로 예정된 회의에 참석하기 위한 목적으로 중국 심양 캠핀스키호텔을 방문하여 만나게 된 경기도, 쌍방울그룹, 북측의 관련자들이 한 테이블에 잠시 앉아 인사를 나누는 장면이었을 가능성이 높다. 이러한 동영상과 사진을 종합해보면, 이화영은 김성태가 서명할 때는 참석하지 못했고, 서명이 끝난 다음에 비공식적으로 김성태, 송명철과 동석하게 된 것이라고 추정하는 것이 합리적이다.

4) 방용철이 서명 후 김성태가 재차 서명한 사실

쌍방울그룹은 2019. 1. 17. 자 합의서에 방용철이 송명철과 함께 서명하는 것으로 정했을 것으로 추정된다. 검사가 확보한 2019. 1. 17. 자 합의서 체결 관련 동영상을 보면, 2019. 1. 17. 김성태가 도착하기 전에 방용철이 송명철과 함께 2019. 1. 17. 자 합의서에 서명한 사실이 확인된다.

그런데 김성태는 방용철이 서명한 이후에 동일한 내용의 2019. 1. 17.자 합의서에 송명철과 함께 재차 서명하였다.

만일, 김성태가 2019. 1. 17. 자 합의서에 서명할 계획을 갖고 있었다고 한다면, 방용철이 김성태가 도착하기 전에 송명철과 함께 2019. 1. 17. 자 합의서에 서명하고, 이를 동영상으로 남길 필요까지는 없었을 것이다. 그런데도 방용철이 2019. 1. 17. 자 합의서에 서명하고, 그 후에 김성태가 도착하여 송명철과 함께 동일한 2019. 1. 17. 자 합의서에 다시 서명을 하였다는 것은 김성태의 심양 도착과 2019. 1. 17. 합의서 서명 계획이 예정에 없었다가 갑자기 생겼음을 의미한다. 당초 쌍방울그룹과 북한 사이의 회의는 경기도가 북한과 회의를 하기로 한 2019. 1. 17. 16:00 이전에 끝내도록 되어 있었는데 쌍방울그룹 측이 김성태의 지시로 이화영 등 경기도 직원들이 도착하게 되는 16:00경까지 지연시킨 것이라는 의심도 해볼 수 있다.

김성태가 이처럼 갑자기 2019. 1. 17. 자 합의서에 서명하고자 한 이유는 무엇일까? 김태균 회의록에 의하면, 김태균은 김성태로부터 '쌍방울그룹의 대북 경협을 경기도가 지원, 보증한다'는 말을 듣고 그에 대한 '에비던스'를 요구하고, '이화영이 헤지펀드 투자자들과의 전화회의에 참석할 수 있는지'를 질문하였다고 한다. 이에 김성태는 이화영을 헤지펀드 투자자들과의 전화 회의에 참석시킬 수도 없고, 달리 에비던스도 제시할 수 없는 상황하에서 헤지펀드 투자자들의 경기도의 지원, 보증에 대한 의심을 불식시키기 위해 2019. 1. 17. 자 합의서 체결 현장에 이화영이 참석한 장면을 사진이나 동영상으로 찍어 보여주고자 하였을 것이다. 이러한 의도로 김성태는 이화영의 비행기표를 예약하였고, 중국 심양공항에 도착하여 이화영 등 경기도 일행을 데리고 2019. 1. 17. 합의서 체결 현장에 등장하였다고 의심할 수밖에 없다.

그러나 송명철이 김성태와 2019. 1. 17. 자 합의서에 서명할 때 이화영이 동석하는 것에 대해서는 끝까지 반대하여 이화영은 김성태가 서명할 때 동석하지 못하고, 옆방에서 지켜만 보다가 김성태와 송명철의 서명식이 끝난 후에 인사차 동석하여 그 장면이 사진으로 남게 되었을 것이다. 쌍방울그룹은 김성태와 송명철이 서명하는 장면에 이화영을 등장시키는 데는 실패했으나 그 대신 이화영이 김성태, 송명철 등과 함께 있는 사진을 확보하여 홍보영상에 포함시킨 것이다. 김성태는 이 홍보영상을 김태균에게 보여주었다고 증언하였다.

2019. 1. 17. 당시 북미관계 정상화로 대북제재 해제 가능성이 높게 점쳐지고 있던 한반도 정세와 남북관계에 비추어 각자의 대북접촉 일정으로 심양 캠핀스키호텔에서 만난 김성태, 이화영, 송명철이 잠시 대화를 한 장면을 근거로 김성태가 이화영의 대납 요구에 따라 대북사업을 추진하였다거나 경기도가 쌍방울그룹의 대북사업을 지원, 보증하였을 것이라고 추정할 수는 없다.

중요한 사실은 김성태가 2019. 1. 17. 자 합의서에 서명하는 장면에 이화영을 등장시키고 싶어했을 것이나 송명철의 반대로 실패하였다는 점이다. 김성태의 쌍방울그룹 대북사업 추진은 경기도와는 직접적인 관련 없이 독자적으로 진행되는 일이었기 때문일 것이다.

5) 경기도 평화협력국의 2019. 1. 17.~20. 중국 출장보고서에 대하여

검사는 위 출장보고서에 출장 목적으로 "도내 기업과 중국 기업의 공동 진출 협의 및 중국 내 한국기업인 간담회"가 기재되어 있음을 근거로 경기도가 쌍방울그룹 대북사업 사업을 지원, 보증한 사실이 인정됨에도 불구하고 이화영이 이를 부인한다는 주장도 하였다. 그러나 당시 출장은 중국 심양에서 1박, 북경에서 2박으로 진행되었고, 기업인 간담회는 심양뿐만 아니라 북경에서도 진행되었다. 따라서 이를 근거로 이화영이 쌍방울그룹의 대북사업에 대한 경기도의 지원, 보증을 약속하였다거나 경기도가 쌍방울그룹과 북한에 공동 진출하고자 하였을 것이라고 추정할 수는 없다. 김성태 등의 진술에 의하더라도 중국 심양에서 경기도, 쌍방울그룹, 북한 사이에 경기도와 쌍방울그룹의 북한 공동 진출 방안에 대한 어떠한 구체적인 논의가 진행된 것도 아니었다. 단지 상호 덕담이 오고갔을 뿐이다.

라. 선행사건 1심의 부당한 판단

선행사건 1심은 쌍방울그룹과 조선아태위가 2019. 1. 17. 자 합의서를 체결하는 현장에 이화영이 등장한 것을 두고 아래와 같이 해석하였다.

① 경기도는 2018. 11.경 제1회 국제대회를 개최한 이후 북한과 별다른 교섭

이 진행되지 않고 있는 상태였다. 그러던 중 김성태가 2018. 12. 29.경 중국에서 김성혜 등과 접촉하였고 이후 2019. 1. 17. 중국에서 쌍방울그룹과 조선아태위 사이의 협약식을 체결하는 자리에도 참석하였다. 한편, 앞서 본 바와 같이 위 자리에서 송명철이 피고인에 대하여 상당한 불쾌감을 드러냈으나 이후 김성태의 중재로 인하여 원만하게 경기도의 협력사업까지 논의할 수 있게 되었고 이로써 피고인은 북한 측과 더욱 적극적으로 협력사업을 추진할 동력을 얻게 된 것으로 보인다.

선행사건 1심은 앞서 본 바와 같은 구체적인 경위와 맥락을 살펴보았을까?

송명철이 이화영에 대하여 불쾌감을 표시하였다는 것은 김성태의 일방적인 진술이었을 뿐이다. 만일, 김성태의 진술대로, 이화영의 요구로 김성태가 쌍방울그룹의 대북사업을 결심하고, 스마트팜 비용 500만 달러를 대납하기로 하고 2019. 1. 17. 자 합의서에 서명하기에까지 이르렀으며, 그 덕분으로 김성혜의 곤란한 상황이 해결되었다고 한다면, 송명철이 이화영에게 감사 표시를 하는 것이 자연스러운 일일 것이다. 더욱이 송명철은 안부수의 주선으로 2019. 1. 17. 자 합의서 서명을 마치고 나서 이화영을 만나 경기도와 북한 사이의 협력사업을 논의할 참이었다. 즉, 송명철이 이화영에 대하여 반감을 표시하면서 경기도와의 회의를 거부하였으나 김성태가 중재하여 경기도와 조선아태위 사이의 회의가 열릴 수 있게 된 상황은 결코 아니었다.

한편, 그 자리에 참석했던 방용철 등 쌍방울그룹 임직원들과 안부수 등은 검찰에서 송명철이 강하게 불쾌감을 표시한 사실을 기억하지 못한다고 진술했다. 송명철 등이 이화영에게 불쾌감을 드러내었다는 것은 당시의 상황과 맥락에 비추어 전혀 상식적이지 않다. 선행사건 1심의 해석은 상식과 경험칙, 객관적인 경위에 반하는 것으로 매우 부당하다.

True

4부

김성태의 주가조작과
북한의 외화벌이

False

1 쌍방울그룹과 북한의 상호 간 경협 추진 목적을 문제 삼는 이유
2 북한의 대 쌍방울그룹 경협 추진 목적
3 전환사채를 이용한 주가조작
4 대북 경협 테마를 이용한 주가조작 Platform 나노스
5 N Project 투자유치안 읽기: 주가조작 계획서
6 대북사업에 대한 경기도의 지원, 보증은 가능한가?
7 김태균 회의록 읽기: N Project 투자유치안 실행을 위한 전략회의

1   쌍방울그룹과 북한의 상호 간 경협 추진 목적을 문제 삼는 이유

가. 경협 추진 목적과 대북송금의 실체적 진실의 관계

김성태가 주가조작과는 상관없이 쌍방울그룹을 성장시켜 10대 재벌 그룹의 반열에 올려놓겠다는 원대한 포부를 가지고 진지하게 대북사업을 추진했다고 가정해보자.

쌍방울그룹과 북한 민경련 사이의 2019. 5. 12. 자 협약서대로 이행하고자 한다면, 김성태는 우선 1억 달러라는 거액의 자금을 조달해야 할 것이다. 이 합의서에 쓰여 있는 대로 희토류 등 광물개발, 도시개발, 물류유통사업, 철도건설사업, 신재생에너지사업에 실제로 착수하여 진행시키기 위해서는 추가로 수십~수백조 원 이상의 자금을 조달하여야 한다. 또한, 대한민국 정부 차원에서 여러 법적, 제도적 지원이나 국제협력도 필요할 것이다. 이를 위하여 이화영 등 관련 공무원들과 긴밀하게 정보를 공유하고, 그들의 조언을 구하는 것은 자연스러운 일이 될 것이다. 쌍방울그룹의 매우 취약한 재무구조와 만년 적자인 사업을 감안한다면, 김성태로서는 대한민국 정부 차원의 지원에 대한 어떤 보장과 약속 없이는 진지하게 대북사업을 추진하기는 어려웠을 것이라고 추정해볼 수도 있다.

이와는 달리, 김성태가 이렇게 막대한 자금을 필요로 하는 대북사업을 통해 장기적으로 쌍방울그룹을 성장시키는 데는 관심이 없고, 오로지 또는 주로 주가조작을 통해 쌍방울그룹의 지배권을 유지하고, 무자본 기업인수 등의 방법으로 계열사를 확장하거나 보유한 주식을 매각하거나 담보로 제공하여 자금을 조달하기 위한 수단 내지 주가조작용 테마로 활용하기 위하여 대북사업을 추진했다고 가정해보자.

이 경우에는 북한과 경제협력사업에 대한 협의를 계속 진행하면서 합의서를 체결하고, 이를 공개할 수 있으면 금상첨화이겠으나, 그 정도가 아니라 비공식적으로라도 필요한 곳에 공개할 수만 있다면 충분할 것이다. 대한민국 정부나 경기도, 그 고위 공무원들과의 밀접한 관계는 주식시장에서 대북 경협 테마의 신뢰성 내지 전파성을 높이기 위한 장식이나 수단에 불과할 것이다. 쌍방울그룹이 대북 경협 테마를 주식시장에 유포시켜 주가를 조작하는 등으로 불법행위를 저지르고 있음을 눈치채는 경우, 고위 공무원들이나 정치인들이 김성태와의 관계를 지속하지 않으려고 할 수도 있다. 그 경우 관련 공무원들과의 관계를 시세조종에 계속 이용하는 것이 불가능하게 될 수도 있다. 경우에 따라서는, 고위 공무원들이나 정치인들에 대한 여론의 높은 주목도로 인하여 오히려 김성태 자신이 위험해질 수도 있다. 따라서 김성태 등으로서는 관계를 맺고 있는 공무원들이라고 하더라도 주가조작 목적으로 추진되는 대북사업에 관한 정보를 공유하는 것을 꺼려 할 수 있다. 오히려 비밀로 유지하고자 할 가능성이 높다. 이러한 이유로 김성태가 관련 공무원들에게 조언을 구하는 것도 제한적일 수 있다.

이러한 점들을 감안하면, 쌍방울그룹의 대북 경협 추진 목적이 진지한 것이었는지 아니면, 전적으로 또는 주로 주가조작이었는지에 따라 관련자들이 한 진술의 신빙성, 그에 대한 해석, 제반 정황과 간접사실에 대한 해석이 달라질 수밖에 없다.

이는 북한에 대해서도 동일하게 적용될 것이다. 북한이 쌍방울그룹과 실제로 경제협력사업을 하고자 하는 진지한 목적을 갖고 있었을까? 아니면, 쌍방울그룹과의 경협을 실행하고자 하는 의사는 없이, 쌍방울그룹의 주가조작 목적을 이용하여 외화벌이를 하기 위하여 형식적으로 쌍방울그룹과 경협을 추진하였던 것은 아닐까? 만일, 그렇다고 한다면, 김성혜 등이 안부수, 김성태에 대하여 한 말도 외화벌이 목적에 따라 치밀하게 계산하여 한 것일 가능성이 높을 것이다. 따라서 위 질문들에 대한 답이 무엇인지에 따라 김성태, 방용철, 안부수의 진술이나 안부수의 국정원 제보에 포함된 김성혜 등이 했다는 말의 증거능력, 신빙성에 대한 판단이 달라지게 될 것이다.

나. 검사의 관련 주장, 김성태의 진술

검사는 후행사건 공소장에서 아래와 같이 주장한다.

"김성태는 대북사업에 다시 관심을 갖고 있던 차에 과거 북한 나선특구 등에 있는 공장에 의류생산을 위탁하려다 정부의 불허로 성사되지 못한 경험을 바탕으로 정부나 지방자치단체의 도움 없이는 대북사업 추진이 어렵다는 점을 알고 있었고, 경기도가 황해도 스마트팜 지원 약속을 지키지 못해 남북한 협상 담당자인 피고인 이화영과 김성혜가 모두 곤란한 처지에 놓였으므로, 이를 대신 해결해 줄 경우 북한과의 사업 기회를 얻고 그 사업 진행과정에서 경기도로부터 각종 특혜와 지원을 받을 수 있다는 생각에, 그 무렵 피고인 이화영에게 '북한에 500만 달러를 대납해주겠다'고 말하면서 피고인 이화영의 제의를 수락하고, 그 대가로 '경기도가 북한을 상대로 쌍방울그룹의 대북사업 보증, 향후 추진할 경기도 대북사업에서 우선적 사업 기회 부여 등 대북사업 공동 추진, 경기도 남북교류협력기금 지원' 등의 부정한 청탁을 하였다."

검사의 이러한 주장은 김성태가 주가조작 목적이 아니라 쌍방울그룹과 북한이 합의한 경제협력사업을 실제로 하고자 하는 진지한 의사를 갖고 있었음을 전제로 한다.

김성태는 2023. 3. 19. 수원지검 조사에서 아래와 같이 진술하였다. 검사의 위 주장에 완전히 부합하는 취지다.

> **답** 그렇습니다. 기업이란 것이 미래가치가 있는 것 아니겠습니까. 향후 그 기업이 어떤 사업을 할지를 보고 기업에 투자를 하는 것이지요. 그런 면에서 기업이 향후 비전이나 성과가 공개가 되어야 하는 것인데, 저희가 백날 이런 엄

청난 협약을 체결하더라도 이를 공개를 못하면 어떻게 저희 기업 가치를 설명할 수가 있겠습니까. 그리고 대북사업이란 것은 특수성 때문에 저희가 북한과 협약식을 체결했다고 하더라도 이걸 공개할 방법이 없습니다. 실제 협약식 때에도 언론기자들에게 공개적으로 하지를 못했었고요. 대북제재가 풀리면 좋겠지만 그것이야 기약이 없는 것이었고요. 이재명 지사 방북만 된다고 하면 그 때 경제협력단들 같이 갔을 때 저희는 자연스럽게 공개를 하면 되는 것이지요. 이화영 부지사가 방북한 후에 몇 개항을 합의했다고 발표하는 것과 비슷합니다. 저희가 합의한 것들도 희토류, 광물개발, 관광사업, 철도사업, 도시개발 등 거의 대북사업을 망라했던 것이고 전부 국가 기간사업급들입니다. 이런 것들이 경제협력 합의가 되었다고 발표가 된다면 얼마나 국가적으로도 좋은 일이겠습니까. 이재명 지사도 좋고, 저희도 좋고, 북한도 좋고 다 좋은 것이지요.

김성태는 같은 날 조사에서 북한에서도 경기도가 쌍방울그룹의 대북경협을 지원하고 보증하였기 때문에 쌍방울그룹과의 경협을 추진한 것이라고 진술하였다. 북한도 쌍방울그룹과 실제로 경협을 진행하고자 하는 진지한 의사를 갖고 있었다고 전제하고 한 진술이다.

답 누누이 말씀드리지만, 돈 50억 준다고 김성혜, 박철 이런 사람들이 저 만나 줍니까. 그리고 저희 같은 중소기업이 혼자 희토류니 철도니 관광개발이니 이런 사업을 할 수가 있습니까. 경기도와 함께 해야 최소한 경기도가 하는 사업은 할 수 있는 것이고, 그 외 다른 기업들 끌어오는 컨소시엄을 만들 수도 있는 것입니다. 그리고 중앙정부 인허가도 충분히 받을 수 있는 것이지요. 북한이 이런 것도 안 따져 보고 그냥 했겠습니까. 그리고 합의를 했다고 하더라도 경기도가 저희와 함께 북한에 가서 발표를 해줘야 이게 공개가 되는 것이고 기업가치와 연결이 되는 것이지 그냥 합의만 하면 무슨 의미가 있습니까. 그리고 이화영 평화부지사가 있으니까 대북사업 외에도 여러 경기도가 하는 사업들에 대해서 쌍방울에게 도움도 주고 참여기회도 주고 했던 것이죠. 그냥 50억 주고 저 종이 써주고 언제 경제효과가 날지 기약이 없다면 어느 기업이 저걸 하겠습니까. 경기도 없이는 북한과 저런 합의를 체결할 수도 없겠지만,

다. 검사 주장과 김성태 진술의 허구성

만일, 북한이 진지하게 희토류 개발사업 등 대규모 경협을 진지하게 추진하고자 하였다고 한다면, 김성태와 방용철이 진술한 것처럼 북한은 김성태와 방용철이 50억 원을 준다고 하더라도 쌍방울그룹과 그에 대한 경협 합의를 체결하려고 하지 않았을 것이다. 쌍방울그룹은 소요되는 자금이 수십~수백조 원에 이르는 북한과의 대규모 경협을 수행할 자본력이나 신용, 기술과 경험, 경영능력을 전혀 갖고 있지 않기 때문이다.

그런데 문제는, 김성태와 방용철의 진술과는 달리, 경기도가 지원하고 보증한다고 하더라도 이는 마찬가지였을 것이라는 점이다. 2019 회계연도에 이르러서야 전체 예산이 처음으로 20조 원을 초과한 경기도의 재정 규모와 지방재정법상 지방자치단체의 채무보증, 보조금 지급, 출자 및 출연 등에 대한 엄격한 제한을 고려했을 때, 북한이 경기도의 지원과 보증을 신뢰하여 쌍방울그룹과 같은 주가조작을 일삼는 불량기업과

2019. 5. 12. 협약서에 열거된 정도의 대규모 경협을 진지하게 추진한다는 것은 믿기 어려운 일이다. 실제로 북한은 경기도에 대하여 불과 50억 원을 넘지 않는 스마트팜 사업 같은 작은 규모의 경제협력사업이나 인도적 지원사업을 기대하고 추진하였을 뿐이다.

쌍방울그룹의 입장에서도, 선행사건 1심이 전제한 것처럼 김성태가 정상적인 기업가로서 대북사업에서 10대 그룹의 반열에 오를 성장의 기회를 진지하게 모색하였다고 한다면, 경기도의 지원과 보증만을 믿고 2019. 5. 12. 자 협약서에 열거된 수십~수백조 원에 이르는 대규모 대북 경협에 함부로 나설 수는 없는 일이었다.

그러나 북한과 쌍방울그룹은 상호 간 경협 추진에 대한 진지한 의사를 갖고 있었다고 할 수 없다. 김성태는 주가조작용 대북 경협 테마로 이용하기 위하여, 북한은 쌍방울그룹의 주가조작 목적을 이용해서 외화벌이를 하고자 하는 의도로 상호 간 경협을 형식적으로 추진하였다. 북한이 2000년경 현대그룹으로부터 비공식적으로 5억 달러를 대가로 받고 현대그룹에 대규모 경제협력사업권을 부여한 전례가 있고, 당시 북미정상회담 성공에 따라 대북제재가 해제될 수도 있는 낙관적 전망이 비등하고 있는 상황이었음에도 불구하고 쌍방울그룹으로부터 불과 500만 달러의 비공식 대가와 1억 달러의 공식 대가를 받고 2019. 5. 12. 협약서에 열거된 대규모 경제협력사업권을 부여한 사실과 김성태가 사업권 취득 대금 1억 달러를 조달하기 위하여 경기도에 지원을 요청할 생각조차 못 하고, 주가조작에 의한 자금 조달 계획서인 N Project 투자유치안에 따라 나노스 전환사채 1억 달러를 발행하려고 했던 사실만을 보더라도 이를 알 수 있다.

이러한 상황하에서 쌍방울그룹과 북한으로서는 상호간 경협을 추진하는데 경기도의 지원, 보증을 받는 것은 반드시 필요한 조건은 아니었다. 경기도의 지원, 보증은, 김성태에게 대북 경협 테마의 신뢰성과 전파성을 높이기 위한 수단에 불과하였을 것이고, 북한 입장에서는 '있어도 그만, 없어도 그만'인 사항이었을 것이다. 따라서 쌍방울그룹과 북한이 경기도의 지원, 보증을 약속받거나 기대하고 상호 간 경협 추진에 나섰다는 김성태, 방용철의 진술은 믿을 수 없다.

2 북한의 대 쌍방울그룹 경협 추진 목적

가. 북한이 쌍방울그룹에 주고자 한 경협 사업권 목록

쌍방울그룹과 민경련이 2019. 5. 12. 체결한 협약서상 대상 사업은 아래와 같다.

제 2조 (대상사업 및 사업권 부여)
1. 본 합의서에 따라 쌍방울과 민경련이 공동으로 추진하고자 하는 사업(이하 "대상사업")은 다음과 같다.
   가) 지하자원개발사업
   나) 관광지 및 도시개발사업
   다) 물류유통사업

라) 자연에네르기 조성사업

마) 철도건설관련사업

바) 농축수산 협력사업

2. 민경련은 대상사업에 대한 사업권을 쌍방울에 부여한다.

3. 개별적 대상사업은 쌍방이 각기 위임한 회사들 사이에 세부계약을 체결하고 이행한다.

2019. 5. 12. 자 협약서는 위와 같이 대상사업의 구체적인 내역을 명시하고 있다. 대북제재가 해제되고, 북미와 북일 간의 관계가 정상화될 경우 북한이 추진할법한 각종 광물개발사업, 국토개발사업, 사회간접자본 확충사업이 대부분이 포함되어 있다. 쌍방울그룹이 북측에 제시한 북남 경제협력사업 계획서에 의하면, 위 사업들에 대한 개발비용은 모두 합했을 때 수십~수백조 원에 이른다.

나. 합의된 경협 사업권 대금 1억 달러

현대그룹은 2000년경 북한에 금강산관광사업, 개성공단 개발사업, 철도 및 도로 연결사업, 통신 및 전력 사업 등에 대한 사업권을 받는 비공식 대가만으로 5억 달러를 지급하였다. 반면, 쌍방울그룹은 북한에 2019. 5. 12. 자 협약서에 명시된 사업권을 취득하는데 단 1억 달러를 지급하기로 합의하였다. 쌍방울그룹의 사업 규모와 재무상태, 신용도에 비추어 1억 달러는 현실적으로 조달이 불가능하다고 할 수 있을 정도로 액수가 큰 금액이기는 하지만, 현대그룹이 2000년경 북한에 지급한 5억 달러와 비교하면 턱없이 적은 금액이다. 이러한 점에 비추어 북한이 합의된 사업을 실제로 진행하고자 하는 진지한 의사로 대 쌍방울그룹 경협을 추진하였을 것이라고 보기는 어렵다.

다. 대북사업가 김○○의 국정원 제보

선행사건에서는 남북경협연구소 대표이자 대북사업가인 김○○의 제보를 기재한 국정원 문서가 증거로 제출되었다. 국정원 문서에 기재된 김○○의 제보에 의하면, 리호남이 2019. 3.경 '대북사업으로 쌍방울 계열사 주가를 띄워주는 대가로 수익금을 일부 받기로 했다'고 하면서, '쌍방울로 하여금 1주일에 50억 원씩 김○○에게 전달하도록 할 테니 국내 백화점 상품권을 구입해 중국 선양으로 보내달라'는 제안을 하였다고 한다. 또한, 2020. 1.경에는 리호남이 김○○에게 '대북사업을 추진하는 과정에서 자금이 부족하면 쌍방울을 소개시켜 주겠다'는 제안도 하였다고 한다. 김○○은 "만약 이런 내용들이 알려지면, 국내 민간단체들의 대북사업이 다 틀어질 수 있다"고 하면서 리호남의 제안을 거절했다고 한다.

김○○의 제보에 의하면, 북한도 김성태의 대북사업 추진 목적이 사실은 나노스 주가조작에 있음을 알고는 그에 협조하면서 거액의 현금을 받아내고, 나아가서는 김성태로부터 주가조작 차익을 분배받고자 하였던 것이라고 의심할 수밖에 없다.

그런데 선행사건 1심은 김○○의 제보에 대하여 이와는 다른 판단을 하였다.

그러나 ㉠ 위 문건은 제보자인 김○○의 진술에 기초한 것으로 보이는데, 그 진술에 의하더라도 주가상승이나 수익금 조성 방법 등 그 내용이 구체적이지 않을 뿐 아니라, 김한신의 진술 내용을 검증하기 위하여 국가정보원에서 어떠한 노력을 기울였는지 불분명한 점, ㉡ 쌍방울그룹의 대북사업을 결정한 김성태가 당시 나노스 주식을 매각하여 이익을 실현하기로 시도하였다는 등 리호남의 계획에 참여하였거나 이를 인지하고 있었다고 의심할 사정이 엿보이지 않는 점, ㉢ 설령 위 문건의 내용과 같이 리호남이 쌍방울그룹의 주가상승으로 인한 이익을 얻어 이를 김○○을 통해 '자금세탁'하고자 계획하였다고 하더라도, 리호남은 당시 은밀하게 진행되던 쌍방울그룹 내부자 내지 안부수 등 남한 인사들과도 교류가 있었으므로, 주식시장에서 쌍방울그룹의 대북경제사업에 관한 정보를 활용하는 방법으로 주가상승을 통해 이익을 실현할 수 있는 능력이 있었고 실제로 이를 활용하여 "대남공작금" 등을 마련하기 위한 자체적인 "대남공작"을 도모하였다고 볼 여지도 있으므로, 김성태 등이 진술하는 쌍방울그룹의 대북사업의 실체와 모순된다고 단정할 수 없어, 위 국가정보원 문건의 내용만으로 김성태 등 진술의 신빙성이 배척된다고 볼 여지는 없다.

그러나 리호남이 김○○에게 '주가상승이나 수익금 조성방법 등'을 구체적으로 알려주었을 리 만무하므로, 김○○의 제보에 그런 내용이 들어 있지 않은 것은 자연스러운 일이다. 따라서 그런 점을 근거로 들어 김○○ 제보의 신빙성을 의심할 수는 없다.

만일, 김○○의 제보대로 리호남과 김성태가 쌍방울그룹 주가조작에 공모하였다고 한다면, 이는 국정원이 다루어야 할 국가안보에 관한 중요 사안이므로, 국정원이 김○○의 제보에 관하여 어떻게든 조사나 확인을 하였을 것이라고 추정할 수 있다. 만일, 조사나 확인이 없었다면, 국정원은 직무를 유기한 것이므로, 담당자들은 그에 대한 책임을 피하기 어려울 것이다. 선행사건 1심은 국정원에 그 결과를 제출하도록 촉구하였어야 한다. 한편, 국정원이 김○○의 제보가 사실무근이라는 판단을 내렸다는 증거는 없다. 따라서 선행사건 1심이 국정원에 대한 사실조회 등을 촉구해보지도 않고, 국정원이 김○○의 제보에 대한 조사, 확인을 위하여 한 조치나 노력이 불분명하다는 이유만으로, '김○○의 국정원 제보를 근거로 쌍방울그룹과 북한이 상호 경협을 추진한 목적이 주가조작과 외화벌이에 있었다고는 볼 수 없다'고 단정지은 것은 매우 부당하다.

한편, 선행사건 1심은 주가를 조종하고, 주식을 팔아 수익을 실현하는 좁은 의미의 주가조작만을 주가조작으로 본 듯하다. 그러나 주가조작의 목적은 그에 한정되지 않고 매우 다양하다. 김성태는 시세차익뿐만 아니라 나노스 주식 등을 담보로 제공하고 받은 대출에 대한 마진콜 및 반대매매 회피, 빈번한 CB 발행을 통한 자금 조달과 무자본 기업인수, CB를 이용한 주가조작 차익 확보, 만년 적자인 쌍방울그룹 계열사들의 재무구조 개선의 외관 형성, 쌍방울그룹 지배권 유지와 같은 다양한 목적으로 시세조종 등 자본시장법 위반행위를 했을 가능성이 매우 높다. 선행사건 1심은 이러한 점을 전혀 보지 못한 것이다.

물론, '김성태가 나노스 주식을 매각하여 이익을 실현하기로 시도한 사정이 엿보이지 않는다'는 선행사건 1심의 판단 자체도 부당하기 짝이 없다. 김성태의 매제로 대북송금 자금을 조달한 김○○의 진술에 의하면, 김성태가 북한에 지급했다고 주장하는 800만 달러의 대부분은 김성태가 개인적으로 소유하는 나노스 주식을 담보로 제공하고 받은 대출금이었다. 김성태는 이런 방식으로 나노스 주가조작의 이익을 실현해서 북측에 거액의 현금을 지급한 것이다.

쌍방울그룹과 북한의 경협에 관한 합의서 체결과 교섭의 목적이 무엇이고, 어디에 있었는지에 대한 실체적 진실을 확인하기 위하여 대북사업가 김○○의 증언이 반드시 필요하였다. 선행사건 2심에서 이화영의 변호인은 김○○을 증인으로 신청하였다. 그러나 김○○은 출석하지 아니하였고, 선행사건 2심은 김○○을 강제소환하지 않았다. 당시 김○○은 검찰에 피의자로 입건된 상태였다고 한다. 검찰의 입건이 김○○의 증인 출석을 어렵게 했을 가능성이 높다. 김○○ 제보가 대북송금 사건에 대하여 가지는 중요한 의미에 비추어 선행사건 2심은 강제소환을 해서라도 김○○의 증언을 듣고 판단했어야 했다.

라. 북한이 제3자와 희토류사업권에 관한 합의서를 체결한 정황

쌍방울그룹이 북한과 경제협력 합의서를 체결했을 무렵, 북한이 쌍방울그룹이 아닌 다른 해외동포 사업가에게도 희토류개발사업에 관한 합의서를 체결한 사례가 있다는 말이 들린다. 이러한 점도 북한이 쌍방울그룹과 진지하게 경제협력사업을 추진한 것이 아니라 쌍방울그룹의 주가조작 목적을 이용하여 외화벌이를 하기 위한 차원에서 쌍방울그룹과 희토류개발사업 등 대규모 개발사업에 관하여 형식적으로 합의한 것임을 보여준다.

마. 선행사건 재판부 판단의 부당성

선행사건 재판부는 북한의 대 쌍방울그룹 경제협력사업 추진의 목적이 어디에 있었는지에 대해 명시적으로 판단하지는 않았다. 다만, 선행사건 1심은 김성태 등의 진술에 포함된 김성혜, 리호남, 김영철, 박철의 말은 '그 진술을 하였다는 것에 허위개입의 여지가 거의 없고, 그 진술 내용이 신빙성이나 임의성을 담보할 구체적이고 외부적인 정황이 있는 경우'에 해당되어 증거능력이 있다고 판단하였다. 선행사건 1심의 이러한 판단은, 북한이 실제로 진행시켜 성공시키고자 하는 진지한 의사로 쌍방울그룹과 경협을 추진한 것이라고 전제하였음을 보여주는 대목이다. 그러나 북한은 쌍방울그룹의 주가조작 목적을 알고도 이를 이용하여 외화벌이를 하기 위한 목적으로 쌍방울그룹과 경협을 추진한 것이었고, 김성혜 등은 김성태 등에게 그러한 목적에 따라 치밀하게 계산된 발언을 하였을 가능성이 매우 크다. 따라서 김성혜 등의 말이 특별히 신빙할 수 있는 상태에서 이루어졌다고 할 수는 없는 것이다.

3 전환사채를 이용한 주가조작

가. 자본시장법상 주가조작 등에 대한 규제와 처벌

자본시장법은 ① 위장거래, 허위표시 등에 의한 시세조종(동법 제176조), ② 풍문의 유포나 위계의 사용 등에 의한 부정거래행위 등(동법 제178조)을 금지하고 있다. 이를 위반한 자는 민사상 손해배상, 행정상 과

징금, 형사처벌의 법적 책임을 지게 된다.

위장거래란 통정매매 또는 가장매매를 말한다. 통정매매란 매매 당사자 간에 미리 시기와 가격을 정하여 하는 매매(예: 공모자 간 주식 거래), 가장매매란 실제로는 권리이전을 목적으로 하지 않는 가짜 매매(예: 동일인 명의의 서로 다른 계좌 간 거래 또는 차명 계좌와의 거래)를 의미한다. 투자자들로 하여금 특정 주식 등의 매매가 성황을 이루고 있는 듯이 잘못 알게 하여 투자에 대한 판단을 그르치게 할 목적으로 통정매매 또는 가장매매를 하면 시세조종에 해당된다.

일정한 작전 세력이 주식 등의 매매가 성황을 이루고 있는 듯이 잘못 알게 하거나 그 시세를 변동시키기 위하여 허위로 매수 또는 매도의 주문을 내는 것도 시세조종에 해당된다. 또는 그와 같이 부정한 목적을 갖고 하면 실제로 매매를 하더라도 시세조종에 해당될 수 있다(현실거래에 의한 시세조종). 주식 등의 시세가 자기 또는 타인의 시장조작에 의하여 변동한다는 말이나 시세에 영향을 미치는 중요한 사실에 관하여 고의적으로 거짓말을 유포하는 행위를 통해서도 시세조종(허위표시에 의한 시세조종)이 이루어질 수 있다.

자본시장법은 위와 같은 시세조종에 해당되지 않더라도 ① 부정한 수단, 계획 또는 기교를 사용하는 행위, ② 중요사항에 관하여 허위 또는 부실표시를 사용하여 금전, 그 밖의 재산상의 이익을 얻고자 하는 행위, ③ 금융투자상품의 매매, 그 밖의 거래를 유인할 목적으로 거짓의 시세를 이용하는 행위, ④ 금융투자상품의 매매, 그 밖의 거래를 할 목적이나 그 시세의 변동을 도모할 목적으로 하는 풍문의 유포, 위계

(僞計)의 사용, 폭행 또는 협박 등을 금지하고 있다(사기적 부정거래행위).

위와 같은 시세조종을 하거나 사기적 부정거래행위를 한 사람은 '1년 이상의 징역 또는 위반행위로 얻은 이익이나 회피한 손실액의 4~6배 이하의 벌금(단, 부당이득이 5억 원 이상 50억 원 미만인 경우 3년 이상의 징역, 50억 원 이상인 경우 5년 이상의 징역)으로 처벌될 수 있다.

한국거래소(KRX)는 시장 감시 시스템을 통해 의심스러운 거래를 모니터링하고, 금융감독원에 보고한다. 금융감독원은 자본시장법 위반행위를 감시 조사하고, 행정적 제재를 부과할 수 있고, 형사처벌 대상에 해당될 수 있는 법 위반행위로 판단될 경우에는 검찰에 고발한다.

나. 주가조작의 다양한 목적

주가조작은 일반적으로 '주가를 인위적으로 부양시킨 후 고가에 매도'하거나 '인위적으로 하락시킨 상태에서 매수한 후에 다시 매도하여 시세차익을 얻는 것'이라고 인식되고 있다. 선행사건 1심은 주가조작을 이런 제한된 의미로만 이해했는지 "김성태가 당시 나노스 주식을 매각하여 이익을 실현하기로 시도하였다'는 사정이 없다는 이유로 대북사업가 김○○의 국정원 제보를 근거로 쌍방울그룹 대북사업의 목적이 주가조작에 있었다고 볼 수는 없다고 판단하기도 했다. 그러나 현실에서 주가조작은 시세차익 외에도 아래와 같은 다양한 전략적·재무적 목적을 갖고 이루어질 수 있다.

- 마진콜 및 반대매매 회피: 대주주가 보유 주식을 담보로 대출을 받

은 경우, 주가 하락으로 인해 마진콜(추가 담보 요구) 또는 반대매매(담보 주식의 강제 매도)가 발생할 수 있다.
- **자금 조달**: 주가 부양을 통해 기업의 재무구조가 개선된 것처럼 보이게 하거나, 전환사채(CB) 및 신주인수권부사채(BW) 발행을 성공시켜 자금을 조달할 수 있다.
- **인수합병(M&A) 전략**: 피합병회사의 주가를 인위적으로 낮춰 인수 비용을 줄이거나, 인수 후 지분율을 높이기 위해 주가조작이 활용될 수 있다.
- **재무구조 개선의 외관 형성**: 주가 부양을 통해 기업의 재무 상태가 실제보다 양호해 보이도록 만들어 투자자들의 신뢰를 얻거나 신규 투자를 유도할 수 있다.
- **지배권 유지**: 대주주가 지배권을 유지하거나, 반대매매로 인한 지배권 상실의 위험을 방지하기 위해 주가를 조작할 수 있다.

다. 전환사채를 이용한 주가조작의 구조

전환사채는 사채권자가 발행회사의 주식으로 전환할 수 있는 권리를 갖는 회사채를 말한다. 사채권자가 주식으로 전환해달라고 청구할 수 있는 권리를 '전환권', 주식으로 전환할 때 적용되는 주당 가액을 '전환가액'이라 한다. 전환가액이 낮을수록 더 많은 주식으로 전환할 수 있어 전환사채권자에게 유리하고, 그만큼 기존 주주들의 지분율이 희석되는 정도가 커서 기존 주주들에게 불리하게 작용한다. 전환가액은 발행 당시의 주가에 연동되어 정해지게 되는데 주가조작 세력들은 전환사채를 발행할 때 전환가액을 낮추기 위해 인위적으로 주가를 하락시키는 시세조종을 할 수 있다. 주가조작 세력은 전환가액을 낮게 하여 전환사채를 발행한 다음 전환청구 후 주가를 인위적으로 상승시켜 전환가액과 상승된 주가의 차액만큼의 이익을 얻을 수 있다. 전환사채를 이용한 주가조작의 구조를 간략하게 요약하자면, 아래와 같다.

- 저가에 CB를 발행: 시장가보다 훨씬 낮은 전환가액으로 특정 세력에게 CB를 배정
- 호재성 정보 흘리기: M&A 추진, 신사업 진출, 정치권 로비 등 '이슈성 공시'를 통해 주가를 인위적으로 부양
- 주가 상승 유도: 내부 세력이 자전거래 등으로 거래량을 부풀리고, 언론 플레이와 투자자 커뮤니티를 통한 심리적 유도
- CB 주식 전환 후 매도: 주가가 상승한 시점에서 CB를 주식으로 전환하고, 대량 매도 → 시세차익 실현

전환사채를 이용한 주가조작이 발생하는 경우 주가조작 세력은 낮은 전환가액으로 전환권을 행사하여 취득한 신주를 인위적인 시세조종으로 높아진 주가에 매도하여 거액의 차익을 얻게 된다. 반면 기존 주주들은 지분율이 희석되고, 시세조종 과정에서 주식을 매수한 선량한 투자자들은 작전세력의 대량 매도로 주가가 하락하여 피해를 입게 된다.

2018년경 코스닥 벤처펀드 제도 도입 이후 전환사채 발행이 급증하였고, 금융위원회와 한국거래소는 2019~2020년 이와 같은 전환사채

관련 불공정 거래를 조사하여 다수의 코스닥 기업과 투자자를 적발했다. 쌍방울그룹과 KH그룹이 빈번하게 전환사채를 발행하고, 계열사를 확장한 시점이 바로 이 무렵과 겹친다.

4 대북 경협 테마를 이용한 주가조작 Platform 나노스

가. 김성태 등의 주가조작 전력

김성태, 김○○이 2010.~2011. 2.경 쌍방울의 주가를 조작하여 수백 원대의 시세차익을 챙긴 혐의로 구속기소된 2014. 5.경 SBS는 당시 김성태의 주가조작 실태에 대하여 아래와 같이 보도하였다.

『김성태는 쌍방울 인수 직전부터 시세차익 실현을 위해 인위적인 주가 부양에 나섰습니다. 2010년 1월부터 7월까지 가장매매, 고가매수, 물량 소진 주문 등의 기법을 동원해 1,400여 회에 걸쳐 쌍방울 주식 87만여 주를 거래하며 주가를 부양했습니다. 같은 해 12월 무려 800만여 주를, 다음 해 2월 375만여 주를 매수했는데, 시장 전체 매수량의 4분의 1 규모에 달합니다. 사실상 자본시장을 장악하며 쌍방울 주가를 좌지우지한 겁니다.
이런 주가조작을 지휘한 '머리'가 김성태라면, 실무를 맡은 '몸통'은 김성태의 남동생이었습니다. 그는 김성태의 조카와 운전기사, 고향 후배로 구성된 시세조종 '선수'들과 함께 본인의 누나와 부인, 김성태의 부인 계좌 등을 활용해 허위 주문을 넣는 '주포' 역할을 맡았습니다. 김성태는 쌍방울에 이어 코스닥 상장사 유비컴에 눈을 돌렸는데, 이번에는 매제와 처조카를 불러 시세조종을 하라고 지시합니다. 일가친척이 주가조작 세력으로 총동원됐습니다.』

나. 쌍방울그룹과 KH그룹의 빈번한 전환사채 발행

수원지검이 2022년경 쌍방울그룹과 KH그룹에 대한 강제수사를 개시한 무렵 언론들은 쌍방울그룹과 KH그룹의 전환사채를 이용한 무자본 기업인수의 문제점을 분석하고, 주가조작 등 자본시장법 위반 의혹을 제기하는 기사를 쏟아냈다.

한국일보는 2022. 12. 21. 자 기사(제목: 빚 내 기업 산 뒤 전환사채 찍어 또…'무자본 M&A'로 덩치 키워 [수상한 왕국:쌍방울·KH그룹의 비밀])에서 아래와 같이 보도하였다.

『이들은 전환사채(CB)를 발행해 덩치를 키웠고, 수상한 자금이 모이는 곳에 모습을 드러냈으며, 검찰·정치권 인사들과 네트워크를 형성했다.

[중략]

두 그룹이 덩치를 키운 비결을 꼽자면 무자본 인수합병(M&A) 공식을 답습했다는 점이다. 사채를 끌어와 기업을 인수하고 전환사채(CB)를 찍어내 또 다른 회사를 인수했다. 바이오, 전기차, 대북사업 등 신사업 투자도 공격적으로 했다. 호재가 나올 때마다 주가는 춤을 췄고, CB에 투자한 누군가는 '짜고 친 고스톱'처럼 막대한 수익을 올렸다. 주가조작 의혹이 제기되면 정상적 경영과 투자 활동의 일환이라고 설명했다.』

한국일보는 2022. 12. 26. 기사(제목: '전환사채 공장' 쌍방울·KH그룹의 차익 실현 공식 [수상한 왕국:쌍방울·KH그룹의 비밀])에서 아래와 같이, 쌍방울그룹과 KH그룹이 발행한 CB 내역과 그에 따라 주식 전환 차익의 규모에 관하여 구체적으로 보도하기도 하였다.

『쌍방울그룹은 김성태 전 회장이 2010년 인수한 뒤 △쌍방울 4회 750억 원 △광림 8회 1,002억 원 △인피니티엔티(현 디모아) 3회 208억 원 △비비안 3회 250억 원 △미래산업 3회 211억 원 △아이오케이 5회 235억 원 △나노스(현 SBW 생명과학) 4회 800억 원 등 상장사 7곳에서 총 27회에 걸쳐 3,456억 원의 전환사채를 발행했다. 이들 회사의 시가총액(23일 종가 기준) 5,427억 원의 64%가 CB인 셈이다.

주식으로 전환된 CB는 상당한 시세차익을 봤을 것으로 추정된다. 실제로 전환권 행사(CB를 주식으로 전환하는 것) 뒤 곧바로 주식을 매도했다면, CB 투자자들은 △나노스 2,169억 원 △광림 411억 원 △아이오케이 214억 원 △쌍방울 63억 원 △미래산업 35억 원 △비비안 13억 원의 차익이 예상된다. 이는 CB를 주식으로 전환할 때 약속한 주식 가격(전환가액)과 그날 실제 주가의 차액을 비교해 계산한 결과다.』

『KH그룹은 기업을 사들인 뒤 쌍방울보다 더 적극적으로 CB를 발행했다. 배상윤 회장은 △KH필룩스 23회 2,605억 원 △IHQ 11회 1,555억 원 △KH건설 11회 1,300억 원 △KH전자 10회 1,271억 원 △장원테크 10회 1,080억 원 등 총 7,811억 원의 CB를 발행했다. 이는 5개 기업의 시가총액(23일 종가 기준 3,517억 원)의 222% 수준이다. 배 회장은 CB 발행으로 확보한 자본으로 남산 그랜드하얏트 서울 호텔과 강원도 알펜시아리조트를 인수하는 등 '남의 돈'으로 회사 몸집 부풀리기에 나섰다.

KH그룹이 발행한 CB를 사들인 투자자들이 전환권을 행사한 이후 곧바로 주식을 매도했다면, CB 투자자들은 △KH필룩스 1,528억 원 △KH전자 63억 원 △장원테크 208억 원 △KH건설 321억 원의 차익이 예상된다. 단 IHQ는 3억 원 손실이다.』

다. 나노스의 변신: 주가조작 플랫폼

나노스는 한때 스마트폰 카메라 부품을 생산하는 중소기업으로 주목받았다. 그러나 2017년 이후 나노스는 쌍방울그룹에 인수되면서 대북 경협을 내세운 주가조작, CB 발행에 의한 차익 실현을 위한 핵심 플랫폼으로 변모했다.

쌍방울 대북송금에 대한 수사 과정에서 쌍방울그룹 임원 박○○은 김성태가 나노스를 인수한 목적이 무엇이었는지, 김성태의 자산에서 나노스가 차지하는 비중이 어떠하였는지를 확인시켜주는 진술을 하였다. 박○○은 2022. 11. 14. 검찰에서 대북사업이라는 호재를 이용하여 주가를 부양하기 위해 나노스에 비정상적으로 다수의 사업을 붙였다고 진술했다.

문 그렇다면 대북사업이라는 호재를 이용하여 주가를 부양하기 위해 위와 같이 나노스에 비정상적으로 다수의 사업을 붙였다는 것인가요

답 네, 맞습니다. 김성태가 약 480원 정도의 가격으로 주식을 살 수 있는 CB도 있는데, 모두 차명으로 보유하고 있는 것으로 알고 있습니다.

박○○은 2022. 10. 16. 검찰에서 나노스는 김성태 재산에서 차지하는 비중이 절대적인 상황하에서 2019. 11.~12. 200만 달러 밀반출 전 나노스 주식 반대매매 위기로 민감하였다고도 진술했다.

답 제 기억으로 그때 나노스가 반대매매인가 뭔가에 걸렸는데, 김성태의 재산은 사실 나노스가 전부입니다. 김성태의 재산은 나노스의 제우스 투자조합과 베스트 조합이 재산의 전부인데 저렇게 반대매매가 되면 김성태가 회사는 소유해도 가진 돈이 없어지게 되는 것입니다. 그래서 김성태 회장이 굉장히 민감했던 시기였습니다.

라. 나노스 제3회 전환사채 300억 원 주식 전환과 추정 시세차익

나노스 주가는 2018. 9. 7.경 11,200원까지 올랐다가 2018. 말경 4,990원까지 급락하였다. 2019. 1. 14.경 다시 9,140원까지 큰 폭으로 상승하였다. 2019. 2. 말 하노이 북미정상회담 결렬 등을 계기로 하락하기 시작하더니 2020. 2.경에는 3천원 대까지 하락하였다가, 2021년 초경 12,400원까지 재차 급등하였다. 만년 적자이고, 대북 경협 테마 이외에 다른 특별한 호재가 없는 나노스의 주가가 이처럼 급등락한 것은 누가 보더라도 이상한 일이다.

나노스 제3회 전환사채 300억 원에 대해서는 아래 표와 같이 전환권

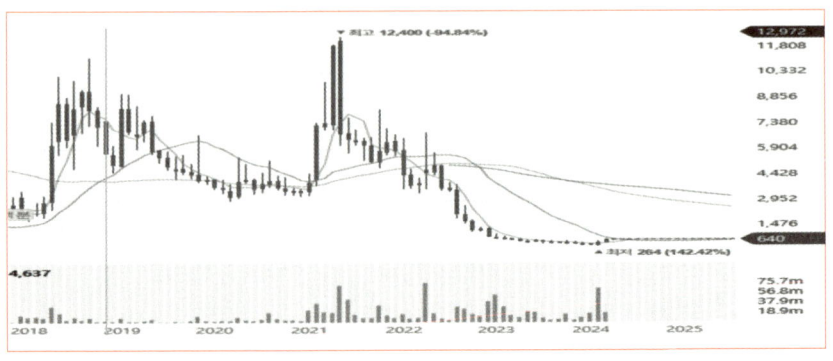

전환일자	전환주식수	전환가액(원)	전환일 주가(원)	전환일 추정 차익(원)
2019/12/24	32,894,736	456	4,115	120,361,839,024
2020/1/20	4,385,964	456	3,860	14,929,821,456
2022/1/27	28,508,771	456	3,990	100,735,860,714

이 행사되었다.

김성태에 대한 공소장에 의하면, 광림과 쌍방울은 2019. 12. 24. 나노스 3회차 전환사채 각 80억 원, 70억 원을 각각 주식으로 전환하였다. 당일 전환한 주식을 시장에서 즉시 매각하였다고 한다면, 차익이 무려 1,203억 원에 이른다. 공교롭게도 김성태가 2019. 11. 말~12. 초경 쌍방울그룹 임직원들을 동원하여 중국 심양으로 밀반출한 200만 달러를 송명철에게 지급했다고 한 직후이다.

김성태가 리호남에게 30만 달러를 지급했다고 한 무렵인 2020. 1. 20.에도 전환권 행사로 나노스 주식 44만여 주를 취득하였고, 그 추정 이익이 149억 원에 이른다. 나노스 제3회 전환사채 중 쌍방울과 광림이 계속 보유한 150억 원을 제외한 나머지는 제우스1호투자조합이 보유하고 있었다고 한다. 수원지검에 의하면, 김성태가 제우스1호투자조합을 사실상 지배하였다는 것이므로, 김성태가 전환권을 행사한 것으로 추정할 수 있다. 제우스1호투자조합은 2022. 1. 27. 나머지 전환사채에 대한 전환권을 행사하여 28,508,771주의 나노스 주식을 취득하였다. 당일 전부 매도하였다면, 그로 인한 차익은 1,007억 원에 이른다. 추정되는 차익이 위와 같이 막대한데도 김성태가 전환 청구하여 받은 나노스 주식을 매도하거나 담보대출 등의 방법으로 차익을 실현하지도 않고 그냥 지나갔을 리는 없을 것이다.

마. 김성태 등에 대한 자본시장법위반 기소 내용

김성태, 김○○에 대한 기소 내용 중 자본시장법 위반 부분은 대북송금 사건에서 매우 중요한 함의를 갖고 있다. 수원지검은 김성태, 김○○의 주도하에 쌍방울이 제6, 7회차 각 100억 원, 광림이 제5회차 220억 원 상당의 전환사채를 발행할 때 자본시장법을 위반하였다는 이유로 기소하였다.

쌍방울 발행 전환사채의 경우, 실제로는 '발행될 전환사채 담보 제공과 김성태의 연대보증하에 계열사 명의로 고율의 이자를 지급하여야 하는 대출을 받거나 다른 계열사의 자금을 동원하여 전환사채를 인수하는 것'임에도 불구하고, 아무런 담보 제공 없이 건실한 재무적 투자자가 전환사채를 인수한 것처럼 허위로 공시한 것을 문제 삼았다.

광림 발행 전환사채의 경우, 실제로는 '남양비비안을 단독으로 인수하기 위해 필요한 대금 540억 원이 없어 향후 취득하게 될 남양비비안 주식을 담보로 제공하기로 하여 220억 원의 전환사채를 발행하고, 나머지는 ○○조합 외 3인에게 부탁하여 공동 인수'하였기 때문에 남양비비안 인수는 '무자본 기업인수'에 해당됨에도 불구하고 광림이 보유한 자금과 무담보 전환사채 발행으로 인수한 것처럼 허위로 공시한 것을 문제 삼았다.

수원지검은 사기적 부정거래를 금지하고 있는 자본시장법 제178조 제1항을 적용하였다. 시세조종 즉, 주가조작을 금지하는 자본시장법 제176조는 적용하지 않았다. 즉, 금융투자상품인 쌍방울의 제5, 6회차 전환사채, 광림의 제5회차 전환사채 발행과 관련하여 '부정한 수단, 계획 내지 기교를 사용하고, 정상적인 투자유치 외관을 이용한 주가상승 등의 재산상 이익을 얻을 목적'으로 공시 서류에 거짓의 기재를 하거나 기재를 누락한 것으로 판단한 것이다. 시세조종을 한 혐의는 포함되어 있지 않다고 할 수 있다.

5 N Project 투자유치안 읽기: 주가조작 계획서

가. 김태균 회의록과 N Project 투자유치안

김성태는 2018. 말경 김태균에게 쌍방울그룹이 북한에 지급할 경제협력사업권 대금 1억 달러를 해외에서 조달하는 업무를 위탁하였다. 김태균은 2019. 1. 초경부터 2019. 4. 초경까지 5회에 걸쳐 김성태, 방용철과 대면 또는 전화로 한 회의에 대한 회의록을 남겼다. 김태균은 2019. 2.경 1억 달러 조달을 위하여 영문으로 N Project 투자유치안(부록 1: N Project

투자유치안 번역본 참조)을 작성하였다. N Project 투자유치안은 홍콩, 일본, 미국의 투자자들로부터 1억 달러를 유치하기 위한 계획과 조건을 기재한 문서다. 김태균은 수원지검에서 그에 대한 조사를 받았고, 선행사건 1심 법정에서 증언도 하였다. 김태균이 김성태, 방용철과의 회의 내용을 기록한 5개 회의록과 김태균의 증언이 선행사건에서 유죄 인정의 근거로 인용되었다.

나. 금융시장의 관행과 실무: 증권사나 IB를 통한 자금 조달

일반적으로 기업은 인가받은 증권사나 투자은행(IB) 등과 같은 공인된 금융회사를 통해 자금을 조달한다. 특히, 1억 달러라는 거액의 자금을 국내도 아닌 국외에서 조달하는 경우에는 예외 없이 그러하다고 말할 수 있다. 1억 달러라는 거액의 투자는 대부분 연기금 등 공적 기관이나 사모펀드, 헤지펀드 등과 같은 전문 투자자들이 하게 된다. 무엇보다 이들 투자자들이 인가받은 증권사나 공인된 IB의 중개를 통해 투자 대상인 기업의 평판, 신뢰성, 투자의 위험성을 확인, 검증하고자 하기 때문에 투자를 유치하고자 하는 기업측에서도 증권사나 공인된 IB의 중개를 이용하지 않을 수 없다.

다. 김성태가 김태균을 통해 1억 달러를 조달하고자 한 이유

김성태가 실제로 나노스 전환사채 발행으로 1억 달러를 해외에서 조달하고자 하였다고 한다면, 당연히 국내외의 인가받은 증권사나 공인된 IB에게 그 중개 업무를 위탁하거나 최소한 증권사나 IB를 접촉하여

1억 달러 나노스 전환사채 발행 문제에 대한 자문이라도 구해보는 것이 자연스럽다.

그런데 김성태는 2019. 1. 2.~3.경 일본 도쿄에서 김태균을 만나 해외에서 나노스 전환사채 발행으로 1억 달러를 조달해달라고 부탁했다. 증권사나 IB를 통한 해외자금 조달이라는 금융시장의 확립된 관행, 실무와는 달리 김태균이라는 개인에게 1억 달러에 이르는 거액의 자금 조달 중개를 위탁한 이유는 무엇일까?

김태균은 수원지검에서 '다양한 투자 컨설팅'과 '여러 상장 회사의 대표이사'를 역임하였고, 미국에 설립된 컨설팅회사를 가지고 있으면서 12개 정도의 미국 회사 투자유치자문, 신규 발굴 사업 등을 컨설팅하였으며, 당시 캐나다 회사에서 최고 전략책임자로 재직 중이었다고 진술하였다. 위 경력들을 그대로 믿기도 어렵지만, 그것이 모두 사실이라고 하더라도, 앞서 본 바와 같은 금융시장의 관행에 비추어 보면, 김태균이라는 개인에게 1억 달러 조달을 위탁한다는 것은 이상한 일이다. 그럼에도 불구하고 김성태가 김태균에게 1억 달러 조달을 위탁한 이유는 바로 김태균이 작성한 N Project 투자유치안의 내용에 들어 있다.

라. 김태균 작성의 N Project 투자유치안의 구체적인 내용

김태균이 2019. 2.경 작성하였다는 'N Project 투자유치안'은 김성태로부터 부탁받은 나노스 전환사채 1억 달러 발행의 조건과 구조를 간략하게 기재한 Term Sheet(투자조건서)이자 계획서라고 할 수 있다.

N Project 투자유치안은 투자자에게 ① 나노스 전환사채 취득과 ②

나노스 주식 매입을 제안하고 있다. 즉, 투자자가 나노스 전환사채 인수도 하고, 주식시장에서 나노스 주식도 매입하는 방안인 것으로 추정된다. 김태균은 최소 2명의 투자자 모집을 전제하였던 것으로 보인다. 그 중에서 핵심이 되는 내용을 요약하면 아래와 같다.

[나노스 전환사채 발행 조건]
① 액면금 5,000만 달러
② 만기 3년, 발행 1년 후부터 주식으로 전환권 행사
③ 발행 18개월 후 매수청구권 행사 가능
④ 최대 주주 주식 담보 제공

[나노스 주식 매입 조건]
(i) 투자자가 주식시장에서 5,000만 달러 상당의 나노스 주식을 10영업일 내에 매입하고, 최소 6개월 후 10영업일 내에 매도할 수 있음
(ii) 투자자의 수익 보장 및 손실 방지를 위하여, 투자자에게 주당 0.6달러의 기본 옵션(매입 주식 수 5%)과 헤징옵션(매도 가격에 따라 다름)을 제공

마. N Project 투자유치안에 따른 5천만 달러 주식 매매의 본질

김태균은 북미정상회담 성공에 의한 미북관계 정상화, 대북제재 해제 가능성, 2019. 1. 17. 자 합의서 체결, 나노스 대북사업 수혜주 풍문의 유포 등을 전제하였을 것이다. 나노스는 소규모 회사이고, 통상적으로는

주식 거래량이 많지 않다. 이러한 상황과 조건하에서 투자자가 10일의 단기간 동안 5,000만 달러 상당의 나노스 주식을 매수한다면, 나노스 주식에 대한 거래량이 폭증하고, 주가가 급등할 수밖에 없다.

6개월 후에 다시 10일의 단기간에 투자자가 6개월 전 매입했던 나노스 주식을 매도하는 주문을 낸다고 한다면, 다시 주가가 상당 폭 내려갈 수밖에 없겠지만, 매입할 때보다 매우 높은 수준에서 주가가 상당 기간 지지될 가능성이 높고, 그사이에 투자자의 매도 주문은 대부분 시장에서 소화될 수 있을 것이다.

바. N Project 투자유치안상 투자자의 상대방인 제3자는 누구일까?

N Project 투자유치안에 쓰여 있는 주식 매입 조건에서, 투자자의 상대방인 제3자는 도대체 누구일까?

N Project 투자유치안에 따르면, 투자자가 기본옵션과 헤징옵션을 행사할 경우, 제3자는 투자자에게 일정한 수량의 나노스 주식을 이전할 의무를 부담한다. 기본옵션은, 투자자가 1주당 20달러에 5천만 달러 상당의 나노스 주식(250만 주)을 매입했다고 가정할 경우, 투자자가 제3자로부터 매입 주식 수 250만 주의 5%에 해당하는 125,000주를 1주당 0.6달러(총 250만 달러)에 매수할 수 있는 권리를 말한다. 헤징옵션은, 투자자의 나노스 주식 매수가가 주당 20달러였는데 매도가는 15달러로 그보다 낮아서 손실을 보았다고 가정할 경우, 투자자가 제3자로부터 138만여 주의 나노스 주식을 추가로 이전받아 손실을 보전받을 수 있는 권리를 말한다.

N Project 투자유치안의 주식매입 조건상 제3자의 지위에서 이런 정도의 의무를 이행할 수 있는 사람은 누구일까? 나노스를 실질적으로 지배하고 있으면서, 차명 등으로 나노스 주식을 대량 보유하고 있었던 김성태 말고 과연 누가 그러한 의무를 이행할 수 있었을 것인가? 상식적으로, 나노스 대주주인 김성태를 말한다고 추정할 수밖에 없다.

사. N Project 투자유치안이 예시한 추정 이익

N Project 투자유치안에 의하면, 투자자는 (i) 2019. 3.~4.경 나노스 전환사채 5천만 달러 상당을 인수하고 (ii) 김성태로부터 기본옵션과 헤징옵션을 받는 조건으로 (iii) 5,000만 달러 상당의 나노스 주식을 매입한 후 (iv) 6개월 후 시장에서 매입한 나노스 주식, 기본옵션과 헤징옵션 행사로 받은 나노스 주식을 코스닥 시장에 매도하여 투자금을 회수할 수 있다. 또한, 투자자가 나노스 전환사채도 인수할 경우, 인수일로부터 1년 이후에는 전환권을 행사할 수 있으므로, 시장에서 매입한 주식 매도 시점과 맞출 경우 나노스 전환사채 전환권 행사로 취득한 나노스 주식도 함께 매도하여 차익을 취득할 수 있을 것이다.

N Project 투자유치안은 친절하게도 예상되는 추정 이익까지 예시로 제시해 놓았다. 그 성공 가능성을 믿고 나노스 같은 듣보잡 회사가 발행한 전환사채를 5천만 달러어치를 인수할 투기적인 투자자를 유인하기 위한 의도일 것이다. 제시된 예시에 따르면, 투자자는 나노스 주식 매수와 매도만으로 6개월 만에, 매도가격이 25달러로 매수가격 20달러보다 높은 경우 1,055만 달러(수익률 약 21%)의 투자이익을 얻을 수 있고, 매도

가격이 15달러로 매수가격 20달러보다 낮을 경우에도 930만 달러(수익률 약 18.6%)의 투자이익을 얻을 수 있다고 한다.

투자자는 5천만 달러 나노스 주식 매수, 매도 외에 나노스 전환사채 5천만 달러 상당을 별도로 인수할 것이 전제되어 있다고 추정된다. 예시에 따라, 나노스 주식을 주당 20달러일 때 매입해서 25달러에 매도하는 시나리오하에서, 나노스 전환사채 5천만 달러 상당을 전환가액 8달러에 나노스 주식으로 전환하고, 전환권 행사로 받은 나노스 주식 625만 주를 1주당 25달러에 매도한다면, 1억 5,625만 달러를 대금으로 받을 수 있으므로, 투자이익은 1억 625만 달러에 이른다.

예시에 따르면, 투자자는 나노스 주식을 5천만 달러 상당을 매수하였다가 매도하고, 나노스 전환사채 5천만 달러를 인수할 경우, 나노스 주식을 주당 20달러일 때 매입해서 25달러에 매도하는 시나리오하에서, 합계 1억 1,680만 달러라는 막대한 투자 수익을 얻을 수 있다는 것이다. N Project 투자유치안에 의하면, 투자자는 그야말로 '꿩 먹고 알 먹고'식으로 단기간에 천문학적인 수익을 거둘 수 있다는 말이다.

아. N Project 투자유치안의 자본시장법 위반

김태균이 작성한 N Project 투자유치안 중 나노스 주식 매입 조건은 투자자와 김성태로 추정되는 제3자가 같은 시기에 나노스 주식을 매도, 매수하는 것을 전제한 것이다. 그 목적은 나노스 주식 매매가 성황을 이루고 있는 듯이 잘못 알게 하거나 타인에게 나노스 주식에 대한 그릇된 판단을 하게 하는 데 있다고 볼 수밖에 없다. 따라서 N Project 투자유치안상 주식매입조건은 자본시장법에 위반되는 시세조종, 즉 주가조작 계획이라고 평가할 수밖에 없다.

또한, 투자자가 나노스 전환사채 5,000만 달러 상당을 인수하기로 결정한 상황하에서 투자자가 나노스 주식을 매입하게 된다면, 이는 자본시장법 제174조에 위반되는 미공개 중요정보 이용행위에 해당될 수도 있다.

나아가, 이런 식으로 나노스 전환사채 1억 달러 상당을 발행하는 것은 최소한 수원지검이 420억 원 상당의 쌍방울과 광림의 전환사채 발행 관련으로 김성태, 김○○에 대하여 적용한 것과 마찬가지로 자본시장법에 위반되는 사기적 부정거래에 해당될 수 있다.

어떻게 보아도, 김성태와 김태균은 N Project 투자유치안에 따라 자본시장법에 위반되는 방식으로 1억 달러의 해외투자금을 유치하고자 하였다고 의심할 수밖에 없다.

자. 김태균이 투자자에게 보낸 사기성 메일

김태균은 2019. 7.경 제2회 국제대회에 참가하였다. 그 중 한 행사에서는 김성태, 방용철과 함께 자신의 이름이 쓰여 있는 커다란 팻말을 들고 있는 장면을 영상으로 남기기도 하였다.

김태균이 제2회 국제대회에 참가한 자신의 모습을 누구나 쉽게 알아볼 수 있도록 영상을 촬영한 이유는 자신이 접촉하고 있는 투자자들에게 보여주기 위한 목적 때문일 것이다.

김태균은 제2회 국제대회에 참가하고 홍콩으로 돌아온 직후인 2019.

7. 29. 자신이 만나온 어느 투자자에게 "북한과 쌍방울그룹 사이의 행사가 잘 이루어졌다"고 하면서 만날 것을 제의하는 내용의 이메일을 보냈다. 또한, 김태균은 2019. 8. 16.경에는 동일한 투자자에게 '쌍방울그룹이 홍콩에서 6,000만 달러, 한국에서 2,000만 달러 자금 조달을 마무리하고 있고, 이제 쌍방울그룹이 조달하고자 하는 자금이 2,000만 달러만 남았다'고 하면서, 자신이 해당 투자자에게 제안했던 5,000만 달러가 부담스러우면 1,500~3,000만 달러 정도만이라도 투자할 것을 권유하는 이메일을 보냈다.

당시 김태균이 보낸 메일에 기재된 것처럼 나노스 전환사채를 인수하겠다고 약속한 해외의 투자자들이 있었다는 김성태, 김태균 등의 진술은 없었다. 그렇다고 한다면, 김태균은 이 투자자를 기망하여 나노스 전환사채를 인수하도록 유인하기 위해 나노스 전환사채 1억 달러 발행 성공이 목전에 있는 것처럼 거짓 메일을 보낸 것이다. 명백한 사기 행각이다.

또는, 김성태와 김태균이 N Project 투자유치안상의 주식매입 조건대로 투자자를 모집하여 주가조작을 실행하였고, 그 결과 2019~2020년경 나노스 주식이 급등락하였을 가능성도 배제할 수 없다. 이 부분은 향후 수사를 통해 밝혀져야 할 부분이다. 그런데 김태균은, 선행사건 1심에 증인으로 나와서는, '2019. 7.경 마닐라 국제대회에 참가하고 나서 '김성태가 경기도로부터 사기를 당했다'고 판단하여 '1억 달러 조달 업무를 중단했다'고 증언을 하였다. 김태균은 위와 같이 투자자에게 한 말과는 배치되는 뻔한 거짓말을 한 것이다. 그런데도 선행사건 재판부는 이를 간과하고 김태균의 증언을 유죄 인정의 근거로 삼았다.

차. 국정원의 김성태의 주가조작 연루설 대두 가능성에 대한 우려

국정원은 2018. 5.경부터 안부수와 협조자 관계를 맺었다고 한다. 북미정상회담, 북일수교 협상과 관련하여 북한에서 김영철, 김성혜가 핵심적인 역할을 수행하고 있었는데 그런 김영철, 김성혜가 위와 같이 두 차례나 안부수를 평양으로 초청하여 초대소에서 만나고, 아태협과 조선아태위 사이의 합의서를 체결할 수 있게 해주는 등으로 신뢰를 보내고 있었기 때문이다. 국정원은 이러한 안부수를 통해 북미, 북일 사이의 관계 정상화 협상에 대한 북한의 전략, 협상의 전개 과정에 관한 정보를 취득할 뿐만 아니라 당시 문재인 대통령의 방북에 대한 답방으로 김정은이 2018년 내에 서울을 답방하는 문제와 관련하여 북한에서 핵심적 역할을 수행하는 김성혜에 대하여 모종의 영향을 미치고자 하였다고 추정할 수 있다.

당시의 남북관계와 북미관계의 상황과 추이, 국정원의 관심에 비추어, 2019. 1. 말경 당시는 국정원의 안부수에 대한 협조자 관계에서 매우 중차대한 시점이었다. 국정원이 의도하고 목적한 바대로 안부수를 통해 김성혜로부터 김정은 서울 답방 관련 정보를 획득해야 할 필요성이 절실한 상황이었기 때문이다. 그럼에도 불구하고 국정원은 2019. 1. 말경 "(쌍방울 오너 김성태)의 주가조작 및 국정원 연루 의혹 제기 가능성에 따른 예방적 차원"에서 안부수를 협조자로 활용하는 것을 종결하였다고 한다. 국정원이 김성태의 주가조작과 그에 대한 국정원 연루설이 대두될 가능성이 그만큼 높고, 임박해 있었다고 판단할 만한 구체적인 정보라도 확보했기 때문이었을까?

공교롭게도 국정원이 안부수와의 협조자 관계를 종결지은 시점이 김성태가 200만 달러를 중국 심양으로 밀반출하여 송명철에게 지급했다고 하는 2019. 1. 23.~24.경 직후였다. 국정원도 김성태의 이러한 위법행위와 주가조작 목적을 파악하고, 국정원 협조자인 안부수가 그에 관여하는 것이 매우 위험하다고 보았다는 의미이므로, 국정원의 안부수와의 협조자 관계 중단은 쌍방울그룹의 대북사업 목적이 주가조작에 있었음을 뒷받침하는 정황증거로 충분히 해석할 수 있다.

카. 선행사건 재판부 판단의 부당성

선행사건 재판부는 김성태가 단지 주가상승을 통한 시세차익을 얻기 위하여 대북사업을 추진한 것은 아니었다고 판단하였다.

[선행사건 1심 판결]

"만약 이화영의 주장처럼 경기도와 함께 인도적 지원을 하는 차원에서 500만 달러를 지급하는 것이 아니라 주가상승만을 목적으로 쌍방울그룹의 사업권을 확보하기 위한 계약금 차원에서 지급한 것이라면, 김성태는 처음부터 김태균을 통해 대규모 해외투자를 유치하는 과정에서 거짓말을 하였다는 것이 된다."

"이는 결국 국내에서 기업집단을 운영하는 CEO가 오로지 주가상승을 위하여 해외투자자들을 기망하여 1억 달러 상당의 돈을 유치하려는 무모한 시도를 했다는 것으로 경험칙상 받아들일 여지가 없다."

"쌍방울그룹의 대북사업을 결정한 김성태가 당시 나노스 주식을 매각하여 이익을 실현하기로 시도하였다는 등 리호남의 계획에 참여하였거나 이를 인지하고 있었다고 의심할 사정이 엿보이지 않는 점."

쌍방울그룹이 N Project 투자유치안에 기재된 바대로 주가조작의 방법으로 1억 달러를 조달하는 등으로 자본시장법을 정면으로 위반한다면, 한국거래소 시장감시위원회의 시장감시시스템(CAMS, Catch-All Market Surveillance)에 적발되거나 감지될 수밖에 없었을 것이다. 이로 인하여, 즉시는 아니라고 하더라도 상당한 기간 내에 한국거래소, 금융감독원의 조사를 받게 될 것이고, 나아가서는 형사 처벌과 제재를 받게 될 가능성이 높다. 김태균은 그러한 상황에 대비한 자기 방어 목적으로 김태균 회의록을 남겼을 가능성도 있다.

만일, N Project 투자유치안이 실행되고, 금융감독당국에서 그에 대한 조사에 착수할 경우, 국내외 금융시장에서 쌍방울그룹의 신용이 하락할 수밖에 없을 것이다. 이러한 상황하에서 쌍방울그룹이 북한과의 희토류개발사업 등을 실제로 추진할 경우, 그러한 조사가 현실화될 가능성을 높이는 방향으로 작용할 수밖에 없다. 쌍방울그룹이 장기간에 걸쳐 수십~수백조 원의 자본을 조달하면서 북한과의 대규모 경협을 진행하는 것은 불가능하거나 매우 어려운 일이 될 것이다. 추진하더라도 언제든지 좌초될 수 있다. 김성태가 정상적인 대기업 CEO였다고 한다면, 이러한 법적, 사업적 위험으로 인하여 N Project 투자유치안과 같은 방식으로 해외에서 나노스 전환사채를 발행고, 시세조종을 하는 것은 생각조차 하지 못했을 것이다. 그러나 김성태는 정상적인 대기업의 CEO가 아니었기 때문에 N Project 투자유치안을 만들어 해외에서 1억 달러라는 거액의 자금을 조달하고 시세조종을 하고자 했던 것이다.

선행사건 재판부는 이러한 점을 간과하고 김성태를 정상적으로 기업을 운영하는 CEO라고 믿은 나머지 변호인의 반대 주장을 배척하고 말았다.

6   대북사업에 대한 경기도의 지원, 보증은 가능한가?

가. 경기도가 할 수 있는 대북사업에 대한 지원, 보증의 목록

앞서 본 바와 같이 김태균 회의록에 등장하는 경기도의 지원, 보증은 "인도적 지원을 했는데 사업 기회를 못 갖는다면?"이라는 헤지펀드 투자자들의 당연한 의문에 대한 답변안으로 제시된 것이었다. 따라서 김태균 회의록에서 말하는 경기도의 지원, 보증은 쌍방울그룹으로부터 인도적 지원을 받은 북한이 개방 시에 쌍방울그룹에게 우선적 사업 기회를 부여할 것임을 경기도가 보증하거나 그러하도록 지원한다는 한정된 의미였다고 할 수 있다. 그럼에도 불구하고 검사는 이화영이 그러한 한정된 의미의 지원, 보증에 그치지 아니하고 쌍방울그룹의 대북사업 전반에 대하여 포괄적인 지원, 보증을 약속한 것처럼 주장한다. 김태균은 쌍방울그룹의 대북사업이 경기도와의 공동사업인 것으로 이해하였다고 진술하기도 하였다.

그러나 지방재정법상 지방자치단체가 사기업에 불과한 쌍방울그룹에 보증을 제공하거나 자금지원을 하거나 출자나 출연을 하는 것은 법적, 제도적으로 매우 제한적이어서 경기도가 쌍방울그룹의 대북사업에 대하여 대규모 채무이행 보증을 하거나 자금지원을 하거나 출자를 하는 것은 불가능에 가깝다. 2019년에 이르러 처음으로 20조 원을 초과한 경기도의 전체 예산 규모에 비추어 현실적으로 불가능하기도 하다. 이러한 점에서도 김성태, 방용철 등의 관련 진술은 믿을 수 없다.

이러한 점을 보다 구체적으로 살펴보기 위하여, 검사가 주장하는 식으로 경기도가 쌍방울그룹에 대한 포괄적인 지원, 보증을 제공한다고 할 때, 가능한 목록을 나열해보자면 아래와 같다.

① 대북접촉의 지원
② 대북사업에 대한 통일부의 승인절차 지원
③ 대북사업 합의서상 쌍방울그룹 측이나 북한 측의 의무 이행 보증
④ 쌍방울그룹이 조달하여야 하는 대북사업 자금 지원
⑤ 대북제재의 해제나 면제

나. 경기도의 쌍방울그룹 대북사업에 대한 지원, 보증의 가능성, 실효성 등
1) 대북접촉의 지원

김성태, 방용철, 안부수의 진술에 의하면, 쌍방울그룹은 안부수의 중개와 지원하에서 2018. 11.경 제1회 국제대회 무렵부터 쌍방울 중국공

장 책임자인 채○○이 리호남, 송명철 등과 접촉할 수 있는 라인을 확보, 유지하였고, 이를 통해 북한과 수시로 접촉하였다. 2019. 1. 17. 자 및 2019. 5. 12. 자 합의서를 연달아 체결하기도 했다. 그 이후에도 쌍방울그룹은 채○○을 통해 직접 리호남 등 북측 인사들과 접촉하였다.

반면, 경기도 평화부지사인 이화영, 평화협력국 국장 신○○은 직접 북한과 연락을 할 수는 없었고, 안부수를 통해서만 북한과 접촉할 수 있었다. 김성태, 방용철, 안부수의 진술에 의하더라도, 경기도는 대북제재 준수로 인하여 북한과 협의한 황해도 시범농장 사업 등 인도적 지원사업의 추진이 더디다는 이유로 북한으로부터 불평과 불만을 듣고 있었고, 이로 인하여 관계가 악화되었다.

오히려 김성태가 이화영에게 경기도가 추진하고 있는 대북사업을 지원해줄 수 있다고 하거나, 북한에 대하여 경기도의 대북 협력사업을 촉진하는 역할을 해보겠다고 과시하는 상황이었다. 김성태는 국내로 강제송환된 2023. 1. 18. 수원지검 조사에서 이화영이 김성태에게 자기와 경기도 평화협력국장도 김성혜를 만날 수 있게 해달라고 부탁하였다고 진술하기도 하였다. 검사도, 이화영이 김성태에게 이재명 경기도지사의 방북 초청을 북한 송명철, 리호남에게 부탁해달라고 요청하였다고 주장하고 있기도 하다.

쌍방울그룹은 2019. 1. 17. 합의서 체결 이후 안부수를 통하지 않고 리호남 등과 직접 접촉하였다고 한다. 반면, 경기도는 계속해서 안부수를 통해서만 북한과 접촉할 수 있었다. 이러한 상황하에서, 김성태가 경기도에서 쌍방울그룹의 대북접촉을 지원해줄 것이라고 믿고 쌍방울그룹의 대북사업을 결심하고, 추진하게 되었다는 김성태의 진술은 믿을 수 없다.

2) 통일부의 승인절차 등에 대한 지원

경기도가 쌍방울그룹에서 추진하는 1,000만 달러어치 내의 지원이나 김성태의 방북에 대한 통일부의 승인절차를 지원할 수 있는 여지가 없는 것은 아닐 것이다.

다만, 통일부의 승인은 쌍방울그룹이 북한과 합의한 대북사업 내용이 남북교류협력법 제17조의 요건을 갖추고 있는지 여하에 따라 좌우될 문제이다. 그런데 2019. 11. 28. 자 국정원 문서에 의하면, 쌍방울그룹은 2019. 1. 17. 자 합의 및 2019. 5. 12. 자 협약을 위한 일련의 대북접촉 과정에서 남북교류협력법 제9조의2에 따른 신고 절차를 위반한 것으로 드러난다. 2019. 1. 17. 자 합의 및 2019. 5. 12. 자 협약 사실도 통일부에 신고하지 아니하였다.

2019. 1. 17. 자 합의 및 2019. 5. 12. 자 협약에 대한 통일부의 승인은 결국 미국과 UN의 대북제재가 해제되거나 면제 승인을 받을 때나 가능한 일이었다. 다른 한편으로, 2019. 5. 12. 자 협약서에 대해서는 쌍방울그룹이 북한에 약속한 돈을 주지 못해 당사자들 스스로 그 체결식을 비공개로 하고, 내용도 비밀로 유지하기로 합의하였다.

이처럼 쌍방울그룹 스스로 통일부의 승인절차를 밟지 않고 있는 상황하에서, 경기도가 그에 대하여 어떠한 지원을 해줄 수 있는 여지 자체가 없었다. 쌍방울그룹이 통일부에 승인 신청을 했던 1천만 달러어치 쌍방울 내의 지원 문제의 경우, 그에 대한 방북 신청 등의 절차를 통일부

차관 출신 임원 등을 통해서 진행하였고, 경기도에 지원을 요청한 사실은 없었다.

3) 이행보증과 자금지원

북한이 쌍방울그룹과 체결한 경협 합의를 이행할지 여부는 전적으로 북한의 의사에 달린 문제이다. 북한이 합의를 미이행하더라도 쌍방울그룹이나 경기도가 어떤 법적 조치를 취할 수 없다. 따라서 경기도가 북한의 쌍방울그룹에 대한 의무 이행을 보증할 수는 없다. 이는 대한민국 정부라도 마찬가지일 것이다.

지방자치법과 지방재정법상 지방자치단체의 채무이행에 대한 보증은 엄격히 제한되어 있다. 경기도의 남북교류협력에 관한 조례상 경기도가 북한을 위하여 보증을 설 수 있는 근거도 없다. 쌍방울그룹의 대북사업에 대한 보증은 지방자치법과 지방재정법상 지방자치단체가 할 수 있는 채무이행 보증 대상에 해당된다고 볼 수 없다. 미국과 유엔의 대북제재에 의해서도 금지된다. 일반 국민들도 경기도가 북한의 채무이행을 보증한다고 하면, 대부분 반대하고 비난할 것이다. 따라서 정치적으로도 가능하지 않은 일이다.

지방재정법에 의하면, 지방자치단체는 소관 사무와 관련하여 '보조금을 지출하지 아니하면 사업을 수행할 수 없는 경우로서 지방자치단체가 권장하는 사업을 위하여 필요하다고 인정하는 경우' 조례에 지출 근거가 있는 때에는 기부, 보조 등으로 공금을 지출할 수 있다(지방재정법 제17조). 쌍방울그룹이 인도적 지원을 하고도 북한으로부터 우선적 사업 기회를 받지 못함으로 인한 손실을 보조해주는 것은 지방재정법상 지방자체단체의 보조가 가능한 경우에 해당한다고 할 수 없다. 지방재정법상 지방자체단체의 출자 또는 출연도 법령에 근거가 있는 경우에 한하여 지방의회의 의결을 얻어야만 가능하다(지방재정법 제18조). 지방재정법상 쌍방울그룹이 북한과 합의한 경제협력사업이 지방자치단체의 출자나 출연이 가능한 경우에 해당한다고 보기는 어렵다.

지방자치단체가 쌍방울그룹의 대북사업에 대하여 보조금 지급이나 출자나 출연의 방법으로 자금지원을 할 수 있는 법령상의 근거가 존재하는 것도 아닌 데다가 2019년에 이르러 처음으로 20조 원을 초과한 경기도의 예산 규모에 비추어 지방의회의 의결을 받는 것은 현실적으로 불가능에 가깝다. 일반 국민의 여론도 채무보증에 대한 것과 마찬가지로 매우 부정적일 것이다.

따라서 경기도가 인도적 지원사업 또는 소규모 경제협력사업이 아닌 수십~수백조 원의 자본을 장기간 투자하여야 하는 북한의 국책사업을 대상으로 하는 쌍방울그룹의 대북사업에 대하여 자금지원을 하는 것은 법적, 제도적으로뿐만 아니라 정치적으로 불가능에 가깝다고 할 수 있다. 미국과 UN 대북제재에 의해서도 자금지원이 불가능함은 보증과 마찬가지이다.

4) 대북제재의 해제나 면제

대북제재는 미국과 UN의 권한 사항이다. 남한의 북한에 대한 대북제재는 대한민국 정부의 권한이다. 따라서 지방자치단체에 불과한 경기도가 쌍방울그룹 대북사업에 대한 대북제재의 해제나 면제와 관련하여 어떤 지원을 할 여지는 거의 없다고 할 수 있다.

다. 경기도의 지원, 보증 약속을 믿고 대북사업을 결심했다는 진술의 신빙성

앞서 본 바와 같이 경기도가 쌍방울그룹의 대북사업에 대하여 제공할 수 있는 지원보증은 지방자치법과 지방재정법상의 제한, 한정된 경기도의 전체 예산 규모 등에 비추어 법적, 현실적으로 불가능에 가깝다. 투기적인 자본가에 속하는 김성태라 하더라도 이를 모를 리는 없다. 경기도의 지원, 보증을 믿고 대북사업을 결심하고 추진하게 되었다는 김성태의 진술은, 김성태를 대한민국 기업집단의 정상적인 CEO로 전제할 경우에는 더욱 더 믿기 어렵다고 보아야 한다.

김성태는 2023. 7. 18. 선행사건 1심에서 '피고인이 북한과의 사업이 잘될 것이라는 일반적인 전망을 얘기했고, 돈과 관련해서 경기도가 어떻게 해준다고 말한 사실은 없다'고 증언하였다. 김성태는 부지불식간에 쌍방울그룹의 대북사업 지원이나 보증에 대한 경기도 측의 약속 같은 것은 애초에 없었다는 진실을 말해버린 것이다.

문 그때는 하노이 회담이 결렬되기 전이기 때문에, 미국과 북한과도 굉장히 화해무드였고, 우리나라 대통령이 북한도 방북하고 판문점에서 만나기도 했던 해빙무드였잖아요. 그래서 북한과의 사업이 잘될 것이라는 일반적 전망은 이야기했을 수는 있는데, 돈과 관련해서 경기도가 어떻게 해준다, 경기도가 무언가를 해줄 수 있다는 얘기를 구체적으로 했는가요.

답 경기도가 무언가를 해줄 수 있다는 말씀은 안 했지만, 그 당시에 이화영 피고인 본인이 방북해가지고 말씀했던 것들이 안 될 경우에는 경기도가 북한하고 관계가 안 좋아진다는 식의 말씀을 했기 때문에 제가 김성혜를 만나러 심양까지 갔던 거고, 실제로 제가 그걸 확인한 다음에는 이화영 피고인이 잘 되길 비는 마음도 있었고, 그리고 또 제가 500만 불을 배팅하는 순간 어떻게 보면 경기도를 대신해서 주는 것이나 마찬가지기 때문에 사업가 입장으로서는 리스크가 있겠지만 한번 해보자고 생각했던 거죠. 사실은 경기도가 뒤에 있기 때문에 했던 거죠.

라. 김태균 회의록상 '경기도 지원, 보증' 문구의 허구성

미국의 헤지펀드나 홍콩이나 일본의 헤지펀드들에게 나노스는 듣보잡이나 마찬가지인 회사이고, 이러한 회사가 김태균이라는 개인을 통해 대북 경협 합의를 근거로 1억 달러의 해외 투자금을 조달하려고 한다면, '필시 사기적 시도가 아닌가?'라고 의심할 수밖에 없을 것이다. 김성태, 방용철이 김태균에 말한 '쌍방울그룹 대북 경협 사업에 대한 경기도의 지원과 보증'은, 쌍방울그룹의 대북 경협에 대한 해외투자자들의 그런 당연한 의심과 불신을 잠재우기 위한 목적으로 만들어낸 거짓말에 불과한 것이었다. 이화영이 '경기도가 쌍방울그룹의 대북 경협을 지원하거나 보증하겠다'고 약속한 사실이 없었기 때문에 김성태는 헤지펀드 투자자들로부터 그에 대한 '에비던스'를 요구받고도 김태균에게 에비던스를 제시하지 못했던 것이다.

마. 선행사건 재판부 판단의 부당성

선행사건 재판부는 아래와 같이 이화영이 쌍방울그룹의 대북사업에 대한 경기도의 지원보증을 약속하였고, 김성태는 그 약속을 믿고 대북사업을 추진한 것이라고 판단하였다.

[선행사건 1심의 판결]

"향후 사업의 진행 여부가 불투명하고 막대한 자금 투여가 필요하며, 국내에서도 거쳐야 할 행정절차가 존재하는 대북사업의 특성을 고려하여 볼 때, 김성태가 2018. 12.경 전격으로 대북사업을 추진하기로 결정한 데에는 피고의 부탁으로 경기도의 스마트팜 비용을 대납함으로써 경기도가 지원할 것으로 신뢰하였기 때문인 것으로 보인다."

"북한의 입장에서 보더라도 기업과 단독으로 추진하기보다는 정부나 지방자치단체의 지원 내지 보증이 전제된 기업과 추진하는 것이 사업의 지속성과 진정성을 담보할 수 있어 선호할 것임은 분명하다."

[선행사건 2심의 판결]

선행사건 2심은 1심과 동일한 취지로 판단하였다.

선행사건 재판부는 김성태의 대북사업 목적이 진지한 것이었다고 전제하였다. 그러나 앞서 본 바와 같이 김성태가 대북사업을 실제로 진행하고자 하는 진지한 목적이 있었다고 볼 수는 없다. 김성태, 방용철에게 있어 경기도의 지원, 보증은 대북 경협 테마의 신뢰성과 전파성을 높이기 위한 장식에 불과하였고, 그것으로도 충분하였을 것이다. 그럼에도 불구하고, 선행사건 재판부는 김성태가 실제로 대북사업을 진행하여 쌍방울그룹을 10대 재벌그룹 반열에 올려놓겠다는 원대한 포부를 갖고 있었다고 잘못 전제하고 판단한 셈이다.

선행사건 1심이 전제한 대로, 김성태가 대북사업을 통해 쌍방울그룹을 10대 재벌그룹의 반열에 올려놓고자 하는 정상적인 사업가였다고 가정해보자.

정상적인 사업가라면, 김태균 회의록상 헤지펀드 투자자들이 김성태가 설명한 쌍방울그룹의 대북사업에 대하여 의구심을 갖고 에비던스를 요구하였던 것처럼, 경기도의 지원, 보증하에 북한에 인도적 지원을 한다고 하여 북한으로부터 우선적 사업 기회를 보장받는 것은 불가능하거나 매우 가능성이 낮은 일임을 알아차릴 수 있어야 한다.

김태균 회의록에 의하면, 헤지펀드 투자자들마저도 경기도의 지원, 보증하에 경기도와 함께 추진한다는 쌍방울그룹의 대북사업을 테마로 이용하더라도 주가조작을 성공시키기 어려울 수 있다고 보고, 의문을 제기한 것이라고 추정할 수 있다. 하물며, 정상적인 사업가들이라고 한다면, 더욱 더 그러하였을 것이라고 예상할 수 있다. 따라서 이화영이 김성태에게 경기도의 지원, 보증하에 대북사업을 해보라고 권유하면서 스마트팜 비용 500만 달러 대납을 요구했다고 한다면, 정상적인 사업가 김성태로서는 이화영의 대납 요구를 받아들이지 않는 것이 자연스럽다. 앞서 본 바와 같이 쌍방울그룹의 대북사업에 대하여 지방자치단체에 불과한 경기도가 제공할 수 있는 지원, 보증은 현실적으로 불가능하거나 실효성이 없기 때문이다. 이러한 점에서도 선행사건 1심의 판단은 상식과 경험칙을 벗어난 것이라고 하지 않을 수 없다.

7 김태균 회의록 읽기: N Project 투자유치안 실행을 위한 전략회의

가. 김태균 회의록에 대한 검사의 주장, 선행사건 재판부의 판단

김태균 회의록은, 김태균이 김성태, 방용철 등을 직접 만나거나 전화로 통화를 하면서 협의한 내용을 기재한 문서라고 한다. 김태균 회의록에는 쌍방울그룹 대북사업의 배경과 목적에 대한 김성태의 설명과 요구사항, 질의와 답변 등이 메모되어 있다. 김태균 회의록은 5회 작성되었다: 2019. 1. 2.~3.경(1차 회의), 2019. 1. 26.~27.경(2차 회의), 2019. 2. 23.경(3차 회의), 2019. 3. 7.경(4차 회의), 2019. 4. 2.~3.경(5차 회의).

김태균 회의록에는 인도적 지원에 대하여 "경기도와 공동으로 추진하며, 경기부지사의 전폭적인 지원이 있음", "스마트팜 등 내용?→경기도에서 알아서 함", "경기도가 보증하고, 전폭적인 지원을 하고 있다"는 등의 문구가 등장한다.

검사는 이러한 문구들이 '김성태가 이화영의 요구에 따라 경기도를 위하여 스마트팜 비용을 대납하였고, 이화영으로부터 쌍방울그룹의 대북사업에 대한 경기도의 지원, 보증을 약속받았다'는 사실을 뒷받침한다고 주장하였다.

선행사건 1심은 아래와 같이 검사의 주장을 그대로 받아들였다. 김성태는 쌍방울그룹이라는 기업집단을 경영하는 CEO이므로, 해외에서 거짓말로 1억 달러를 조달하고자 하였을 리 없다는 것이다.

"앞서 본 바와 같이 김성태는 2019. 1.경 김태균에게 대북사업을 추진하기 위한 자금 유치를 요청하면서 경기도와 인도적 지원을 함께한다는 취지로 설명하였고, 김태균은 김성태의 위와 같은 부탁을 받아 2019. 1.경부터 같은 해 7.경까지 미국 헤지펀드, 일본, 홍콩 등에 자금 투자를 제안하였는데, 그 과정에서 정부 차원의 지원 내지 보증이 전제되어 있는지 여부를 문의하는 투자자들에게 경기도가 전폭적으로 지원해주고 있다는 취지로 설명한 것으로 보인다. 더욱이 이 사건 2019. 1. 17. 자 및 2019. 5. 12. 자 합의에 따른 경제협력사업은, 북한의 지하자원 개발 및 사회기반시설 건설 등과 관련된 대규모 개발사업의 사업권을 부여하는 것을 내용으로 하고 그 사업권 대가가 1억 달러에 달하는데 만약, 피고인의 주장처럼 경기도와 함께 인도적 지원을 하는 차원에서 500만 달러를 지급하는 것이 아니라 주가상승만을 목적으로 쌍방울그룹의 사업권을 확보하기 위한 계약금 차원에서 지급한 것이라면, 김성태는 처음부터 김태균을 통해 대규모 해외투자를 유치하는 과정에서 거짓말을 하였다는 것이 된다. 이는 결국 국내에서 기업집단을 운영하는 CEO가 오로지 주가상승을 위하여 해외투자자들을 기망하여 1억 달러 상당의 돈을 유치하려는 무모한 시도를 했다는 것으로 경험칙상 받아들일 여지가 없다."

나. 김태균 회의록의 목적, 안부수 수첩과의 차이점

안부수 수첩상의 메모는, 안부수가 회의 내용을 기억하기 위한 목적으로 작성한 것이다. 제3자에게 보여주거나 기타 다른 목적으로 메모한 것은 아니었을 것이다. 따라서 허위 개입의 여지가 없고, 문서의 성질상 고도의 신용성을 갖고 있다고 평가할 수 있다.

반면, 김태균 회의록은 안부수 수첩과는 다르다. 김태균 회의록은 1억 원 상당의 나노스 전환사채 발행을 위한 전략회의였다. 김태균이 나노스 전환사채를 인수할 잠재적 투자자들인 헤지펀드들로부터 제기받았거나 받을 것으로 예상되는 쌍방울그룹 대북사업의 문제점과 의문사항들을 질의로 제시하였을 것이다. 김태균은 그에 대한 김성태의 설명을 듣고 나서 검토, 분석하고, 김성태와 함께 답변안을 마련했을 것이다. 이러한 과정에서 나노스 전환사채 1억 달러 발행계획안인 N Project 투자유치안도 나온 것이다. 앞서 본 바와 같이 N Project 투자유치안은 투자자에게 주가조작을 제안하고, 함께 실행하기 위한 계획서다.

김태균과 김성태는 대한민국의 자본시장법 위반도 불사할 정도의 투기적인 투자자들을 대상으로 투자를 권유하고자 하였을 것이다. 김태균 회의록에 등장하는 헤지펀드 투자자는 바로 그런 투기적인 투자자를 이르는 말인 셈이다. 나노스 전환사채 1억 달러는 단독이 아닌 둘 이상의 헤지펀드 투자자들에게 분할 발행될 예정이었던 것 같다. 김태균과 김성태가 내놓은 답변안의 목적은 헤지펀드 투자자들이 나노스 전환사채 1억 달러를 인수하는 한편, 차익 확보를 위하여 김성태로 추정되는 제3자와 함께 10영업일 동안 나노스 주식을 매입하였다가 6개월 후 10

영업일 동안 나노스 주식을 매도하는 방법에 의한 시세조종에 가담하도록 유인해내는 데 있었을 것이다.

김태균 회의록은 김성태, 방용철과 김태균이 실제로 대화하고 협의한 내용을 담고는 있을 것으로 추정할 수는 있으나, 그 내용이 객관적 사실이라거나 객관적 사실에 근거한다고 할 수는 없다. 헤지펀드 투자자들이 N Project 투자유치안이 실현 가능하고, 이를 통해 예시된 막대한 차익을 얻을 수 있다고 믿도록 유인하기 위한 목적으로 작성된 질의와 답변에 불과하기 때문이다. 오히려 허위일 가능성이 높다고 보아야 한다.

김태균은 검찰에서 회의록을 작성한 이유에 대하여, "김성태가 투자유치를 부탁할 때 상당한 의심을 품고 만났었고, 메일이 아닌 전화를 하거나 만나서 직접 논의하였기 때문에 혹시 모를 나중을 대비해서" 회의록을 작성하였다고 진술하였다. 김태균은 김성태로부터 1억 달러 투자유치 성공에 대하여 거액의 보수를 약속받고 N Project 투자유치안을 작성하여 투자유치에 나섰을 것이다. 그런데 N Project 투자유치안이 실행되었을 경우 한국의 금융감독 당국이나 검찰이 나중에라도 그에 대해 조사와 수사를 하게 될 가능성이 높다고 판단하고, 이를 걱정할 수밖에 없었을 것이다. 김태균의 검찰 진술은, 그러한 위험한 상황에 대비하여, '김태균 본인은 김성태의 말이 사실인 것으로 믿고 김성태를 도와준 것에 불과하다'는 변명, 즉 향후 '자기방어'를 위하여 회의록을 남겼다는 말인 셈이다. 김태균의 2019. 4. 초경까지 단 5회의 회의록만 남긴 것도 그런 의심을 뒷받침한다. 이러한 점에서도 김태균 회의록의 내용이 객관적 사실 자체 또는 객관적 사실에 근거한다고 할 수는 없다.

다. 선행사건 재판부가 본 김태균 회의록

선행사건 재판부는 '쌍방울그룹과 북한이 과연 실제로 하겠다는 목적을 갖고 상호 간 경제협력사업을 진지하게 추진하였을까'라는 질문을 던져보지도 않고 그렇게 전제한 것으로 보인다. 즉, 김태균 회의록상 두 주체의 일방인 김성태, 방용철은 '쌍방울그룹을 10대 재벌그룹의 반열에 올려놓겠다는 원대한 포부를 가진 기업가'이고, 상대방인 김태균은 '국제금융시장의 관행과 기준을 충실하게 준수하여 쌍방울그룹이 필요로 하는 1억 달러 해외 조달을 성공시키고자 하는 지극히 정상적인 금융 브로커'라고 전제한 것이다. 선행사건 재판부는 그런 김성태, 방용철과 김태균이 객관적 사실에 기초하여 진지하게 회의를 하는 과정에서 김태균 회의록이 작성되었다고 본 것이다. 선행사건 재판부는 김성태와 김태균이 가진 위법하고 부정한 목적을 보지 못한 채 김태균 회의록을 읽고, 해석하였다. 그러니 김태균 회의록의 내용을 객관적, 합리적으로 해석할 수 없었던 것이다.

라. 1차 회의록에 대한 정당한 해석

1) 쌍방울그룹 대북사업 배경 설명

1차 회의록에 의하면, 먼저 김성태가 아래와 같이 쌍방울그룹의 대북사업 배경을 설명하였다.

대북사업 배경 설명(김회장):

- 농업지원, 내의 지원 등 인도적 지원을 통해 북한 개방에 대비
- 북한 개방시 사업기획 우선권 확보
- 미북 관계 긍정적이면 농업지원 등 인도적 지원 사업 성과가 사업기회가 되는 것

김성태는 김태균에게 '미북관계가 긍정적이면 농업 지원 등 인도적 지원사업 성과가 사업 기회가 될 것'이므로, '북한 개방에 대비'하여, 쌍방울그룹은 북한에 '농업 지원, 내의 지원 등 인도적 지원'을 함으로써 북한 개방 시 '사업 기회 우선권을 확보'하고자 한다고 설명한 것이다.

여기에서 주목되는 점은, 김성태의 설명 내용에는 '경기도를 위하여 스마트팜 비용을 대납한다'든지, '경기도가 쌍방울그룹의 대북사업을 지원, 보증한다'는 명시적인 문구가 전혀 포함되어 있지 않다는 것이다. 그러한 취지로 해석될 수 있는 단서도 포함되어 있지 않다.

검사의 주장과 김성태의 진술에 의하면, 김성태는 이화영의 권유에 따라 스마트팜 비용 500만 달러 대납을 결심하고 이화영으로부터 경기도의 지원, 보증을 약속받고 대북사업을 추진하기 시작하였다는 것이다. 스마트팜 비용 500만 달러 대납을 두고 대북제재 위반에 대한 두려움으로 여기저기 물어도 보고 고민을 많이 한 끝에 어렵게 결심하게 되었다는 것이다. 이화영의 대납 요구와 경기도의 지원, 보증 약속이 없었다면, 감히 대북사업을 결심하고 추진할 수는 없었다고도 하였다.

만일, 김성태의 진술에 의하면, '스마트팜 비용 500만 달러 대납'과

'경기도의 지원, 보증'이야말로 쌍방울그룹 대북사업의 배경 자체이고, 핵심 중의 핵심이라고 할 수 있다. 따라서 쌍방울그룹 대북사업 배경에 대한 김성태의 설명에는 '스마트팜 비용 500만 달러 대납'과 '경기도의 지원, 보증'이 들어가는 것이 매우 자연스럽다. 그런데 김성태의 설명에는 '스마트팜 비용 500만 달러 대납'과 '경기도의 지원, 보증'이 포함되어 있지 않다. 1차 회의 당시 김성태의 생각 속에는 '스마트팜 비용 500만 달러 대납'이라든지 '경기도의 지원, 보증', 이런 것들은 전혀 없었던 것이다. 그 이유는 다름이 아니라, '스마트팜 비용 800만 달러 대납'과 '경기도의 지원, 보증'은 사실이 아니었기 때문일 것이다.

2) 질의 및 답변

1차 회의록에는 쌍방울그룹 대북사업에 대한 김성태의 설명에 뒤이어 아래와 같이 '질의와 답변'이 기재되어 있다.

질의 및 답변:
- 인도적 지원? → 농업 지원 및 내의 등 대북 제재 상황을 고려
- 인도적 지원을 일반기업이 할 수 있나? → 경기도와 공동으로 추진하며, 경기부지사의 전폭적인 지원이 있음
- 인도적 지원을 했는데 사업기회를 못갖는다면? → 경기도가 보증하고, 전폭적인 지원을 하고 있다. 기사 참고
- 인도적 지원 통해 사업기회 획득시 예상되는 사업 분야는? → 아직 확정되지는 않았으나, 실무자 연결 후 자료 제공

- 선호하는 투자 유치 방식? → 전환사채 포함 모든 방법 강구
- 유치 규모는? → 오픈

가) "인도적 지원을 일반기업이 할 수 있나?"

김성태가 설명한 쌍방울그룹의 대북사업 배경을 접하고 나노스 전환사채 1억 달러를 인수하겠다고 나설 헤지펀드 투자자들이 있었을까? 나노스 전환사채를 인수하도록 투자자들을 연결해주겠다고 나설 국내외의 증권사나 IB가 있었을까?

정상적인 투자자라면, '인도적 지원으로 북한 개방 시 대북사업의 기회를 우선적으로 받을 수 있다'는 말을 믿으려고 하지 않을 것임은 자명하다. "인도적 지원을 일반기업이 할 수 있나?"라는 질의가 나올 수밖에 없는 것이다. 김성태가 국내외의 증권사나 IB가 아닌 김태균이라는 개인에게 나노스 전환사채 1억 달러 발행을 의뢰한 이유도 이 때문일 것이다.

또한, 김태균은, 김성태가 '농업 지원, 내의 지원 등 인도적 지원'을 쌍방울그룹이 단독으로 한다고 설명하였기 때문에 '일반기업에 불과한 쌍방울그룹이 인도적 지원사업을 할 수 있느냐'고 물을 수밖에 없었을 것이다. 헤지펀드 투자자들이 영리를 추구하여야 할 사기업인 쌍방울그룹이 북한에 인도적 지원을 한다는 것을 납득하지 못하고, 심지어는 부정적으로까지 평가하였기 때문이다.

나) "경기도와 공동으로 추진하며, 경기부지사의 전폭적인 지원이 있음"

1차 회의에서 "인도적 지원을 일반기업이 할 수 있나?"라는 질의가 제

기되고 나서야 "경기도와 공동으로 추진하며, 경기부지사의 전폭적인 지원이 있음"이라는 답변안이 제시되었다는 점에 우선 주목할 필요가 있다.

그런데 이화영 부지사는 2018. 10.경 평양을 2회 방문하여 황해도 시범농장 사업, 축산업, 양묘사업, 보건위생방역사업 등에 합의하였다. 이 사업들은 경기도가 단독으로 추진하는 남북교류협력사업이었고, 경기도는 대북지원사업자인 아태협을 통해 이 사업들을 진행하고자 하였다. 쌍방울그룹과 공동으로 추진하는 사업은 아니었던 것이다. 그럼에도 불구하고, 김성태와 김태균은 헤지펀드 투자자들에게 '이화영이 방북하여 북한과 합의한 인도적 지원사업들이 실제로는 쌍방울그룹과 경기도가 함께 추진하는 것들이다'라고 답변하자는 아이디어를 낸 것이다.

또는, 쌍방울그룹이 북한에 제안한 '1천만 달러어치 내의 지원'과 '단계적으로 300~500만 달러 상당을 지급하는 협동농장 지원'에 대하여, 헤지펀드 투자자들이 '영리를 추구해야 할 사기업이 무슨 인도적 지원사업을 하느냐'라는 의문을 제기할 것으로 예상되자, 이들 '인도적 지원사업이 쌍방울그룹 명의로 이루어지기는 하지만, 쌍방울그룹 단독으로 진행하는 것은 아니고, 실제로는 경기도와 공동으로 추진하는 것'이라고 포장해서 설명함으로써 그런 의문을 해소시켜 보자는 의도로 만든 답변안일 것이다.

이러한 답변안의 의도와 목적에 비추어 "경기도와 공동으로 추진하며, 경기부지사의 전폭적인 지원이 있음"이라는 답변안을 두고 '쌍방울그룹이 경기도를 위하여 스마트팜 비용 500만 달러를 북한에 대납하기로 하였다'는 취지로 해석할 수는 없다.

다) "인도적 지원을 했는데 사업 기회를 못 갖는다면?"

김성태가 설명한 쌍방울그룹 대북사업 배경을 접한 헤지펀드 투자자들로서는, 쌍방울그룹이 북한에 인도적 지원을 해준다고 하여 북한이 쌍방울그룹에 사업 기회를 부여할 법적 의무를 부담하는 것도 아닌데, 쌍방울그룹이 북한과 '농업 지원, 내의 지원 등 인도적 지원사업을 한다고 한들, 북한이 개방될 때 쌍방울그룹에 반드시 사업 기회를 부여할 것이라고 어떻게 믿나?'라는 의문을 제기할 수밖에 없었을 것이다. 김태균은 그런 의문을 접하였거나 그런 의문이 제기될 것으로 예상하고, '쌍방울그룹이 북한에 인도적 지원을 한다고 하여 북한 개방 시 북한으로부터 사업 기회를 우선적으로 받을 수 있다는 보장이 없지 않느냐'는 질의를 제기한 것이다.

라) "경기도가 보증하고, 전폭적인 지원을 하고 있다."

북한이 쌍방울그룹으로부터 인도적 지원을 받고 나서 쌍방울그룹에 우선적 사업 기회를 줄지 여부는 북한 당국이 전적으로 결정할 사항임은 자명하다. 따라서 남한의 지방자치단체에 불과한 경기도가 그에 대한 보증을 하는 것은 불가능하다고 할 수 있다. 지방자치법과 지방재정법상 지방자치단체는 공익을 위하여 필요한 경우에 한하여 채무자의 신청과 지방의회의 의결을 받아 채무자의 채무이행을 보증을 할 수 있다 (지방자치법 제139조 제3항, 지방재정법 제13조). 북한이 쌍방울그룹에 우선적 사업 기회를 주는 것에 대한 보증이 공익상 필요하다고 볼 수 없고, 쌍방울그룹이 인도적 지원을 하고도 북한으로부터 우선적 사업 기회를 받지 못한 손실 자체는 보증의 대상이 될 수 있는 채무에도 해당되지 않는다. 따라서 경기도가 보증을 제공하는 것은 불가능하다. 실제로도 이화영이 쌍방울그룹에 그런 취지의 보증을 제공하겠다고 약속한 사실도 없었다.

따라서 김태균이 헤지펀드 투자자들에게 "경기도가 보증하고, 전폭적인 지원을 하고 있다"고 답변하고, 설명을 한다고 한들 설득되거나 유인당할 헤지펀드 투자자들이 과연 있었을지 의문이기는 하나, 김태균 회의록에 의하면, 김태균과 김성태는 헤지펀드 투자자들이 나노스 전환사채 1억 달러를 인수하도록 유인해내기 위한 목적으로 그렇게라도 답변하고 설명해보자고 아이디어를 내었을 것이다. 1차 회의록에 "기사 참고"라고 적혀 있기는 하나, 당시 그런 답변에 부합하는 언론기사가 존재하였던 것은 아니었다. 이런 경위와 목적에 비추어 볼 때, 김태균 회의록에 기재된 "경기도가 보증하고, 전폭적인 지원을 하고 있다"는 문구를 근거로 이화영이 김성태에게 대납을 요구하면서 '경기도의 지원보증을 약속하였다'고 추정할 수는 없다.

마. 2차 회의록에 대한 정당한 해석

2차 회의록에는 다음과 같은 질의와 답변이 기재되어 있다.

- 헤지펀드가 정부지원 없는 인도적 지원 및 협력 사업이 가능한지 의구심

을 갖고 있음 → 경기도/통일부의 지원이 있음
- 협력 사업 분야의 우선권이 확보되면, 매우매력적이나 솔직히 반신반의 하는데 어떤 내용으로? → 단순한 협력관계가 아님. 경기도 부지사는 그룹의 리더로 봐도 됨. 컨퍼런스 콜 요청하면 확인
- 어떤 분들이 인도적 지원의 창구를 하는지 펀드에 공개해도 되나? → 경기도 부지사 및 과거 통일부 출신이 그룹에 초빙될 것임. 공개여부는 추후 이야기 해주기로 함
- 특히 에비던스 공개 여부? → 진행과정의 합의서, 회의록은 비밀준수 약정 후 공개함

김태균은 "헤지펀드가 정부 지원 없는 인도적 지원 및 협력사업이 가능한지 의구심을 갖고 있음"이라는 질의 사항을 제기했다. 아마도 '지방자치단체인 경기도와 함께 또는 경기도의 지원하에서' 쌍방울그룹이 인도적 지원사업을 한다는 1차 회의에서의 답변과 설명을 해주었음에도 불구하고, 헤지펀드 투자자들을 납득시키지 못하였기 때문일 것이다.

김태균과 김성태는 이에 대하여 "경기도/통일부의 지원이 있음"이라는 답변안을 내놓았다. 1차 회의록에서 "경기도가 보증하고, 전폭적인 지원을 하고 있다"라는 답변안을 준비했었는데, 헤지펀드 투자자들에게 그 답변안대로 설명을 해주었음에도 불구하고 쌍방울그룹이 인도적 지원사업을 통해 북한 개방 시 우선적 사업 기회를 확보할 수 있다고는 도무지 믿으려고 하지 않았기 때문일 것이다. 정상적인 투자자라면 누구나, '쌍방울그룹이 경기도의 지원, 보증하에 북한에 인도적 지원을 하게

되면, 북한이 개방될 때 우선적 사업 기회를 갖게 될 거다'라는 말에 선뜻 믿지 못하거나, 반신반의하는 태도를 보이는 것이 자연스러운 일이다.

혹은, N Project 투자유치안은 김성태로 추정되는 제3자와 투자자가 상호 공모하여 주가조작을 해보자는 내용임을 알아차린 헤지펀드 투자자들이, "경기도가 보증하고, 전폭적인 지원을 하고 있다"는 정도의 풍문(김태균이 검토해주었다는 나노스 IR자료에서 확인되듯이 사실이 아니었기 때문에 그렇게 공시하는 것은 불가능)을 주식시장에 유포시키는 것만으로는 N Project 투자유치안에 따른 주가조작을 성공시킬 수 있는 가능성이 높지 않다거나 그렇게 확신할 수 없다고 보았기 때문일 수도 있다.

이런 이유로 김태균과 김성태는 경기도 이외에 추가로 통일부의 지원도 있다고 답변하기로 의견을 모았을 것이다. 경기도뿐만 아니라 대한민국 정부도 쌍방울그룹의 대북사업을 지원한다고 답변하자고 두 사람의 의견을 모은 것이다. 그러나 통일부는 쌍방울그룹의 1천만 달러어치 내의 지원을 위한 김성태의 방북 신청을 불허하기까지 하였는바, 이 부분 답변은 거짓말임이 명백하다.

또한, 헤지펀드 투자자들이 "협력사업 분야의 우선권이 확보되면, 매우 매력적이나 반신반의"한다고 하면서 "특히 에비던스 공개 여부"를 묻는다는 질의사항이 나왔다. 이에 대하여는 "진행과정의 합의서, 회의록은 비밀준수 약정 후 공개함"이라는 답변안이 제시되었다. 당시 쌍방울그룹 대북사업에 대한 경기도의 지원, 보증을 명시한 경기도 명의의 합의서나 회의록은 존재하지 아니하였으므로, "비밀준수 약정 후 공개함"이라는 답변안도 명백한 거짓말이다.

바. 3차 회의록에 대한 정당한 해석

3차 회의록에는 "인도적 지원에 너무 많은 예산?"이라는 질의가 제시되었다. 만일, 김태균이 헤지펀드 투자자들에게 '쌍방울그룹이 자신의 대북사업에 대한 경기도의 지원과 보증을 받기 위해 경기도를 위하여 북한에 스마트팜 비용을 대납하게 되었다'고 말했다고 한다면, 대납한 돈은 경기도의 지원과 보증을 받기 위한 대가로 지급된 것이고, 실질적으로는 인도적 지원 예산은 아닌 셈이므로, 계산에 밝은, 또는 N Project 투자유치안의 목적이 주가조작에 있음을 알아차린, 헤지펀드 투자자들이라고 한다면, 위와 같은 우려를 재차 제기할 리는 없었을 것이다.

위 질의에 대하여 "회장도 걱정. 그러나 경기부지사 등 요청이 전제되어 다른 옵션이 없음"이라는 답변안이 나왔다. 그런데 이러한 내용의 답변에도 불구하고 헤지펀드 투자자들은 설득되지 않았던 모양이다. 4차 회의록에 의하면, 계속해서 "IR을 하면 오히려 불리할 수 있을 텐데?", "스마트팜 등 내용?"이라는 질의가 다시 제기되었으니 말이다. 4차 회의록에 의하면, 그래서 "(스마트팜은) 경기도에서 알아서 함"이라고 답변하기로 할 수밖에 없었던 것 같다. 다시 말하여, 거두절미하고 '스마트팜은 쌍방울그룹과는 관계없다'고 답변해버리자고 두 사람의 의견을 모은 셈이다. 이러한 점들에 비추어 볼 때, 3차 회의록상 "회장도 걱정. 그러나 경기부지사 등 요청이 전제되어 다른 옵션이 없음"이라는 답변안을 근거로 '김성태가 경기도를 위하여 스마트팜 비용 500만 달러를 대납하기로 하고 쌍방울그룹의 대북사업을 결심하였다'라고 단정할 수는 없다.

사. 3차 회의록에 '스마트팜'이 처음 등장하는 이유

3차 회의록에서 주목할 점은 "회사 IR에 인도적 지원을 담기는 어려운데 회사 계획?"이라는 질의에 대한 답변으로 제시된 "경기도에서 스마트팜 같은 미래지향형 개념으로 연계 제안"과 그에 연이어서 제기된 "스마트팜 관련 전문 인력을 통해 구체적인 내용?"이라는 질의에 이르러서야, '스마트팜'이라는 용어가 처음 등장한다는 사실이다. 1, 2차 회의록에는 '내의 지원, 농업 지원 등 인도적 지원'이라고만 언급되어 있고, '스마트팜'이라는 용어는 아예 등장하지도 않는다. 2019. 1. 23.~24.경 북한에 200만 달러를 지급하고 난 직후에 진행된 2차 회의에서도 김성태는 '경기도를 위하여 스마트팜 비용 대납'이라고 말하지 아니하고, "농업 지원, 내의 지원 등 인도적 지원 본격화"라고만 설명하였다.

김태균은 수원지검에서, 뒤늦게 3차 회의 때부터 '스마트팜'이라는 용어를 사용하기 시작한 것은, "2019. 2.경 방용철과 나노스 IR자료를 논의할 때 농업 지원이라는 용어는 좀 후져 보여 물어보았더니 경기도에서는 '스마트팜'이라는 용어를 쓰고 있다고 하여 그때부터 스마트팜이라는 표현을 사용했던 것 같습니다", "외부 투자유치를 위해 나노스 IR 자료를 작성하는 것이라 인도적 지원사업을 담기에 적절하지 않아 방용철에게 물어보았더니 경기도에서 스마트팜 같은 미래지향형 사업 개념을 연계해 보라고 제안을 했다고 들었습니다"라고 진술하였다. 즉, 방용철이 경기도에서 조언을 듣고 헤지펀드 투자자들이 부정적으로 평가하는 '인도적 지원'이라는 용어 대신에 헤지펀드 투자자들이 거부감 없이 받아들일 수 있는 '스마트팜'이라는 용어로 변경하여 사용하기 시작한 것일 뿐이라는 말이다.

이처럼 3차 회의록에 이르러 '스마트팜'이라는 용어가 등장한 경위에 비추어 보면, 김성태가 이화영으로부터 스마트팜 비용 500만 달러를 북한에 대납해달라는 요청을 받고는 그 대납을 결심하고 쌍방울그룹의 대북사업을 결심하고 추진한 것이다'라고 단정할 수는 없다.

아. 4차 회의록에 대한 정당한 해석

4차 회의가 있었던 2019. 3. 7.경 당시는 하노이 미북정상회담이 결렬된 이후의 시점이다. 이에 따라 "대북제재가 지속될 텐데 안전판 차원에서 경기도의 확인을 받아놓는 에비던스를 투자자들이 요구?"라는 질의가 제기되었다. 이러한 상황하에서 "약속된 인도적 지원 집행을 계속할 예정"이라고만 설명하고, "인도적 지원 실행 약속, 미래 사업은 몇 년이 걸리더라도 약속"이라는 답변안이 등장할 뿐이다. 정작 스마트팜에 대해서는 "스마트팜 등 내용?→경기도에서 알아서 함. 다른 협력 분야 집중"이라고만 기재되어 있다. 스마트팜은 쌍방울그룹의 약속된 인도적 지원 집행과는 관계가 없다는 뜻이다.

앞선 1, 2, 3차 회의록에 기재된 답변안에 기초한 설명에도 불구하고, 헤지펀드 투자자들이 김태균에게 계속해서 영리를 추구하여야 할 기업인 나노스에서 스마트팜 사업을 하는 것을 이해하지 못하고, 부정적으로 평가하였기 때문일 것이다.

만일, 당시 김태균이 헤지펀드 투자자들에게, '쌍방울그룹 대북사업에 대한 경기도의 지원, 보증을 받기로 하고 지급하는 비용'이라고 설명을 했다면, 헤지펀드 투자자들은 '인도적 지원'은 명목에 불과하고 사실은 나노스가 사업을 위하여 지출하는 비용(즉, 경기도의 지원, 보증을 받기 위하여 필요한 비용)임을 알아차렸을 것이고, 따라서 그러한 의문을 거듭 제기했을 리는 없을 것이다. 김성태와 김태균은 그런 식으로 답변하거나 설명하지도 아니하였고, 그렇게 답변하거나 설명할 생각조차 못한 나머지 '스마트팜은 경기도에서 알아서 한다'고 답변을 함으로써, '영리를 추구하는 기업인 나노스가 웬 스마트팜 사업이냐'는 식의 반응을 보이는 헤지펀드 투자자들의 의문과 부정적 평가를 불식시키기로 한 것이라고 짐작할 수 있는 대목이다. 김성태가 말한 '인도적 지원'은 실제로도 경기도의 지원과 보증에 대한 대가로 지출된 비용이 아니었고, 따라서 김성태로서는 그런 아이디어 자체를 생각해낼 수 없었기 때문에 그렇게밖에 설명하지 못한 것이다.

따라서 4차 회의록의 문구들도 검사가 주장하는 스마트팜 비용 500만 달러 대납이나 경기도의 지원, 보증에 대한 이화영의 약속을 뒷받침한다고 해석할 수는 없다.

자. 5차 회의록에 대한 정당한 해석

5차 회의록에는 아래와 같은 문구가 등장한다.

북측:
[중략]
- 스마트팜 등 농업지원은 따로 챙겨주길 희망

남측:
- 기타 인도적 지원은 경기도와 수시로 협의 예정

김태균은 2019. 4. 2.~3. 마카오에서 김성태, 방용철, 송명철, 리호남 등과 회의를 하였다. 당시 회의는, 김성태의 진술에 의하면, 환치기로 300만 달러를 가져와 송명철에게 지급하기로 합의된 상황하에서 진행되었다. 물론, 2019. 4. 초경 송명철에게 300만 달러를 지급한 것이 사실인지에 대하여 심각한 의문이 있다. 이러한 상황하에서 북측 인사들이 쌍방울그룹 측에 "스마트팜 등 농업 지원은 따로 챙겨주길 희망"한다는 말을 하였다는 것이다. 김태균은 수원지검에서, 마카오 회의 당시 송명철이 방용철에게 '경기도하고 진행되는 것이 잘되고 있는 것이냐'고 묻자, 방용철이 '잘 협의하고 있다'고 답하는 것을 듣고는 위와 같이 기재하였다고 진술하였다. 송명철 등 북측 인사들이 이렇게 말한 것은 2019. 1. 23.~24.경 받은 200만 달러와 위 마카오 회의 직후인 2019. 4. 초경 받게 될 300만 달러를 당시 경기도가 추진하는 스마트팜 사업과는 관계없는 별도의 돈으로 인식하고 있었기 때문이라고 추정할 수밖에 없다. 당시 송명철 등은 위 200만 달러와 300만 달러는 쌍방울그룹이 대북사업을 하기 위한 돈이지, 쌍방울그룹이 경기도를 위하여 북한에 대납한 돈은 아니라고 인식하고 있었음을 보여주는 발언이다.

차. 김성태 애용 주가조작 테마: '대북 경협 수혜'와 '유력인사 비호'

나노스 제3회 전환사채를 매입한 투자자가 나노스 대표이사와 제우스1호투자조합 대표에게 보낸 내용증명 우편에는 아래와 같은 내용이 기재되어 있다.

- 또한 나노스는 대북사업에 매진하기 위해 최근에는 동대문소재 쌍방울 사옥에 더불어민주당 대북팀의 사무실을 내주어 매일 출근하고 있다
  (중략)
  기 위해서는 최소한 3만원까지는 가야한다. 나노스 회장은 맘만 먹으면 주가를 맘대로 끌어올릴 수 있다. 면서 나노스 전환사채권리를 매입하라고 하였습니다.
- 이에 통고인이 미국의 재제로 대북사업이 어렵지 않겠느냐 묻자, 나노스는 북한의 실세들과 연결되어있어 미국의 재제를 피해 요양병원등 노인의료시설 및 남북철도 연결시 철도침목을 독점공급하기로 하였으며, 결정적인 것은 나노스는 북한당국과 희토류 독점채굴 계약은 이미 체결하였고 발표만 남았는데, 이거 발표하면 나노스는 줄상한가로 날아가 사고싶어도 살 수 없는 주식이 되니 빨리 이○○ 소유의 위 전환권을 매입하라고 하였습니다.
- 또한 나노스는 평양냉면 독점 사업권까지 확보했다고 하였습니다.

위 내용증명은 제우스1호투자조합 관련자들이 나노스 제3회 전환사채를 발행하고 매도할 때 '대북 경협 수혜'와 '정부나 지방자치단체의 고위 인사와의 유착 내지 비호'를 테마로 내세워 투자자들을 기망하였음을 보여준다.

김태균 회의록에 기재된 질의와 답변에 등장하는 '인도적 지원으로 북한으로부터 우선적 사업 기회를 확보'와 '경기도의 지원과 보증'이라는 문구는, 국내 주식시장에서 쌍방울그룹이 애용해온 주가조작 테마인 '대북 경협 수혜'와 '정부나 지방자치단체의 고위 인사와의 유착 내지 비호'라는 문구와 본질적으로 다르지 않다. 전자는 후자를 헤지펀드 투자자들용으로 각색한 것이라고 볼 수 있다. 즉, 김태균 회의록에 기재된 질의와 답변은 객관적으로 존재하는 사실에 근거한 것이 아니라 김태균이 접촉한 해외의 투기적인 헤지펀드 투자자들이 N Project 투자유치안에 따른 나노스 주식 시세조종과 이를 통한 거액의 차익 취득이 얼마든지 성공 가능하다고 믿게 하여 나노스 전환사채 1억 달러 상당을 인수하도록 유인하기 위한 목적으로 만들어낸 거짓말들인 것이다.

카. 선행사건 2심의 김태균 증인신문 배척

김태균에 대한 1심 증인신문에서는 N Project 투자유치안의 내용이 '주가조작을 이용한 나노스 전환사채 1억 달러 발행 계획'이고, 김태균 회의록은 '헤지펀드 투자자들로 하여금 그런 계획이 성공 가능하다고 믿고 나노스 전환사채 1억 달러를 인수하도록 유인해내기 위한 목적의 전략회의록'이라는 점에 대한 신문이 전혀 없었다.

이화영 변호인은 이러한 점들을 고려하여, 2심에서 김태균에 대한 추가 증인신문을 요청하였다. 그러나 2심 재판부는 이를 받아들이지 아니하고 판결을 선고하고 말았다.

True

5부

쌍방울그룹이 송명철에게
지급한 500만 달러는 대납일까?

False

1 송명철 명의의 영수증 제출 경위에 대한 의혹
2 2019. 4. 초경 300만 달러 지급 경위와 용도에 대한 의혹
3 스마트팜 500만 달러 지급이 경기도를 위한 대납인지 여부

1 송명철 명의의 영수증 제출 경위에 대한 의혹

채○○은 수원지검에 송명철 명의의 영수증 4장(2019. 1. 24. 자 200만 달러, 2019. 4. 6. 자 150만 달러, 2019. 4. 11. 자 150만 달러, 2019. 12. 1. 자 865,800 유로와 1,016,321 달러)을 제출했다. 방용철이 송명철로부터 받아 채○○에 주었고, 채○○이 중국에서 보관해왔다는 것이다.

그런데 채○○은 수원지검에서 2019. 11. 27.~12. 1.경까지 매일 심양으로 밀반출해온 달러화 등을 즉시 송명철에게 지급하고 지급할 때마다 지급액을 누적하여 '포스트잇'같은 종이에 기재한 영수증을 받았고, 그 금액이 달러화와 유로화를 합쳐 300만 달러였던 것으로 기억한다고 진술하였다. 김성태도 2023. 1. 18. 수원지검 조사에서 2019. 11. 27.~12. 1.경 송명철에게 지급한 금액이 300만 달러라고 진술하였다. 김성태는 이날 조사에서 자료를 확인하고, 변호사와 상의한 후 구체적으로 진술하겠다고 하고 나서 2023. 1. 28. 조사에서도 300만 달러를 송명철에게 지급하였다고 진술하였는데, 2023. 3. 19. 조사에 이르러서는 200만 달러로 변경하였다. 한편, 배상윤은 2023. 1. 15. 자 진술서에서 2019. 12. 말경 또는 2020. 1.경 김성태로부터 직원들을 동원하여 겨우 300만 달러를 북한에 지급하였다는 말을 들었다고 진술하였다.

채○○이 수원지검에 제출한 송명철 명의의 영수증들을 돈을 지급한 당시에 받아서 쌍방울 중국공장에 보관해왔다고 한다면, 2019. 12. 1. 자 송명철 영수증에 달러화와 유로화를 합쳐 약 200만 달러라고 기재되어 있음에도 불구하고 위와 같이 300만 달러라고 진술한다는 것은 발생하기 어려운 일이다. 더욱이 채수용이 검찰에 제출한 영수증은 김성태가 진술한 '포스트잇'같은 종이를 이용하여 작성된 것도 아니다.

이러한 점에 비추어, 채○○이 수원지검에 제출한 4장의 영수증이 송명철에게 돈을 지급한 당시에 받아놓은 것이 아니라 김성태가 수원지검에 구속된 이후 송명철 등에게 요구하여 받은 영수증일 가능성을 배제할 수 없다. 송명철 명의의 영수증을 사후에 받았다고 한다면, 수원지검에서 김성태가 실질적으로 소유하는 회사들에서 인출된 수상한 자금 흐름에 맞추어서 영수증을 허위로 작성받았을 수도 있다. 적어도 그에 대한 합리적 의심을 배제하기 어렵다고 할 것이다.

2 2019. 4. 초경 300만 달러 지급 경위와 용도에 대한 의혹

가. 김성태의 관련 진술의 비일관성, 객관적 상당성 결여

김성태는 2023. 1. 28. 수원지검 조사에서, 2019. 4. 초경, 임직원들을 동원해 휴대 밀반출했던 2019. 1.경과는 달리, 환치기로 중국에서 300만 달러를 받아 송명철에게 지급하였다고 진술했다. 환치기란 '국내에서 환치기 업자에게 현금 또는 계좌이체 방식으로 돈을 전달하고, 환치기 업자의 수수료를 제외한 나머지 금원을 외국에서 달러 등 외화로 전달받는 방법'을 말한다.

김성태는, 위와 같이 휴대 밀반출에서 환치기로 변경한 이유에 대해, 김영철이 직접 전화로 '이전에 달러를 전달하였을 때 중국 공항에서 직원들이 단속되었고, 그러한 사정이 중국 당국에 알려지면 김 회장이 상할 수 있다'고 하면서 제3국에서 전달해달라고 요구하였기 때문이라고 진술했다.

그러나 김성태의 이 진술은 매우 의심스럽다. 우선, 김영철은 김성태를 직접 만난 적이 없다. 더욱이 김영철은 2019년 당시 북한 체제에서 강경파 권력 실세로 평가받고 있었고, 대남 및 대미 협상의 책임자 역할을 하였다. 이런 지위에 있는 김영철이 직접 김성태에게 전화로 휴대 밀반출 대신 환치기로 제3국에서 돈을 달라고 요청했다는 것은 상식적으로 믿기 어렵다.

2019. 1. 23.~24.경 중국 심양공항에서 중국 당국에 의하여 적발된

사실도 확인된 바 없다. 방용철, 채○○은 2019. 1. 23.~24.경 쌍방울그룹 임직원 수십 명이 가져온 돈을 중국 심양공항 화장실에서 회수해서 능라도식당에서 송명철에게 지급했다고 했는데 그 과정에서 중국 당국에 적발되었다는 등의 사정은 전혀 진술하지 않았다. 중국 당국에 적발된 사실이 없었기 때문이라고 추정할 수밖에 없다.

김성태는 같은 날 수원지검 조사에서, 2019. 4. 초경 송명철에게 300만 달러를 지급할 때, 북측에서 마카오와 평양에 카지노를 소유하고 있는 조선족을 통해 돈을 수령하겠다고 하여, 김성태는 먼저 국내에서 환치기를 하여 마카오에서 미화 300만 달러 상당의 홍콩 달러를 받아 송명철에게 전달하고 일단 영수증까지 받았다고 진술했다. 그런데 조선족 사장이 송명철 등이 수용할 수 없는 5%의 수수료를 달라고 하여 김성태가 송명철에게 지급한 돈을 돌려받아서 홍콩으로 가져가 재차 환치기에 의하여 광저우로 돈을 보내고 나서 송명철에게 미화 300만 달러를 지급했다고 진술했다. 이 부분 김성태의 진술도 상식적으로 매우 이상하다. 조선족 사장이 요구한 5%의 수수료를 거부하고 그보다 크게 작지도 않은 2억 원의 추가 비용을 들여가면서 번거로울 뿐만 아니라 홍콩에서 광저우로의 현금 운반 과정에서 중국 당국에 적발될 위험(추가로, 김성태가 그렇게 염려했다는 돈을 뺏길 위험)까지 감수하면서 재차 환치기를 했다는 것은 믿기 어려운 일이다.

김성태는 2023. 3. 19. 수원지검 조사에서는, 2019. 4.경 300만 달러 대북송금 당시 마카오와 평양에 카지노를 갖고 있는 조선족 사장이 요구했다는 수수료에 대하여, 2023. 1. 28. 조사에서 '5%'가 아닌 '10%'로 변경했다. 5%의 수수료를 감당하지 못해 2억 원의 추가 비용을 들여가면서 환치기로 홍콩에서 광저우로 미화 300만 달러를 보내 송명철에게 지급했다는 진술이 상식적이지 않음을 지적받았기 때문일 것이다.

김성태는 이날 조사에서 환치기 업자가 10일에 걸쳐 홍콩에서 광저우로 달러를 현금으로 가져갔다는 새로운 진술을 내놓았다.

답 그것은 환치기 업자들이 하는 것입니다. 얼마씩 나눠서 짊어지고 가겠지요. 걔들 일이 그것이니까요. 다만 환치기업자가 한 번에 300만 불을 환전하여 광저우로 가면 단속 될 수 있어 여러 번 나눠서 배달을 하였고, 돈을 전달하는데 일주일에서 10일 정도 걸린 것으로 기억합니다.

김성태는 2023. 3. 19. 수원지검에서 광저우에서 300만 달러를 받아 다시 중국 국내선 비행기를 타고 심양까지 운반해서 송명철에게 2번에 걸쳐 지급하고 영수증을 받았다고 진술을 재차 변경하였다. 종전 진술에서는 환치기로 광저우에서 송명철에게 돈을 지급하였다고 진술했었다.

답 돈을 한꺼번에 다 옮길 수가 없어서 150만불이 도착하는대로 심양으로 옮겼고 그래서 거기서 송명철로부터 영수증을 받았습니다. 영수증이 150만불씩 2개일텐데 각각 150만불이 심양으로 옮겨진 날입니다.

답 비행기 타고 갔습니다. 150만불씩 2번 옮겼는데 4명이 캐리어에 나눠서 포장하고 갔습니다. 국내선이라서 검열이 심하지 않더라고요.

중국은 공산당 일당이 지배하는 독재체제이고, 달러 등 외화의 유통이 자유롭지 못할 텐데 위와 같이 홍콩에서 광저우로, 광저우에서 심양으로 두 번에 걸쳐 300만 달러를 휴대 운반하는 위험을 감수했다는 말은 믿기지 않는다.

김○○, 김성태는 2023. 3. 19. 수원지검에서 2019. 4.초경 자금 조성과 환치기 방법에 대하여 아래와 같이 진술하였다.

[2019. 4. 초경 300만 달러 환치기]

답 2019. 3. 20.경 판토스 홀딩스로부터 김성태 회장님 개인주식을 담보로 제공하고 차용한 30억 원과 기존에 빌려놓았던 수표들입니다. 그리고 김성태 회장님의 지시에 따라서 오크우드 호텔에서 만나라고 해서 수표를 가져다 주었습니다

답 저는 삼성동에 있는 세븐럭 카지노의 아는 후배가 있어서 그 후배에게 부탁을 했고 중국 환치기 하는 업자들이 연결됐습니다. 수수료 2.5%의 싸게 해서 마카오로 보냈습니다. 먼저 박○○을 마카오로 보냈고, 제가 김○○에게 돈을 마련하라고 해서 수표를 받았습니다.

김성태와 김○○은 2019. 4. 초경 환치기는 서울 삼성동 소재 카지노에서 일하는 후배를 통해서 이루어졌다고 진술한 점에 주목하지 않을 수 없다. 이 300만 달러는 북 측에 지급하기 위한 것이 아니라 도박에 사용하기 위한 자금이 아니었을까?

나. 배상윤의 2023. 1. 15.자 진술서 기재 내용

배상윤이 수원지검에 제출한 2023. 1. 15. 자 진술서에 의하면, 김성태가 2019. 4. 초경 환치기로 마카오에 송금한 300만 달러는 북한에 지급한 돈이라고 할 수 없다. 배상윤은 위 진술서에 아래와 같이 기재하였다.

1) 2019년 5월경 중국 단동에서 북한과 경협 합의서 체결 전인지 후인지 시점은 정확하게 기억나지 않으나 김성태로부터 북측이 200만 달러를 받고 나서 추가로 300만 달러를 요구해서 주기로 약속했다면서 그 일부를 부담해달라는 요청을 받고는 미국의 대북제재와 국가보안법에 위반되는 일로 위험하다고 생각해서 거절하였다.

2) 2019년 12월 말경 또는 2020년 1월경 김성태로부터 '직원들을 동원해서 북측에 약속한 300만 달러를 간신히 전달했다'는 말을 들었고, 그동안 힘들었는데 전달하고 나니 후련하다'는 말을 들었다.

배상윤이 김성태로부터 들었다는 대로 2019. 5. 12. 전후의 시점에서 북한에 200만 달러를 지급한 상태에서 북한으로부터 추가로 300만 달러를 요구받았는데 그 300만 달러를 직원들을 동원해서 간신히 북한에 지급할 수 있었고, 그 말을 2019. 12. 말경 또는 2020. 1.경 김성태로부터 들었다고 한다면, 그 300만 달러는 2019. 11. 말~12. 초경 지급한 돈이고, 2019. 4. 초경 지급한 300만 달러는 아닌 셈이다. 그렇다고 한다면, 김성태는 2019. 1. 23.~24.경 송명철에게 200만 달러를 지급하고 나서 2019. 11. 말~12. 초경 두번째로 300만 달러를 지급하였다는 것이므로,(김성태도 2023. 3. 19. 수원지검에서 진술을 변경하기 전까지는 2019. 11. 말~12. 초경 지급한 돈의 액수는 300만 달러였다고 진술함), 2019. 4. 초경 환치기로 마카오에 송금한 300만 달러는 북한에 지급한 돈은 아니라는 말이다.

다. 송명철 지급용이 아닌 다른 목적 사용 가능성에 대한 의혹

결론적으로, 2019. 4.경 카지노에서 일하는 사람을 통해 환치기로 마카오에 송금하였다는 300만 달러는 송명철에 지급된 돈이 아니라 김성태 등의 도박자금으로 사용된 돈이었을지도 모르겠다는 의심을 해보지 않을 수 없다.

3 스마트팜 500만 달러 지급이 경기도를 위한 대납인지 여부

가. 2019. 이후 경기도의 계속적인 스마트팜 사업 추진

경기도 평화협력국 평화기반조성과는 2019. 1. 7. 주요업무보고 보충자료를 통해 '대북제재로 인하여 스마트팜 시범농장 사업추진이 중단되어 있으나 향후 남북관계 개선, 북미관계 개선, 북한에 대한 국제사회 제재 해소 시 본격 추진 가능하다'고 보고하였다.

경기도는 2019. 1. 10. 이재명 경기도지사 명의로 조선아태위 위원장을 수신으로 하는 편지를 통해 '농촌복합시범마을사업, 정제콩기름공장

건설사업도 준비하고 있으며, 조속히 협의가 이루어지기를 기대하고 있습니다'라고 제안하였다. 이화영이 직접 서명한 경기도의 2019. 1. 11. 자 '경기도-북측 공동협력사업 제안서'를 통해, 경기도는 2019년 상반기 사업으로, '농업기술 개발 교류를 포함하는『농림복합형 시범마을 사업』등'에 79억 원(미화 718만 달러) 규모의 사업 협력 등을 제안하였다.

이화영과 경기도 평화협력국 국장 신○○ 등은 2019. 1. 17. 중국 심양에서 조선아태위와 '농림복합형 시범마을사업'을 포함한 15개 협력사업에 대하여 협의하였다. 쌍방울그룹은 같은 날, 같은 호텔에서 조선아태위와 경제협력에 관한 합의서를 체결하였다.

경기도는 2019. 2. 19. 수신을 송명철로 하여 '농림복합형 시범마을 운영을 위한 시찰단 방북 지원'이 포함된 '2019년 추진 가능한 대북사업 제안'이라는 문건을 작성하였다.

경기도지사 이재명은 2019. 2. 26. 조선아태위 위원장에게 남북교류협력사업 및 4.27 판문점 선언 1주년 기념행사를 공동 주최할 것을 제안하는 편지를 작성하였다. 이 편지에는 '농림복합형 시범마을 사업'에 대한 조속한 협의가 이루어지기를 기대하고 있다는 내용이 포함되어 있었다.

경기도는 남북관계가 경색되던 국면에서도 안부수를 통하여 2019. 4. 23.부터 같은 달 28.까지 중국 단동에서 묘목 점검을 하는 등으로 북한과 소통을 간신히 유지할 수 있었다. 경기도는 2019. 5. 10.부터 같은 달 14.까지 다시 안부수의 주선으로 중국 단동에서 북한 조선아태위 부실장 송명철 등을 만나 아태협이 진행하던 묘목 및 밀가루 지원사업의 진행 협의 및 남북교류협력사업 등을 제안하였다. 당시 경기도의 실무직원이 작성한 면담 보고서에 의하면, 북측에서는 농촌 시범마을 사업 지역을 평안남도 온천군으로 변경해줄 것을 제안하였다.

경기도는 2020. 8. 4. UN 안보리 산하 대북제재위원회로부터 36만 8천 달러 상당의 유리온실 관련 자재들을 남포와 평안남도 온천군 지역에 지원하는 것에 대한 승인을 받았다. 이처럼 승인을 받을 수 있었던 것은 애초 경제협력사업으로 경기도에서 첨단의 스마트팜 장비를 제공하는 내용을 수정하여 인도적 지원 차원에서 온실농장을 만들어주는 것으로 변경하였기 때문이었다.

나. 선행사건 재판부 판단의 부당성

이화영이 김성태에게 스마트팜 비용 500만 달러 대납을 요구하였다는 검사의 주장 자체를 믿을 수 없지만, 검사의 주장대로 이화영이 단기간 내에 북한에 스마트팜을 지원해주겠다고 약속한 상태에서 대북제재로 즉시 이행이 불가능하게 되자 쌍방울그룹에 대납을 요구하였다고 한들, 쌍방울그룹은 대북 경제협력사업이라는 자기의 사업 추진을 위하여 스마트팜 지원 명목으로 500만 달러를 지급한 것이고, 경기도는 그와는 별도로 스마트팜 사업을 계속 추진한 이상, '이화영이 쌍방울그룹이 북한에 스마트팜 비용으로 500만 달러를 지급하도록 중개 내지 주선하였다'고 할 수 있을지는 몰라도 '쌍방울그룹이 경기도를 위하여 북한에 스마트팜 비용 500만 달러를 대납하였다'고 할 수는 없다.

비근한 예로, A와 B가 아파트 매매계약을 체결했다고 가정해보자.

- 매수인 B는 계약금을 지급한 상태에서 중도금 지급 기일이 경과하도록 중도금을 지급하지 못하였고, 매도인 A는 매수인 B에 대하여 중도금 지급을 독촉하였다.
- 이에 매수인 B는 친구인 C에게 자기 대신 A에게 중도금과 잔금을 지급하고 아파트를 이전받고, 그 대신 A에게 지급한 계약금 상당의 돈을 B에게 달라고 요청하였고, C는 이를 승낙하였다.
- C는 A를 만나 B 대신 중도금과 잔금을 지급할 테니 아파트 소유권은 C 앞으로 이전해달라고 말하였고, A도 동의하였다.
- C는 A에게 중도금과 잔금을 지급하고 A로부터 아파트 소유권을 넘겨받았다.

이러한 경우를 두고, 'C가 B를 위하여 A에게 중도금과 잔금을 대납하였다'고 평가하는 데에 동의할 사람은 없을 것이다. 물론, C가 A에게 중도금과 잔금을 지급하였는데 A가 B에게 아파트 소유권을 이전해주었다면, 그 경우에는 'C가 B를 위하여 A에게 중도금과 잔금을 대납하였다'고 평가하는 것이 맞다.

사실관계를 좀 바꾸어 B가 A에게 C를 소개해주어 A가 C에게 다른 아파트를 매도했고, A가 고마운 나머지 B의 중도금과 잔금 지체상금을 면제해주고 지급기일도 연기해주었다고 가정해보자. 이 경우에도 C가 B 대신 아파트 대금을 지급하고 아파트를 산 것이라고 평가할 수 없음은 자명하다.

대북송금 사건에서 검사의 '스마트팜 비용 500만 달러 대납' 주장은 위 두 경우를 두고, 'C가 B를 위하여 A에게 중도금과 잔금을 대납하였다'고 말하는 것과 다름없이 매우 부당하다.

선행사건 1심은 경기도가 2019. 1. 17. 조선아태위와의 회의에서 기존 스마트팜 사업에서 더 발전된 농림복합형 시범마을 사업(500가구 기준 1천만 달러 소요)을 제안한 사실, 2019. 3.경 평화정책추진단에서 사업기간을 8년으로 하는 634억 원 규모의 북한 농촌종합개발사업을 논의한 사실, 2019. 5. 19. 유리온실 지원사업에 대한 UN 대북제재 면제 승인을 신청하여 2020. 8. 4. UN으로부터 대북제재 면제 승인을 받은 사실을 인정하면서도, 각 사업들이 기존의 스마트팜 사업과는 동일하지 않기 때문에 스마트팜 대납을 부인할 수는 없다고 판단하였다.

그러나 경기도가 위와 같이 추진한 사업들은 기본적으로 스마트팜 사업과 목적을 같이하고, 특히 유리온실 지원사업은 대북제재로 인하여 스마트팜 사업을 추진할 수 없는 상황하에서 대북재제 면제 승인을 받을 수 있는 구조로 사업을 축소 내지 조정한 것이었다. 다른 한편으로 김성태가 북한에 지급했다고 진술한 500만 달러가 경기도에서 기존에 추진했던 스마트팜 사업에 사용된 것은 아니었다. 이러한 점에서 비추어 선행사건 1심의 판단은 이러한 점들을 간과한 것으로 매우 부당하다.

True

6부

방북 의전 비용 대납의 허구성

False

1 이화영이 방북 초청을 부탁하고, 그 비용 대납을 요구했을까?
2 김성태에게 방북 의전 비용 말고 북에 돈을 지급할 다른 이유가 없었을까?
3 리호남은 2019. 7.경 필리핀 마닐라를 방문하였을까?

1   이화영이 방북 초청을 부탁하고, 그 비용 대납을 요구했을까?

가. 번복된 진술, 일관되지 않은 진술의 신빙성

사람이 말을 자주 바꾸면 신뢰를 받지 못한다. 형사재판에서도 증인의 말이 번복되거나 일관되지 않으면 믿기 어렵다는 원칙이 적용된다. 대법원도 이러한 일반의 상식을 그대로 적용하고 있다.[10]

『사람이 경험한 사실에 대한 기억은 시일이 경과함에 따라 흐려질 수는 있을지언정 처음보다 명료해진다는 것은 이례에 속하는 것이고, 경찰에서 처음 진술할 시 내용을 잘 모른다고 진술한 사람이 후에 검찰 및 법정에서 그

---

10 대법원 1993. 3. 9. 선고 92도2884 판결

진술을 번복함에는 그에 관한 충분한 설명이 있어야 하고 그 진술을 번복하는 이유에 관한 납득할 만한 설명이 없다면 그 진술은 믿기 어려운 것이다.』

김성태는 국내로 강제송환된 다음 날인 2023. 1. 28. 수원지검에서 두 번째 조사를 받으면서 방북 비용 또는 방북 의전 비용에 관한 진술을 하기 시작했다. 김성태는 2023. 1. 18. 첫번째 조사를 받을 때는 대북송금에 대해서는 자료를 확인해보고 변호사와 상의한 후 구체적으로 진술하겠다고 했다. 그럼에도 불구하고 김성태는 두 번째 조사 이후부터 검사가 주장하는 '방북 의전 비용 대납 프레임'과 완벽하게 맞춰질 때까지 김성태의 진술은 여러 번 변경되었고 전혀 일관성이 없었다. 일관성은 선행사건 기소 직전에 이루어진 김성태와 방용철, 안부수 등에 대한 대질 신문 이후에 생긴 것이었다.

안부수와 방용철 등 쌍방울그룹 임원들이 수원지검에 불려가 이른바 검사와의 면담이나 대질신문의 형식으로 모인 자리(이른바 '진술세미나')에서 김성태의 진술에 따라 입을 맞추었다는 의혹이 제기되었다. 심지어는 수원지검에서 쌍방울그룹 법인카드를 사용한 '연어회 술 파티'까지 있었다고 한다.

방북 관련 비용이 처음 나온 시점과 장소가 '2019. 7.경의 제2회 국제대회에서 2019. 5. 12. 협약식 때'로 앞당겨졌고, 금액을 300만 달러로 합의한 주체와 그 시점도 각각 '김성태 본인에서 방용철'로, '제2회 국제대회 기간 중에서 그 직전'으로 변경되었다. 특히 리호남에게 준 돈의 명목과 액수에 대하여 '북으로 돌아갈 때 사갈 선물비와 상납용'에서 '방북 비용'으로, '30~40만 달러'에서 '70만 달러'로 각각 변경되었다. 그러한 말들이 오고 간 시점에 경기도지사 방북 추진 정도나 상황이 어떠하였는지에 대한 진술도 현저하게 달라졌고, 당시의 한반도 정세 등에 대하여도 실제 상황과는 전혀 어울리지 않게 진술하였다.

이렇게 일관성 없이 변경되고, 객관적 상당성도 전혀 없는 김성태의 진술은 믿을 수 없는 것 아닌가? 그런데 선행사건 재판부는 그러한 김성태 등의 진술을 '일관성'도 있고, '객관적 상당성'도 있어서 믿을 수 있다고 판단하였다.

나. 방북 비용에 대한 김성태의 오락가락 진술

1) 강제송환된 김성태의 최초 진술

김성태는 국내로 강제송환된 다음 날인 2023. 1. 18. 수원지검에서 조사를 받았다. 이날 조사에서 김성태는 그 이전 쌍방울그룹 임원들과 안부수의 진술에서 나오지 않았던 '800만 달러 대납'에 관한 진술을 쏟아냈다.

[자료 확인, 변호사와 상의 후 대북송금 진술하기로]

김성태는 이날 조사에 2019. 1.경 및 11. 말~12. 말경의 대북송금에 대한 신문도 받았으나 구체적인 진술은 하지 않았다. 그 대신 '송명철 등에게 돈을 지급하고 영수증은 돈 지급 시마다 포스트잇 같은데 받아서 보관했었는데 어디에 있는지 모르겠다'고 하면서 '정확한 경위나 금액은 추후 자료를 보고 변호사와 상의한 후 진술하겠다'고 하여 진술을 미루었다.

2) 2023. 1. 28. 자 김성태에 대한 피신조사

[2019. 7.경 '뭐라도 사가라'는 명목으로 60~70만 달러 나눠 줌]

　　김성태는 2019. 7.경 마닐라에서 개최된 제2회 국제대회 기간 중에 북한 사람들에게 '뭐라도 사가라'고 하면서 60~70만 달러를 나눠주었고, 리호남에게 준 돈의 액수는 30~40만 달러에 불과하였다고 진술했다. 이때까지만 해도 2019. 7.경 마닐라에서 북측 참가자들에게 준 돈은 경기도지사 방북 의전 비용과는 관계없었다고 진술한 것이다.

답 그것은 제가 북한 사람들이 멀리서 왔으니까 돌아갈 때 뭐라도 사가라고 한국 돈으로는 한 2~3,000만 원에 해당하는 달러를 주었습니다. 그리고 리명운은 무슨 행사를 할 때마다 당에다가 상납을 해야된다고 하였습니다. 그래서 그때 리명운에게도 30~40만 불 정도 준 것 같습니다. 북한 사람들은 절대 뭉쳐다녀야 되는데 리명운만 혼자 다녔습니다. 그때 북한 사람들에게 준 돈이 100만 불은 조금 안되는 것 같고 60만 불 정도 되는 것 같습니다.

[2019. 7.경 제2회 국제대회에서 방북 의전 비용 요구받은 사실]

　　김성태는 북한으로부터 경기도지사 방북 의전 비용을 요구받은 시점은 2019. 7. 제2회 국제대회 기간 중이었고, 요구받은 돈의 액수도 처음부터 300만 달러(300만 달러어치의 콩기름)였다고 진술했다.

[송명철, 리호남이 방북 의전 비용을 요구하면서 말한 경위, 상황]

　　김성태는 2019. 7.경 송명철, 리호남이 방북 의전 비용을 요구한 당시의 상황에 대해서도 구체적으로 진술했다. '그때 이재명 지사가 방북을 신청한 상태였고, 정부의 승인을 기다리고 있었는데 만약, 이재명 지사의 방북 승인이 나면 방북 절차를 어떻게 할지를 논의'하는 과정에서, 송명철과 리호남이 김성태에게 방북 의전 비용을 요구였다는 것이다. 심지어 당시 리호남이 KBS, MBC 등 방송국에서 서로 '이재명 방북 시 같이 방북하게 해달라'는 부탁을 하더라는 말을 했다고 진술했다. 북한에서는 이미 경기도지사에 대한 방북 초청을 하였기 때문에 통일부의 승인만 나오면 되는 상황하에서 단지 방북 의전을 어떻게 할지를 논의하면서 나온 얘기라는 것이다. 즉, 이화영이 김성태에게 북한에 경기도지사에 대한 방북 초청을 해주도록 부탁하고, 이화영의 부탁에 따라 김성태가 리호남에게 경기도지사 방북 초청을 해주도록 요청한 상황하에서 방북 의전 비용 얘기가 나온 것은 아니었던 것이다.

답 그때 이재명 지사가 방북을 신청한 상태였고, 정부의 승인을 기다리고 있었는데, 만약 이재명 지사의 방북 승인이 나면 방북 절차를 어떻게 할지 논의를 하였습니다. 송명철이 제게 문재인 대통령이 방북시 방문하였던 백두산행 군용헬리콥터로 하겠다고 하였고, 그리고 비무장지대도 자기들이 안내하고, 개성공단도 안내하겠다고 하였습니다. 그러면서 송명철이 좋은 대우를 받으려면 경비가 들어간다고 하였습니다. 정확한 이야기로 송명철이 '사람들이 나와서 박수 치는 이벤트를 하려면 경비가 조금 들어간다'고 하였습니다. 그리고 송명철이 높은 실무진들한테도 성의표시를 해야 되는 것이 아니냐고 하였습니다. 이화영은 그런 이야기를 듣고 '좋아요, 좋아요'라고 하였고, 이재명이 방북되어 대권이 되면 교류를 많이 하자고 하였습니다. 그리고 이화영이 '이재명 지사가 평양에 방북하면 기자회견을 하거나 협약식을 하게 해달라'고 하였습니다. 그리고 리명운이 다른 자리에서 KBS, MBC 등 방송국에서 서로 이재명 지사 방북시 같이 오게 해달라고 연락이 왔다면서 어느 방송국이 좋냐고 물어보아 제가 KBS가 좋겠다고 한 적은 있습니다. 그러면서 리명운이 이재명 지사가 방북을 할 때 예를 들어 벤츠 A클래스로 할 수도 있고 벤츠 S클래스로 할 수도 있는 것이니 경비로 300만 달러를 주어야 한다는 취지로 이야기를 하였고, 경비를 주면 이재명 지사가 대권이 될 수 있도록 만들어주겠다고 하였습니다. 그래서 제가 그 이야기를 이화영에게 전달하였습니다. 그리고 리명운이 그런 이야기를 하면 송명철도 결국 같은 이야기를 합니다. 송명철이 그때에도 자꾸 돈 이야기를 하니 제게 미안해하면서 이재명 지사 방북시 경비가 필요하다고 하였습니다.

[방북 의전 비용 관련 송명철, 리호남으로부터 들은 얘기에 대한 의구심]
그러나 당시 경기도가 통일부에 이재명 당시 경기도지사 방북 승인 신청을 한 사실은 없었다. 더욱이 2019. 7.경 제2회 국제대회 당시 한반도 정세는 북한이 미사일 발사 실험을 재개하는 등으로 악화일로였다. 경기도가 통일부에 방북 승인을 신청하더라도 승인이 날 가능성은 거의 없었다고 해도 과언이 아닐 정도였다. 국정원 문서에 의하면, 2019. 7. 제2회 국제대회 기간 중 북한 대표인 리종혁은 이화영과 조찬을 할 때 "이번 행사는 남북 간 민감한 내용보다 대회 취지에 맞게 대일 문제에만 집중하자"고 하여 경기도지사 방북 초청에 대한 논의 자체를 회피할 정

도로 경기도지사 방북 문제에 대해 소극적인 입장을 보이기도 하였다. 당시 한반도 정세와 북한의 태도에 비추어 통일부의 방북 승인을 전제로 경기도지사 방북 의전 문제를 논의했다는 것은 매우 어색한 일일 수밖에 없었다.

또한, 송명철과 리호남이 말했다는 대로, 경기도지사가 문재인 대통령보다 더 화려하고 성대한 의전을 받는다고 한다면, 국내에서 정치적으로 여러 비난에 직면할 가능성이 높았다. 정치인인 이화영이 순진하게 그런 송명철, 리호남의 말장난에 '좋아요, 좋아'라고 하면서 맞장구를 친다는 것 자체도 상식적으로 이해되기 어려운 일이다.

3) 2023. 1. 29. 자 김성태와 방용철의 대질

수원지검은 김성태에 대한 피신조사를 마친 다음 날인 2013. 1. 29. 김성태를 다시 불러 피신조서를 작성하면서 방용철과 대질시켰다. 이날 방용철은 김성태가 2023. 1. 28. 조사에서 한 진술을 그대로 말하는 것을 듣고 맞장구를 치거나 동일한 취지로 더 상세하게 진술하였다.

[경기도지사 방북 얘기 나온 시점 변경: 2019. 5. 12. 협약식 때]

김성태는 이날 조사에서 경기도지사 방북 얘기가 나온 시점을 2019. 7.경 제2회 국제대회 기간 중에서 2019. 5. 12. 협약식 체결 때로 앞당겼다. 방북 비용 얘기가 나온 당시의 상황도 2023. 1. 28. 자 검찰 진술에서는 2019. 7.경 제2회 국제대회 기간 중으로 '경기도가 통일부에 방북 신청을 한 상황하에서 통일부 승인을 전제로 하여 방북 의전 비용을 논의'한 반면, 이날 조사에서는 리호남이 "경기도지사 방북을 (북한에) 돌아가서 어떻게 설득해보겠다"고 말할 수밖에 없는 그런 상황이었다는 것이다. 경기도지사 방북 초청에 대한 북한의 태도가 부정적인 상황이었다는 말이다.

> **답** 5월달 협약식을 할때부터 리명운과 밤새 이야기를 한 적이 있었는데, 베트남 잘못된 이야기, 희토류 광산 이야기를 하면서, 경기도지사 방북을 돌아가서 어떻게 설득해보겠다고 이야기를 하였습니다. 이쪽도 민주당인데 왜 이재명 방북을 못하게 하느냐고 밤새 논의를 하였고, 그때 리명운이 쌍방울 그룹도 방북하게 해주겠다고 하면서 자금을 또 이야기를 하였습니다.

김성태의 위 진술과 그 전날의 진술이 조화되기 위해서는, 2019. 5. 12. 협약식 때 리호남에게 경기도지사 방북 초청을 부탁했고, 그 이후 리호남의 설득으로 북한이 경기도지사 방북 초청을 했고, 이에 경기도가 통일부에 경기도지사 방북 승인 신청을 했어야 말이 된다. 그런데 북한은 2018. 11.경 제1회 국제대회 기간 중 리종혁이 이재명 경기도지사 방북 초청을 의사를 밝힌 바 있었다. 그럼에도 불구하고, 2019. 2. 말경 하노이 북미정상회담 결렬에 따라 한반도 정세가 악화되어 북한이 경기도지사에 대하여 방북 초청을 한 사실은 없었고, 경기도도 통일부에 경기도지사 방북에 대한 승인을 신청하고자 하더라도 신청을 할 수 없는 상황이었다. 따라서 김성태의 진술은 당시의 상황이나 구체적인 사실관계와도 어긋나고, 앞뒤가 전혀 맞지 않아서 객관적 상당성이 전혀 없는 허위 진술이라고 의심할 수밖에 없다.

[제2회 국제대회 기간 중 김성태가 방북 비용 300만 달러 합의]

　김성태는 경기도지사 방북 얘기가 나온 시점을 2019. 5. 12. 협약식 때로 앞당기기는 하였으나 방북 의전 비용에 관하여는, 2019. 7.경 제2회 국제대회 기간 중에 북측에서 경기도지사 방북 관련으로 500만 달러어치 콩기름을 사달라고 하였고, 이에 김성태가 자금 사정도 어렵고 콩기름 사는 것도 어려워 현금으로 300만 달러를 주겠다고 답변하였다고 진술했다.

> **답** 국제대회 때 리종혁, 박명철, 송명철, 저, 이화영이 있는 자리가 있었는데, 그때 이화영이 리종혁에게 이재명 지사 방북에 대해 이야기를 한 사실이 있습니다. 리종혁이 그때 '좋은 의지를 가진 사람들이 미국에 굴하지 말고 끝까지 달려가라'고 답한 적이 있었습니다. 그리고 처음에는 콩기름을 사달라고 하여, 제가 '콩기름이 얼마나 한다고'라고 생각하여 물어보니 500만 불 상당을 사달라고 하였습니다. 그런데 제가 당시 자금 사정도 좋지 않고 콩기름을 사는 것도 어려워서 300만 불을 주겠다고 합의한 것입니다.

　방용철은 김성태의 진술에 맞춰서 자신이 직접 북측과 방북 의전 비용을 300만 달러로 합의한 사실은 없었고, 그렇게 합의되었다고 전해 들었을 뿐이라고 진술했다.

> **답** (중략) 그래서 이재명 지사 방북에 대해서는 따로 500만 불 정도를 달라고 하였는데, 그때 회장님도 자금 사정이 좋지 않아서 300만 불 정도를 주기로

한 것으로 알고 있습니다.

[2019. 11.~12.경 송명철에게 준 돈 액수 300만 달러]

이날 대질조사에서도 김성태는 2019. 11.~12.경 송명철에게 준 돈의 액수는 여전히 300만 달러였다고 진술했다.

답 그때 북한 애들이 저한테 연말을 넘기지 말고 300만 달러를 달라고 하였고, 이화영도 내년이면 선거도 있고 한데 이재명 지사 분위기도 괜찮아 질 것이고 방북을 할 수 있다고 하여 300만 달러를 건네주게 된 것입니다.

방용철도 김성태와 마찬가지로 300만 달러로 기억하고 있다고 진술했다.

문 피의자도 2019. 11.~12.경 북한 측에 전달한 금액이 300만 달러로 기억하는가요.

답 예. 저도 그렇게 기억하고 있는데, 채수용이 영수증을 내면서 빼먹은 것이 아닌가 싶습니다.

이 조사 때까지만 해도, 2019. 7. 제2회 국제대회에서 김성태가 북측 인사들에게 지급한 돈은 '선물이라도 사가라'고 준 돈으로 방북 의전 비용과는 관계가 없는 돈이었다. 그렇게 진술할 수밖에 없었을 것이다. 이화영의 부탁에 따라 리호남에게 경기도지사 방북 초청을 해주도록 부탁한 시점을 2019. 5. 12. 협약식 때로 앞당기기는 했으나 방북 의전 비용을 300만 달러로 합의한 시점은 여전히 2019. 7.경 제2회 국제대회 기간 중이라는 진술을 그대로 유지했기 때문이다.

4) 2023. 3. 19. 자 김성태와 방용철, 안부수 외 3인의 대질

수원지검은 이화영, 방용철을 외국환거래법 위반으로 기소한 2023. 3. 21. 이틀 전인 2023. 3. 19. 김성태를 위 사건으로 참고인으로 소환하여 방용철, 안부수, 김○○, 채○○, 박○○과 대질시켜 조사했다. 이날 조사에서 위 6인은 수원지검의 '800만 달러 대납 프레임'에 완벽하게 부합하는 진술을 번갈아 하였다. 그 이전에 김성태가 하였던 수원지검의 '800만 달러 대납 프레임'과 상반되거나 불일치하는 기존의 진술 내용은 이 조사에서 모두 변경되었다. 검사가 선행사건에 증인으로 신청하면 법정에 증인으로 출석하여 검사의 '800만 달러 대납 프레임'에 맞춰서 증언할 준비를 완벽하게 마친 것이다.

[2019. 5. 12. 협약식 때 리호남이 방북 의전 비용 500만 달러 요구]

김성태는 2019. 1. 29. 수원지검 조사에서 이화영으로부터 경기도지사 방북 초청을 해주도록 북한에 부탁해달라고 요구받은 시점을 2019. 7.경 제2회 국제대회에서 2019. 5. 12. 협약식 때로 앞당기기는 했으나 방북 의전 비용 액수는 여전히 2019. 7.경 제2회 국제대회에서 300만 달러로 합의되었다고 진술했었다. 그런데 이날 조사에서 김성태는 '2019.

5. 12. 협약식 때 리호남이 경기도지사 방북 의전을 성대하게 해줄 테니 콩기름 500만 달러어치를 사달라고 요구했다'고 진술하여 리호남이 방북 의전 비용을 요구한 시점을 앞당겼다.

> 답 리호남이 의전 비용도 필요하고 성대하게 할테니 500만불이 필요하다고 했습니다. 콩기름으로 주면 자기가 바꿔서 가겠다고도 했고요. 이런저런 얘기를 거의 밤을 새워서 했습니다.

[2019. 7.경 송명철과 이화영의 방북 의전 얘기]

김성태는 2019. 7.경 제2회 국제대회 때 이화영, 송명철과 호텔에 함께 있을 때, 리호남과 2019. 5. 12. 협약식 무렵 경기도지사 방북 문제에 관하여 했던 얘기를 해주었는데, 송명철이 의전 담당으로 문재인 대통령보다 훨씬 성대하게 해주겠다고 말했고, 이화영도 방송 송출 문제를 계속 얘기했다고 진술했다.

> 답 이화영, 송명철, 저 이렇게는 호텔 거실에서 같이 술 마시면서 송명철에게 제가 리호남과 방북을 논의한 내용을 얘기를 해줬습니다. 그러자 송명철이 "이재명 지사 방북이 이루어지면 제가 담당이 될 것입니다. 의전이나 모든 면에서 문재인 대통령보다 훨씬 성대하게 할 것입니다. 차량, 숙소도 모두 최고로 하고 백두산 가실 때도 헬기가 있는데 최고로 준비하겠습니다."라고 했습니다.

> 답 그럼요. 저 얘기듣고 얼마나 좋아했는데요. 이화영도 계속 방송 송출 문제를

어떻게 할까를 얘기했었습니다. 그리고 방북 일정에 대해서 저는 계속 빨리 하자고 했는데, 이화영은 연말이나 내년 봄을 얘기를 했었습니다. 지금 생각 해보니 이화영은 국회의원 선거가 내년 봄에 있으니 그 직전에 하려고 했던 것 같습니다.

[방북 비용 액수 300만 달러 합의 시기와 주체 변경]

또한, 김성태는 2019. 5. 12. 협약식이 끝나고 서울에서 이화영에게 리호남의 요구사항을 전달했고, 이화영의 대납 요구를 받고 방용철이 2019. 7. 제2회 국제대회 직전에 북한과 300만 달러로 합의하였다고 진술했다.

답 예, 당연히 그렇죠. 저 아니면 누가 냅니까. 이화영과 서울 가서 논의를 했었습니다. 합의서 체결식 하고 며칠 안돼서 만났을 겁니다. 이닝인지 어도인지 제가 잘 기억은 안나는데 식당에서 이화영을 만나서 협약식 내용을 설명해주고, 앞으로 어떻게 했으면 좋겠는가 물어봤습니다. 제가 "방북 비용으로 북한에선 500만불 얘기하는데 어떻게 하면 좋겠느냐. 내가 호구도 아니고 달라는 대로 다 줄 수는 없는 것 아니냐. 이 상황에서 어떻게 했으면 좋겠느냐"라고 했습니다. 그러자 이화영이 "100만불 정도 김회장이 내주고 추진해보면 어떻겠느냐"라고 했습니다. 그래서 제가 알겠다고 하고 방용철에게 "1~200만불 정도로 한번 추진해보라"라고 했습니다. 이후 방용철로부터 2019. 7. 2차 국제대회 전쯤에 300만불로 북한과 협의됐다고 들은 것입니다.

제2회 국제대회 기간 중에 마닐라에서 준 돈이 사실은 경기도지사 방북 의전 비용이었고, 리호남 한 사람에게 70만 달러를 모두 주었다고 변경하기 위해서는 불가피한 진술 변경이었을 것이다.

답 제가 그 때 하도 돈을 여러번 줘서 헷갈린 것 같습니다. 그런데 거마비로 몇 억원을 줄 수는 없는 것이고요. 200만불은 공식적으로 당에 바치는 돈이라 송명철을 통해서 준 것이고, 100만불은 리호남에게 줘서 지사 방북 추진을 하는데 쓰는 돈인 것입니다. 원래는 2019. 7.경 100만불을 줬어야 하는데 돈이 모자라서 70만불만 주게 된 것입니다.

답 송명철 나온다고 연락이 와서 제가 심양으로 만나러 갔습니다. 이미 2019. 12.경 방용철에게 30만불 맞추라고 했습니다. 예전 채수용이 맡고 있던 25만불에 5만불을 추가하여 30만불을 맞췄습니다. 그리고는 2020. 1.중순경 돈도 다 주고 이재명 방북도 마무리하려고 제가 심양에 갔습니다. 심양에서 리호남 만나서 30만불 준 것입니다.

[경기도지사 방북 비용 얘기 나온 시점의 상황, 배경, 맥락이 달라짐]
2023. 1. 28. 수원지검 조사에서 김성태는 2019. 7. 제2회 국제대회 기간 중에 리호남, 송명철과 경기도가 통일부에 이재명 당시 경기도지사 방북을 신청하고 승인을 기다리고 있는 상태에서 승인이 날 것을 전제로 하여, 문재인 대통령이 방북했을 때보다 호화로운 의전을 논의하였고, 그 자리에서 방북 의전 비용으로 300만 달러를 지급하기로 합의했

다고 진술했었는데, 이제는 2020. 1.경 30만 달러를 마지막으로 하여 합계 300만 달러를 방북 의전 비용으로 북한에 지급하고 나서야, 리호남으로부터 2020. 2. 말~3. 초경 북한에서 이재명 당시 경기도지사 방북을 공식 초청을 해주기로 하는 약속을 받았다고 진술을 변경했다. 김성태의 종전 진술은 당시의 한반도 정세와는 너무 동떨어져서 객관적 상당성이라고는 찾아볼 수 없는 허위 진술이었다. 물론, 2020년부터 남한, 미국과의 대화 단절을 선언한 북한의 태도에 비추어, 마지막으로 2020. 1.경 30만 달러를 지급하고, 리호남으로부터 2020. 2. 말~3. 초경 북한에서 이재명 경기도지사 방북 초청을 해주기로 합의되었다는 김성태의 진술도 믿을 수 없기는 마찬가지다. 김성태가 실제 경험한 사실을 기억에 의존하여 진술하였다면 발생할 수 없는 일이다.

답 당연하죠. 그 날 제가 간 것도 이재명 방북 초청건 마무리 하러 간 것인데요. 제가 당일 가서 당일 왔을 겁니다. 가기 전에 이화영과도 만나서 협의를 했었습니다. 2020. 2.말~3.초경 북한에서 공식적으로 초청을 하는 것으로 하고 통일부 승인은 이화영이 알아서 하기로 하였습니다.

방용철도 김성태의 진술에 호응하여, 방용철 본인이 직접 2019. 7.경 제2회 국제대회 개최 직전에 리호남과 300만 달러로 합의했다고 진술을 변경했다. 종전에는 방용철 본인은 방북 의전 비용 액수가 300만 달러로 합의되었다는 사실을 전달받았을 뿐이라고 진술했었는데, 그와는 완전히 다르게 진술을 변경한 것이다.

답 제가 6월 말에 훈춘공장 갔었고 7월 초에 단동 베니스 호텔에서 리호남 만나서 300만불로 합의를 했던 것입니다. 6월 말에는 리호남과 부인이 와서 훈춘공장에 갔었습니다. 그 때 6월 말이나 7월 초에도 전부 회장님도 같이 가셨어요. 그런데 구체적으로 금액을 깎고 이런 것은 제가 한 것이지 회장님이 하시는 것은 아니니까요.

5) 배상윤의 2023. 1. 15.자 진술서 기재 300만 달러

배상윤의 2023. 1. 15.자 진술서에 의하면, 배상윤은 김성태로부터 2019. 11. 말~2019. 12. 초경 북한에 지급한 돈의 액수가 300만 달러였다고 들었다고 한다. 배상윤의 2019. 1. 15. 자 진술서 기재 내용에 의하면, 2019. 7. 제2회 국제대회에서 리호남에게 방북 의전 비용으로 70만 달러를 지급하였다는 김성태의 진술은 믿을 수 없다.

다. 2019. 5. 11. 이화영이 김성태를 찾아가 방북 초청을 부탁했을까?

1) 김성태의 진술

김성태는 2023. 3. 19. 수원지검에서 2019. 5. 11. 중국 단동에서 이화영으로부터 북한에 경기도지사 방북 초청을 공식적으로 해주도록 부탁받은 경위에 관하여 아래와 같이 진술했다.

답 2019. 5. 11. 협약식 전날이었을 겁니다. 그 날 송명철이 김영철의 친서를 가져와서 저희가 호텔에 다 같이 모여서 친서를 읽었습니다.

답 그 다음 이화영이 호텔에 잠깐 왔는데, 그 때도 이화영이 저에게 "송명철, 리호남에게 경기도지사 방북 초청 요청을 좀 해달라"라고 그랬습니다. 그리고 저희랑 협약식 하는 2019. 5. 12. 그 날에도 이화영이 송명철을 만났을걸요. 그때에도 지사 방북 초청을 해달라고 요청했을 겁니다. 그리고 2019. 5. 11. 협약식 전날 리호남이 밤 12시가 넘어서 왔는데 제가 이지사 방북을 좀 공식적으로 초청해달라고 했습니다.

답 리호남이 의전 비용도 필요하고 성대하게 할테니 500만불이 필요하다고 했습니다. 콩기름으로 주면 자기가 바꿔서 가겠다고도 했고요. 이런저런 얘기를 거의 밤을 새워서 했습니다.

2) 2019. 5. 12. 협약식의 비밀성, 방용철의 진술

쌍방울그룹과 북한 조선아태위는 2019. 5. 12. 자 협약서는 비밀로 유지하고, 협약식도 공개하지 않기로 하되 나중에 북한이나 제3국에서 공개체결식을 하기로 합의하였다. 쌍방울그룹이 그와 관련하여 북한에 주겠다고 약속한 돈을 주지 못했기 때문일 것이다. 실제로도 2019. 5. 12. 자 협약식에는 쌍방울그룹, KH그룹(배상윤은 당시 장원그룹이라는 명칭을 사용함)과 북한 민경련 관계자들만 참석하였고, 이화영 등 경기도 일행과 안부수는 참석하지 않았다. 이화영은 당일 그러한 행사가 있는지도 알지 못했다고 한다.

3) 채○○의 출장결산서상 '2019. 5. 10. 고려식당 L VIP'

채○○은 선행사건 1심에서 본인이 작성한 출장 결산서상에 적혀 있는 '2019. 5. 10. 고려식당 L VIP'에서 'LVIP'는 이화영을 말한다고 증언하였다. 그러나 당일 이화영은 저녁 10시가 되어서야 단동에 도착했다. 중국 단동 소재 북한 식당인 고려식당은 통상 9시경 영업이 종료된다고 한다. 한편, 채○○은 2018. 12. 23. 자 출장결산서에는 북한 측 사람을 지칭하는 의미로 VIP라고 기재한 반면, 2019. 1. 17. 심양 강산식당에서 김성태 등 쌍방울그룹 임직원들과 이화영 등 경기도 일행이 참석한 저녁 식사와 관련한 출장 결산서에는 'VIP' 또는 'LVIP'라고 기재하지 않았다. 채○○은 2019. 5. 10. 당시 사람이 꽤 많았던 것으로 기억한다고 진술하였다. 당시 밤 10시가 넘은 늦은 시각에 단동에 도착한 이화영이 그 늦은 시간에 고려식당에 간다는 것도 이상하지만, 그 시각까지도 많은 사람이 남아서 이화영과 식사를 하였다는 것은 더 어색하다. 이러한 점들에 비추어 보면, 채○○이 작성한 2019. 5. 10. 자 출장 결산서상에 기재된 'LVIP'가 이화영을 의미한다는 채○○의 증언은 믿기 어렵다.

4) 이화영의 2019. 5. 11.과 12. 일정

김성태는 2019. 5. 12. 자 협약식을 체결하기 전날에 이화영이 김성태의 숙소를 찾아와서 경기도지사 방북을 부탁했다고 진술했다. 김성태의 진술에 의하면, 김성태는 2019. 5. 11. 밤 12시가 넘은 시각에 리호남이 찾아와 만났다는 것이므로, 이화영이 김성태를 찾아갔다면 그 이전이었을 것이다. 그런데 이화영 일행의 출장 일정표에 의하면, 이화영은 2019. 5. 11. 저녁 8시경까지 북한 측과 회의를 갖고, 다음 날 새벽 3시에 단동에서 심양으로 이동하도록 예정되어 있었다. 김성태의 숙소인 중국 단동 소재 베니스잔궈호텔과 이화영의 숙소인 라이프스호텔은 5.2km 정도 떨어져 있다.

이러한 일정표와 숙소 사정에 비추어 이화영이 2019. 5. 11. 저녁 8시까지 북한과 회의를 하고 나서 밤늦은 시각에 김성태의 숙소를 찾아가 만나기는 어려웠을 것으로 추정된다.

김성태의 진술에 의하면, 김성태는 2019. 5. 11. 밤 송명철이 김영철의 친서를 갖고 와서 쌍방울그룹 임직원들이 모인 자리에서 읽기도 했다고 진술하였는바, 만일, 이화영이 쌍방울그룹 일행이 숙박하는 호텔로 김성태를 찾아갔다면 방용철도 그 사실을 알 수 있었을 것이다. 그런데 선행사건 2심도 인정하였듯이 방용철은 선행사건 1심에서 "2019. 5. 단동에서 합의서를 작성할 무렵 이화영과는 동석한 사실이 없다'고 증언하였다. 따라서 이화영이 2019. 5. 11. 밤 김성태를 찾아와 북한에 경기도지사 방북 초청을 해주도록 요청해달라고 부탁했다는 김성태의 진술은 믿기 어렵다.

라. 방북 의전 비용 관련 안부수의 진술과 국정원 제보

안부수는 2023. 4. 18. 선행사건에 증인으로 출석하여 종전 증언을 번복하면서도, 이화영이 안부수 본인에게 이재명 경기도지사 방북 초청을 해주도록 북한에 부탁해달라는 말을 여러 번 했으나 방용철에게 그런 부탁을 했는지는 몰랐다고 증언하였다. 다만, 2019. 말경 경기도의 북한에 대한 밀가루 지원사업으로 만난 중국 단동 소재 민경련, 민화협 대표부 관련자로부터 방북 비용으로 200~300만 달러가 북측에 지급된 사실을 들었다고 증언하였다.

김성태, 방용철도 2019. 1. 17. 이후 안부수를 통하지 않고 리호남, 송명철과 직접 소통한 사실을 인정하고 있고, 2019. 5. 12.자 협약식에도 안부수가 관여하지 않은 것으로 보인다. 따라서 안부수가 2019. 5. 12. 협약식 무렵 이후 김성태, 방용철의 리호남, 송명철 접촉 상황을 구체적으로 알지는 못했을 수는 있다.

다만, 안부수가 이화영의 여러 번에 걸친 부탁에 따라 북측에 경기도지사 방북 초청을 해주도록 부탁하였을 상대방은 김성혜, 송명철, 리호남이었고, 김성태, 방용철이 이화영의 부탁으로 경기도지사 방북 초청을 해주도록 부탁했다는 상대방도 송명철, 리호남이었다. 경기도의 2019. 5. 10.~14. 중국 단동 출장결과보고서에 의하면, 신○○ 평화협력국장 등은 2019. 5. 13. 라이프스호텔에서 안부수 등 아태협 관련자, 북측 송명철 등과 밀가루, 묘목, 쌀 지원 문제를 협의하면서 북측에 2019. 6. 중 이재명 경기도지사 방북 추진을 요청하였다. 이에 대하여 송명철 등은 '경기도의 의지를 충분히 지도부에 전달하도록 하겠다'고 답변하였다고 한다.

만일, 김성태, 방용철의 진술대로 2019. 5. 12. 협약식 무렵부터 김성태, 방용철이 이화영의 부탁에 따라 리호남, 송명철과 경기도지사 방북 초청 문제를 협의하고, 김성태가 북측에 방북 의전 비용 300만 달러를 지급해주고 2020. 초경 이재명 경기도지사가 방북을 하기로 구체적으로 합의되기까지 한 상황하에서 북한 권력 실세인 김영철, 김성혜로부터 두터운 신임을 받고 있었던 대북브로커 안부수가 그러한 사실을 김성혜, 리호남, 송명철로부터 전해듣지도 못해서 알지 못하다가 2019. 말경에 이르러 뒤늦게 제3자인 민화협 관련자로 전해들어 알게 되었다는 것은 상식적으로 발생하기 어려운 일이다.

국정원 문서에 의하면, 안부수는 2019. 9. 28.~30. 중국 선양에서 조선아태위와 경기도지사 방북 문제를 협의할 계획이라고 통일부에 보고하였고, 조선아태위 조정철로부터 '경기도지사 방북을 위해서는 명분이 필요한데 제재를 넘을 수 있는 구체적인 안이 있는가'라는 질문을 받았다고 한다.

○ 한편 北「아태委」 조정철은 안부수에게 '경기지사 訪北'관련 "명분이 필요하며, 제재를 넘을 수 있는 구체적인 案이 있는지" 문의(9.15)

또한, 안부수는 2019. 12. 2.~4. 중국 선양에서 민경련 리영철, 조선아태위 송명철 등을 접촉했는데 "그동안 북 인사들을 수차 접촉했으나 이번에 처음으로 북측으로부터 남측과의 관계를 단절하려는 느낌을 받았다"고 국정원에 제보하였을 뿐이고, 민경련이나 민화협 관련자로부터 쌍방울그룹 측에서 북측에 이재명 경기도지사 방북 비용을 지급하였다거나 이재명 경기도지사에 대한 북측의 공식적인 방북 초청이 이루어질 것이라는 내용에 대한 제보는 하지 않았다.

만일, 김성태, 방용철의 진술대로, 북측에 방북 의전 비용 300만 달러가 지급되어 북측이 공식적으로 이재명 경기도지사 방북 초청을 하고, 2020년 초경 이재명 경기도지사가 방북하기로 합의된 상황 하에서, 안부수가 2019년 말경 민경련이나 민화협 관련자로부터 그러한 상황을 전해들어 알게 되기까지 하였다고 한다면, 안부수로서는 대북브로커로서의 자신의 지위와 신뢰성을 유지하기 위해서라도 국정원에 관련 정보를 제보하지 않을 수 없었을 것이다. 그럼에도 불구하고, 안부수가 2019년 말경 국정원에 그에 관하여 아무런 제보도 하지 않았고, 단지 "그동안 북 인사들을 수차 접촉했으나 이번에 처음으로 북측으로부터 남측과의 관계를 단절하려는 느낌을 받았다"라고만 제보했다는 것은 김성태, 방용철, 안부수의 관련 진술을 결정적으로 의심할 수 있는 근거가 된다.

마. 선행사건 재판부 판단의 부당성

1) 방북 의전 비용 진술 신빙성에 대한 선행사건 1심 판단의 부당성

선행사건 1심은 방북 관련 비용에 관한 김성태, 방용철의 진술에 대하여 아래와 같이 평가하였다.

"김성태, 방용철의 위 각 진술은 법정에서 수차례 반복된 신문을 받았음에도 대체로 일관되고, 본인이 직접 경험한 것이 아니라면 알기 어려울 정도로 구체적이며, 상호 부합한다."

선행사건 1심은, 선행사건 기소 직전에 수원지검이 김성태, 방용철, 안부수를 출정시켜 상호 입을 맞추도록 한 대질신문에 대해서는 증인으로 신문할 사람을 참고인으로 불러 조사한 것으로 위법하다고 보아 증거능력을 부인하면서도 그때 입을 맞춘 말들을 그대로 재연(再演)한 것에 불과한 1심 증언은 위법하지 않다고 판단하였다. 형사소송법에 충실한 것처럼 생색을 내면서 검사의 위법수사를 정당화해준 것이다.

2) 방북 비용 얘기 나온 시점 관련 선행사건 2심 판단의 부당성

이화영의 변호인은 2심에서 김성태의 위와 같은 오락가락 진술을 더 구체적으로 문제 삼았다. 이에 선행사건 2심은 그에 대해서 판단을 해주지 않을 수 없었을 것이다.

선행사건 2심은 먼저, 김성태가 2023. 1. 28. 수원지검에서 '2019. 7. 제2회 국제대회 때 호텔룸에서 송명철, 이화영과 함께 방북 비용 얘기를 했다'고 진술하고 나서, 뒤이어 '리호남이 다른 자리에서 경비로 300만 달러를 주어야 한다'고 진술한 점에 주목했다. 그런 다음, 후자의 진술에 언급된 '김성태가 리호남을 만난 다른 자리'는 '2019. 7.경의 제2회 국제대회 기간 중'이 아니라 '2019. 5. 12. 협약식 때'에 있었던 김성태와 리호남의 만남을 의미한다고 보았다. 선행사건 2심은 이에 근거하여 김성태의 위 2023. 1. 28. 자 검찰 진술은 '2019. 7.경 제2회 국제대회 때는 송명철로부터, 2019. 5. 12. 협약식 때는 리호남으로부터 각각 별도로 경기도지사 방북 비용을 요구받았다'는 취지라고 해석하였다. 결론적으로, '방북 비용을 요구받은 시점'과 '리호남과 방북 비용을 300만 달러로 합의한 시점'에 관한 김성태의 진술은 검찰에서부터 선행사건 2심 증언에 이르기까지 불일치하거나 모순되는 부분은 없다는 것이다. 방북 비용에 대한 김성태의 진술이 오락가락했다고 볼 수 없고, 따라서 믿을 수 있다는 것이다.

그러나 김성태가 2023. 1. 28. 수원지검에서 진술한 리호남을 만난 '다른 자리'에서의 대화의 소재와 분위기는 그 다음 날인 2023. 1. 29. 수원지검에서 진술한 리호남과의 대화의 소재, 분위기와는 완전히 다르다. 전자에서는 이재명 방북이 임박하여 KBS, MBC 등 방송국에서 리호남에게 서로 이재명 경기도지사 방북 시 동행하게 해달라고 부탁하는 상황인 반면, 후자에서는 리호남이 '북한에 돌아가 어떻게든 이재명 경기도지사 방북 초청을 설득해보겠다'고 하는 상황이었다. 전자의 자리와 후자의 자리가 동일하다고 할 수 있겠는가?

2023. 3. 19. 검찰 진술에서는 협약식 전날인 2019. 5. 11. 밤 송명철 김영철의 친서를 가져와 읽고 난 이후 이화영이 김성태의 호텔 방에 잠깐 들러 '송명철, 리호남에게 이재명 경기도지사 방북 초청 요청을 해달라'고 부탁하고 갔고, 밤 12시 넘어 리호남이 찾아왔길래 '이 지사 방북을 공식적으로 초청해달라'고 했더니 리호남이 "의전 비용도 필요하고 성대하게 할 테니 500만 달러어치 콩기름을 사달라'고 했다는 것이다. 'KBS, MBC 등 방송국에서 리호남에게 서로 이재명 경기도지사 방북 시 동행하게 해달라'고 부탁하는 상황과는 사뭇 다르다. 리호남이 '북한에 돌아가 어떻게든 이재명 경기도지사 방북 초청을 설득해보겠다'고 말하는 분위기와도 완전히 다르다.

이러한 김성태의 진술을 두고 불일치하거나 모순된 점이 없다고 평가할 수 있겠는가? 김성태가 실제 경험한 사실을 기억에 의존해서 진술하였다고 할 수 있겠는가? '300만 달러는 이재명 경기도지사 방북 비용 내지 의전 비용'이라는 검사의 프레임에 맞추어 진술하다 보니 김성태의 진술이 이처럼 변경된 것으로 신빙성이 없다고 보아야 할 것이다.

3) 리호남에게 준 돈의 명목 등 관련 선행사건 2심 판단의 부당성

선행사건 2심은, 아래와 같은 점에 비추어 리호남에게 준 돈의 명목과 액수와 관련한 김성태의 진술은 크게 모순되지 않는다고 판단하였다.

"김성태의 진술 중 지급된 방북 비용이 합계 300만 달러라는 점, 2019. 7.경 제2회 국제대회 당시 100만 불 정도를 마련하여 그중 상당액을 리호남을 비롯한 북측 관계자들에게 지급하였다는 부분은 시종일관된다. 나아가 2020. 1. 15. 자로 지급하였다는 30만 달러에 관한 한 위 돈의 대부분이 2019. 11. 27.~부터 2019. 12. 1. 중국으로 이미 반출된 상태였다는 점에서 2019. 11. 방북 비용이 모두 지급되었다는 김성태의 당초 진술과 크게 모순되어 보이지도 않는다."

그러나 김성태가 리호남에게 준 돈은 이화영과 이재명 당시 경기도지사가 김성태로부터 부정한 청탁을 받고 제3자인 리호남에게 지급하게 한 뇌물이라고 기소한 마당에, 북으로 돌아갈 때 '선물로 뭐라도 사가라'라는 명목으로 60~70만 달러를 여러 사람에게 나누어 주면서 리호남에게 30~40만 달러를 준 것이라고 했다가, '이화영의 요구에 따라 경기도지사 방북 의전 비용 명목으로 70만 달러를 준 것'이라고 말이 바뀌었다.

전자의 진술에 의하면, 제3자뇌물죄가 성립될 수 없고, 반대로 후자의 진술에 의하면, 제3자뇌물죄가 성립될 수 있는 정도의 중대한 차이를 갖고 있는데도 불구하고 전후 진술이 크게 모순되어 보이지 않는다고 할 수 있겠는가? 좋게 생각하자면, 선행사건 2심은 외국환거래법위반죄는 외국환거래법상 신고, 허가 절차를 밟지 않고, 외국에 지급을 하거나 지급수단을 수출하는 경우에 성립되는 범죄라는 점을 감안했을 때, 돈 지급의 구체적인 경위나 목적은 중요하지 않다고 생각하였을지도 모르겠다. 그러나 수원지검은 이재명을 외국환거래법 위반뿐만 아니라 제3자뇌물죄로 기소하기 위한 빌드업(build-up) 차원에서 기소를 한 것이다. 그런 식으로 판단하는 것은 수원지검의 그런 부당한 의도에 눈을 감고 용인해주는 것에 다름 아니다.

또한, 선행사건 2심은 김성태에 대한 수원지검의 수사 축소가 위와 같은 진술 변경에 영향을 미쳤을 수 있다는 변호인의 의혹 제기에 대하여는, 김성태의 배임과 횡령 혐의가 언론에 대대적으로 보도되었고, 피해자들이 다수 존재하는 상황이라 대북송금의 성격을 허위로 진술한다고 하여 수사 축소가 이루어질 리 없고, 실제로 수사 축소가 있었다고 볼 수도 없다고 판단하였다.

"4,500억 원 배임이나 쌍방울 자금 30억 원 횡령 혐의가 이미 언론에 대대적으로 보도되었고, 4,500억 원 배임의 경우 피해자라 할 수 있는 조합원들이 다수 존재하는 상황에서 김성태가 대북송금의 성격 등을 허위 진술한다고 하여 수사 축소 등의 효과를 기대할 수 있을 것인지 선뜻 납득되지 않을 뿐더러 그와 같은 수사 축소 등이 실제로 이루어졌다고 볼 만한 자료도 없다."

그러나 앞에서 본 바와 같이, 언론에서는 쌍방울그룹 상장사 7곳에서 총 27회에 걸쳐 3,456억 원의 전환사채가 발행되었고, 전환권 행사로 얻은 이익이 무려 약 3,000억 원에 이르러, 관련하여 자본시장법 위반이 의심된다는 의혹을 제기하였다. 그런데 김성태는 불과 3회에 걸친 420억 원 상당의 전환사채에 대해서만 자본시장법 위반으로 기소되었을 뿐이다. 또한, 제우스1호투자조합 관련 배임 혐의에 대해서는 기소조차 이루어지지 않았다. 언론에서 제기한 의혹이 사실로 확인되는 경우 김성태는 동종의 전과가 있는 상황이라서 장기의 징역형을 선고받고, 쌍방울그룹의 경영권도 잃게 될 가능성이 높다. 반면, 수원지검이 기소한 대로라면, 쌍방울 주가조작 때와 마찬가지로 집행유예를 선고받을 가능성을 모색해볼 수 있다고 판단했을 수 있다.

대법원은 "그 진술로 얻게 되는 이해관계 유무, 특히 그에게 어떤 범죄의 혐의가 있고 그 혐의에 대하여 수사가 개시될 가능성이 있거나 수사가 진행 중인 경우에는 이를 이용한 협박이나 회유 등의 의심이 있어 그 진술의 증거능력이 부정되는 정도에까지 이르지 아니하는 경우에도 그로 인한 궁박한 처지에서 벗어나려는 노력이 진술에 영향을 미칠 수 있는지 여부 등도 아울러 살펴보아야 한다"고 했다.[11]

2022년 말경 언론에 보도된 김성태의 횡령과 배임, 자본시장법위반

---

[11] 대법원 2011. 4. 28. 선고 2010도14487 판결, 대법원 2011. 10. 27.선고 2011도9884 판결

의혹과 수원지검의 쌍방울그룹에 대한 강제수사는 김성태를 궁박한 처지로 몰아넣었을 것이다. 김성태가 국내로 강제송환된 이후에 이루어진 김성태에 대한 자본시장법위반 등 혐의에 대한 기소 내용은, 제기된 의혹에 비추어 보면, 매우 초라한 수준이다. 수원지검이 김성태에 대하여 수사를 축소하였다고 의심할 수밖에 없다. 따라서 리호남에게 준 돈의 명목과 액수에 대한 김성태의 진술 변경이 그러한 궁박한 처지에서 벗어나려는 노력의 소산이라고 충분히 의심할 수 있음에도 불구하고 선행사건 2심은 이를 외면하였다.

2 김성태에게 방북 의전 비용 말고 북에 돈을 지급할 다른 이유가 없었을까?

검사와 선행사건 재판부는 쌍방울그룹이 2019. 5. 12. 합약식 이후 협약서를 공개하지도 못하는 상황하에서 김성태로서는 방북 의전 비용이 아니라면 북한에 300만 달러를 지급할 이유가 없었다고 단언하였다. 그러나 김성태는 2019. 5. 12. 협약식 당시 북한에 약속한 돈을 다 주지 못하고 있었다. 그것 때문에 북한은 2019. 5. 12. 협약식 공개를 거부했고, 그 내용도 비밀로 할 것을 요구했다. 배상윤의 2023. 1. 15. 자 진술서에 의하면, 2019. 5. 12. 자 협약식 전후에 김성태는 배상윤에게 북측에 300만 달러를 줘야 하는데 자금이 없어 주지 못하고 있다면서 배상윤에게 일부를 부담해달라고 부탁했다. 배상윤의 지시로 쌍방울그룹 본사에서 대북사업 제안서 문제를 협의했던 필룩스 직원이 작성한 보고서에는 당시 쌍방울그룹이 북한에 주기로 한 돈의 액수가 100억 원에 이른다는 쌍방울그룹 측의 말을 들었다고 기재되어 있다. 복수의 쌍방울그룹 임원들도 검찰에서 그렇게 진술했다. 북한은 김성태에게 이렇게 약속한 돈을 지급받아야만 2019. 5. 12. 협약서에 대한 공개 체결식과 그 내용 공개에 동의할 수 있다고 했던 것이다. 검사와 선행사건 재판부는 이런 객관적인 증거들을 무시하고 위와 같이 부당하게 단정 지었다.

가. 2019. 5. 12. 협약의 목적, 비밀리에 체결한 이유

쌍방울그룹과 장원그룹(KH그룹의 다른 이름임)은 2019. 5. 12. 중국 단동에서 북한 민경련과 각각 협약을 체결했다. 2019. 1. 17에는 쌍방울 단독으로 조선아태위와 협약을 체결했는데 이번에는 배상윤이 소유하는 장원그룹이 쌍방울그룹과 별도로 협약식을 체결했다.

엄○○는 2022. 11. 27. 수원지검에서 2019. 1. 17. 협약식을 했는데 재차 2019. 5. 12. 협약식을 한 이유는 '투자유치를 위한 보여주기'에 있었다고 진술했다.

답 투자자유치를 위한 보여주기용이라고 생각합니다. 쌍방울 그룹을 대북 테마주로 만들기 위하여 전문 촬영팀까지 데리고 가며 홍보자료를 만들었는데, 그 자료를 기초로 쌍방울 그룹에서는 대대적인 IR 활동을 하였고, 그래서 주가도 많이 오른 것으로 알고 있습니다. 2019. 1.경 합의서로는 쌍방울에서 북한에게 200만 달러를 지급했다는 것 외에는 대북 사업에 관하여 아무것도 안 했기 때문에 굳이 다시 합의서를 작성할 필요가 없었습니다.

그런데 방용철은 2023. 3. 3. 선행사건 1심에서 2019. 5. 12. 협약식은 비밀리에 체결되었고, 이화영 등 경기도 관계자가 참석하지 않았다고 증언했다. 협약서에도 양측은 본 합의서 내용을 비밀로 한다고 규정되어 있기도 하다.

문 2109. 5. 12. (주)쌍방울의 합의서 체결식에 경기도 측 관계자가 참석한 사실이 없는 것으로 확인됩니다. 만약 쌍방울과 경기도가 함께 대북사업을 진행한 것이라면 경기도 측 사람들도 합의서 체결식에 불렀어야 하는 것 아닌가요.

답 비밀스러운 자리이고 공개적으로 할 수 있는 자리가 아닙니다.

'투자 유치를 위한 보여주기' 목적으로 협약식을 하면서 비밀리에 한다는 것은 매우 이상한 일 아닌가?

쌍방울그룹과 장원그룹은 '투자 유치를 위한 보여주기' 목적으로 2019. 5. 12. 북한 민경련과 합의서를 체결하는 것이어서 반드시 이를 단독으로 공개하거나 북한 민경련과 공개체결식을 하고자 했을 것이다. 그럼에도 불구하고 내용 공개 내지 공개 체결식을 못 하고 비밀리에 체결하게 된 것은 북한 측에서 반대했기 때문이라고 추정할 수밖에 없다. 북한 측의 반대 이유는 무엇이었을까?

나. 2019. 5. 11. 자 쌍방울그룹과 조선아태위 사이의 면담록

쌍방울그룹과 북한 조선아태위는 2019. 5. 12. 자 합의서 체결식 하루 전날 면담록에 서명하였다. 이 면담록은 서두에 '2019. 1. 17. 자 합의서를 구체화하고 실현하기 위한 목적'으로 작성한다고 명시하였다. 제1항은 쌍방울그룹과 민경련 사이에 '2019. 1. 17. 자 합의서에 따른 구체적인 사업권 내용을 담은 합의서를 체결한다'고 규정하고 있다. 그리고 제2항은 조속한 시일 내에 그리고 가능한 시일 내에 평양 또는 제3국에서 쌍방울과 민경련 사이에 체결될 제1항의 합의서의 체결식을 공개적으로 갖기로 하되 정확한 일자는 상호 협의하여 정한다고 규정하고 있다.

> 2. 양측은 쌍방울과 민경련이 합의한 합의서의 체결식을 조속한 시일 내 평양 또는 제3국에서 가능한 시점에 공개적으로 갖기로 하고, 정확한 일자는 상호 협의하여 정한다.

쌍방울그룹과 북한 조선아태위가 이렇게 2019. 5. 12. 자 합의서를 체결할 때부터 일단 비밀리에 체결하되 나중에 별도로 공개 체결식을 갖기로 합의한 것은, 쌍방울그룹 측이 북한 측에 약속한 돈을 주지 못했기 때문이었을 것이다. 이 면담록은 양측이 쌍방울그룹이 북한에 약속한 돈을 줄 수 있을 때, 공개 체결식의 일자, 장소에 대해 합의하고, 합의된 공개 체결식 개최 전후에 상호 약속된 돈을 주고받기로 하였음을 의미한다.

다. 2019. 5. 12. 협약식 당시 쌍방울그룹이 북한에 줘야 할 300만 달러

배상윤의 2023. 1. 15. 자 진술서에 의하면, 김성태는 2019. 5. 12. 협약식 전후에 북한에 200만 달러를 준 상태에서 북한에 추가로 300만 달러를 주겠다고 약속하고도 자금 사정으로 인하여 지급하지 못하여, 북한으로부터 300만 달러를 지급해달라는 독촉을 받고 있었다는 것이다.

그 후 2019. 12. 말경 또는 2020. 1.경으로 기억되는데, 김성태 회장은 '저번에 북측에서 요구한 300만불을 지난 달에 직원들 등 원해서 간신히 전달했어요. 북측에 약속만 하고 못주고 있어서 힘들었는데 주고 나니 후련합니다. 북측 사람들은 제가 300만불을 준다고 약속한 것을 고위층에 보고하였는데 제가 약속을 안지켜서 숙청당할 수도 있었다고 들었습니다. 그래서 어떻게든 달러를 만들어 전달하고 나니 후련합니다. 아주 힘들게 주었습니다'라고 말하였습니다.

위 진술서 중 "북측에 약속만 하고 못주고 있어서 힘들었는데 주고 나니 후련합니다", "북측 사람들은 제가 300만 불을 준다고 약속한 것을 고위층에 보고하였는데 제가 약속을 안지켜서 숙청을 당할 수도 있었다고 들었습니다"는 문구는 북측의 쌍방울그룹에 대한 독촉의 강도가 어느 정도였는지 짐작할 수 있는 대목이다. 다른 한편으로, "고위층에 보고", "약속을 안지켜서 숙청"은 흡사 김성혜의 곤란한 상황에 대한 안부수의 제보를 연상시킨다는 점도 지적하지 않을 수 없다. 북한 외화벌이 담당자들의 상투적인 협상용 발언인 것이다.

배상윤은 북측에 지급할 300만 달러를 일부 부담해달라는 김성태의 부탁을 거절했었는데, 2019. 12. 말 또는 2020. 1.경 김성태로부터 직원들을 동원하여 겨우 300만 달러를 지급했다는 말을 들었다고 한다. 김성태가 2019. 11. 말~12. 초경 송명철에게 지급했다는 200만 달러(김성태는 강제송환 직후 조사에서 300만 달러라고 진술함)는 2019. 5. 12. 협약식 전후에 김성태가 북한으로부터 요구받고 있던 바로 그 돈이라는 말이다.

한편 박○○은 2022. 10. 16. 수원지검에서 2019. 1.경 김○○으로부터 쌍방울그룹이 북한에 100억 원을 주어야 한다는 말을 들었다고 진술하였다. 김○○도 2022. 10. 26. 수원지검에서 '2018. 말경 N 프로젝트 제안서 작성 당시 방용철로부터 북한에 100억 원이 넘게 간다는 말을 들었다', '방용철이 당시 목이 간질간질하였는지 이걸 얘기하고 싶어 했다'고 진술했다. 김○○는 2022. 11. 23. 수원지검에서 쌍방울그룹이 선임한 변호사의 입회를 거부하고 나서는, 방용철이 2019. 1.경 이후 북한에 갈 돈이 100억 원이 넘는다고 떠들고 다녔다고 진술하기도 했다.

또한, 배상윤이 소유하는 KH그룹 계열사인 필룩스의 진○○ 이사와 김○○, 손○○이 2019. 2. 7. 쌍방울그룹 본사 회의실에서 쌍방울그룹의 미래전략사업본부 실장 엄○○, 미래전략사업본부 대표 김○○ 등을 만나 회의를 하였다. 이 회의에서 엄○○는 필룩스 측에 쌍방울그룹 대북경협 추진 과정을 설명해주고, 북한에 대한 필룩스 측의 사업제안서 작성을 요청하였다. 위 보고서는 당시의 회의 내용을 필룩스 경영진에게 보고하기 위한 목적으로 작성되었을 것이다. 그 내용 중에서 주목되는 부분은 아래와 같은 문구이다.

1. 쌍방울 대북 사업 추진 과정
1) 대북 인도적 지원 추진 (과거~향후, 약 100억 규모 예상, 내의 지원 등)

2019. 2. 7. 당시 쌍방울그룹이 그 이전과 그 이후에 북한에 지급할 인도적 지원 명목의 돈이 100억 원에 이르렀다는 것이다. 이 문구는 배상윤과 김성태의 사전 협의를 근거로 필룩스와 쌍방울그룹의 임직원이 대북 경협 공동 추진을 협의하는 과정에서 김성태의 핵심 측근이었던 엄○○가 필룩스 측에 설명한 내용을 그대로 기재한 것이라고 할 수 있으므로, 신뢰성이 매우 높다고 볼 수 있다.

이 대목에서 안부수 수첩에 등장하는 '스마트팜 지원 1천만 달러'라는 메모에 재차 주목하지 않을 수 없다. 북한은 2018. 11.경 고양시에서 개최된 제1회 국제대회 전부터 안부수의 중개로 쌍방울그룹과 대북 경협 문제를 협의하였고, 그 과정에서 쌍방울그룹 측에 경협 합의의 전제조건으로 '스마트팜 지원 명목으로 1천만 달러'를 현금으로 지급해달라고 요구했던 것이다. 이 돈은 경기도가 북한과 추진하고 있던 스마트팜 사업과는 관계가 없었다.

안부수 수첩과 쌍방울그룹 임원이었던 박○○, 김○○의 진술과 필룩스 직원 김○○의 쌍방울그룹 본사 회의 보고서에 의하면, 2019. 초경 쌍방울그룹이 북한에 지급하기로 한 돈은 500만 달러가 아닌 100억 원에 이르렀던 것이다.

이러한 증거들과 당시 관련 정황에 비추어 보면, 쌍방울그룹과 북한 사이에 2019. 5. 12. 자 협약서 공개 내지 공개 체결식에 대한 대가를 별도로 약속하였거나 애초 합의된 돈 100억 원을 다 지급받지 못했기 때문에 북한 측에서 2019. 5. 12. 협약서 공개 내지 공개 체결식을 유보시킨 것이라고 볼 수밖에 없다.

라. 2019. 5. 12. 협약식 이후 쌍방울그룹과 장원그룹의 대북접촉 동향

국정원 문서에 의하면, 쌍방울그룹은 2019. 5. 22. 자 북한 조선아태위의 제안으로 장원테크, 씨에스윈드와 함께 가칭 '민족경제개발투자그룹'이라는 컨소시엄을 구성하는 문제로 2회에 걸쳐 대북접촉을 했다고 한다.

2019. 7. 3.경에는 쌍방울그룹은 2019. 6. 7. 북측에 제안하여 투자그룹 구성, 광림 샘플(20개) 관련 협의를 위한 3차 대북접촉을 진행하였다. 더욱이 국정원 문서에 의하면, 여기에서 '광림 샘플(20개)'는 쌍방울그룹이 북측에 지급할 '현금'으로 추정된다는 것이다. 그리고 보면, 광림 샘플이 20개인 것도 수상하기 짝이 없다. 건설장비 및 특수장비 전문 제조·판매 기업인 광림이 북한에 무슨 샘플을 20개씩이나 북한에 제공한다는 말인가? 여기에서 20개는 200만 달러를 의미하는 것이었고, 그 돈을 2019. 11. 말~12. 초경 김성태가 송명철에게 지급한 것이라고 의심해볼 수 있는 대목이다. 국정원 문서에 의하면, 쌍방울그룹은 2019. 9. 말경에는 추가로 4차 대북접촉을 했고, 여기에서는 합의서 체결식 등을 논의했다고도 한다.

또한, 국정원 문서에 의하면, 방용철 등은 2019. 11. 4. 중국 단동, 2019. 11. 27. 중국 선양에서 조선아태위, 민경련 관계자를 접촉하였고, 특히, 2019. 11. 4에는 북한 민경련 단동 대표부를 방문하여 쌍방울 훈춘 공장에 북한 노동자 파견을 요청하였다고 한다. 쌍방울그룹으로서는 북한으로부터 쌍방울 훈춘 공장에 북한 노동자를 파견받기 위해서라도 북한에 200~300만 달러를 지급할 이유가 존재하였다고 볼 수밖에 없다.

이상과 같은 쌍방울그룹, KH그룹과 북한 측 사이의 접촉들은 2019. 5. 12. 자 협약식을 비공개로 하면서 쌍방울그룹이 북한에 지급을 유보한 돈(50억 원인지 300만 달러인지 200만 달러인지 명확하지 않음)의 지급 시기나 방법, 2019. 5. 12. 협약식 공개체결식의 시기와 장소를 협의하는 자리였음에 틀림없다.

마. 제2회 국제대회 기간 중 김성태의 발언에 대하여

김성태는 2019. 7. 24. 제2회 국제대회 전날 기업인의 밤 행사에서 아래와 같이 발언하였다.

> **김성태** 오늘 또 여러 말씀, 여러 말…, 여러 말 드렸는데, 어떤 경우가 와도 우리 송 부실장이나 조 참사한테 약속한 게 하겠습니다, 제가. 그다음에 보고 싶은 우리 실장님도 계시고 박철 위원장님도 계시고 그분이랑 약속한 게 있거든요. 그 약속 지킬 겁니다, 제가. 제가 잘못되더라도 뭐 그래도 또 저희 회사는 살아 있,

여기에서 김성태가 말한 "약속"은 2019. 5. 12. 협약서 공개 체결식(또는 내용 공개)의 대가일까, 아니면 방북 의전 비용일까? 김성태는 본인이 잘못되더라도 쌍방울그룹이라는 회사가 살아남아서 지킬 약속이라고 말하였다. 그런 약속이라면, 쌍방울그룹에 대하여 구속력이 있고, 쌍방울그룹이 권리와 의무를 부담하는 내용일 수밖에 없다. 한편, 방북 의전 비용은 김성태가 리호남과 약속한 돈으로 김성태가 잘못되어 쌍방울그룹의 경영권을 상실하는 등의 문제가 생긴다면, 쌍방울그룹이 살아남는다고 하더라도 새로운 경영진이 김성태의 약속대로 지급할 것이라고 보장할 수 없다. 따라서 여기서 김성태가 말한 약속은 2019. 5. 12. 자 협약서 공개 체결식 또는 내용 공개의 대가로 지급하기로 한 돈을 말한다고 할 수 있다.

바. 방북 의전 비용 300만 달러 대납 해당 여부

검사의 주장대로 대납으로 인정되기 위해서는 북한 당국과 경기도 사이에 방북 의전 비용에 대한 법적 구속력 있는 합의가 성립되어야 한다. 우선 방북 의전 비용으로 인정되기 위해서는 방북 의전을 집행하는 북한 당국이 경기도지사 방북 의전을 정하고, 그에 대한 비용을 책정하여 경기도에 청구하여야 할 것이다. 실제로 북한은 방북한 남한의 대통령 등에 대하여 제공한 의전 등에 대한 각종 비용을 실비로 후불 청구하였다고 한다. 그런데 김성태에게 방북 의전을 약속하고 합의한 당사자는 리호남이라는 것이다. 검사의 주장에 의하더라도 리호남은 과거 북한 대남 공작 부서인 정찰총국 출신이라는 것만 알려져 있고, 현재 북한 당국을 대표하거나 대리할 지위에 있는지는 전혀 알 수 없다. 또한, 김성태와 경기도지사 방북 의전에 관해 협의했다는 송명철도 조선아태위 부실장으로 북한 당국을 대표하거나 대리하여 경기도지사 방북 의전을 결정하고 그 비용을 청구할 수 있는 지위에 있다고 할 수 없다.

만일, 경기도지사가 방북하는 경우 북한에서는 경기도 측에 의전 비용을 실비로 청구하고, 경기도는 북한의 청구에 따라 지급할 수 있다. 이재명 당시 경기도지사나 이화영 당시 경기도 평화부지사의 입장에서도 경기도지사 방북 의전 비용을 개인적으로 부담할 이유는 없었다. 따라서 이화영이 김성태에게 그 대납을 요구할 이유도 없는 것이다.

리호남과 송명철이 약속했다는 경기도지사 방북 의전의 내용도 '문재인 대통령 방북 시보다 훨씬 더 성대하게 해주겠다'는 것으로 전혀 구체적이지 않다. 김성태와 리호남의 합의는 경기도지사 방북이 실행될 때 리호남이 북한 당국에 경기도지사 의전을 문재인 대통령 방북 시보다 화려하게 하도록 청탁해주는 명목으로 받은 알선 수수료에 불과하다고 보아야 한다. 경기도 측의 입장에서 보면, 이런 알선 수수료 성격의 금품을 지급하는 것은 법적으로 불가능하므로, 김성태가 경기도를 위한 의사로 리호남과 합의했다고 하더라도 그 효력이 경기도에 미친다고 할 수는 없다. 따라서 김성태와 리호남이 경기도지사 방북 의전 비용으로 300만 달러에 합의하고, 김성태가 이를 송명철, 리호남에게 지급하였다고 하더라도 경기도를 위한 대납이라고 할 수는 없다.

사. 선행사건 재판부 판단의 부당성

1) 선행사건 1심 판단의 부당성

선행사건 1심은 2019. 7.경 이후 지급된 300만 달러는 경기도지사 방북 비용 내지 방북 의전 비용이지 쌍방울그룹의 경협 대가가 아니라고 판단하였다. 2019. 5. 12. 협약식 이후 쌍방울그룹은 그 합의서 체결 사실조차 공개하지 못하고, 북한과 사이에 추가적인 논의도 하지 못한 상황하에서 300만 달러를 추가로 지급할 이유가 없기 때문에 그렇다는 것이다.

"쌍방울그룹은 2019. 1.경 및 같은 해 4.경 북한 측에 경기도의 스마트팜 비용 500만 달러를 대신 지급하고 대신 지급하고 2019. 5. 12. 민경련과 지하자원개발사업 등에 관하여 합의서를 작성하였다. 그런데 2019. 5.경 이후 쌍방울그룹과 북한 측 사이에는 대북사업에 관한 추가적인 논의가 존재하지 않았고, 쌍방울그룹은 위 합의서 작성 사실조차 대외적으로 공표하지 못하고 있었다. 그러한 상황에서 쌍방울그룹이 북한 측에 추가로 300만 달러를 지급할 합리적인 이유를 찾아볼 수 없다."

우선, "2019. 5.경 이후 쌍방울그룹과 북한 측 사이에는 대북사업에 관한 추가적인 논의가 존재하지 않았다"는 판시는 객관적 사실관계에 반한다. 앞서 본 바와 같이, 쌍방울그룹은 2019. 5. 12. 협약식 이후 2019. 9.경까지 4회에 걸쳐 대북접촉을 했다. '민족경제개발투자그룹'이라는 컨소시엄 구성, 투자그룹 구성, 광림 샘플(20개), 2019. 5. 12. 합의서 공개체결식 등을 협의하였다. 국정원 문서에 의하면, 그 이후에도 추가로 2회 이상 대북접촉을 한 것으로 나온다.

박○○은 2022. 10. 16. 수원지검에서 나노스는 김성태 재산에서 차지하는 비중이 절대적인 상황하에서 2019. 11.~12. 200만 달러 밀반출 전 나노스 주식 반대매매 위기로 민감하였다고 진술했다.

답 제 기억으로 그때 나노스가 반대매매인가 뭐가에 걸렸는데, 김성태의 재산은 사실 나노스가 전부입니다. 김성태의 재산은 나노스의 제우스 투자조합과 베스트 조합이 재산의 전부인데 저렇게 반대매매가 되면 김성태가 회사는 소유해도 가진 돈이 없어지게 되는 것입니다. 그래서 김성태 회장이 굉장히 민감했던 시기였습니다. 아, 그리고 또 생각이 난 것이 있는데, 저하고 김○○이

김성태로서는 이처럼 2019. 5. 12. 자 합의서를 공개하기 위한 체결식 개최를 절실하게 필요로 하는 상황이었다. 쌍방울그룹 입장에서는, 2019. 5. 12. 자 합의서를 비공개로 체결했기 때문에 북한에 주어야 할 돈 중 일부에 대한 지급을 유보한 것이고, 북한 입장에서는 받아야 할 돈을 다 받지 못했기 때문에 2019. 5. 12. 자 협약식을 공개적으로 체결하는 것에 반대한 것이다. 즉, 2019. 5. 12. 협약식 이후에도 쌍방울그룹은 북한에 300만 달러를 지급할 합리적인 이유가 있었다. 그 이유는 다름 아닌 2019. 5. 12. 합의서에 대한 공개 내지 공개 체결식이었다. 검사와 선행사건 1심은 이런 명백한 사실을 간과한 나머지 2019. 5. 12. 협약식 이후 경기도지사 방북 의전 비용 이외에 다른 돈 지급 명목을 생각

할 수 없다고 단정 지은 것이다.

또한, 선행사건 1심은, 김성태가 바라는 2019. 5. 12. 자 합의서 공개 내지 공개 체결식은 한반도 정세상 김성태 단독으로는 난망한 일이었고, 이재명 경기도지사 방북 시 성사되어야만 실현 가능한 것이었다고 판단하였다.

"물론 김성태의 진술에 의하더라도 김성태는 자신의 경제적 이익을 위하여 이재명 경기도지사와 함께 북한을 방문하여 북한 측과의 경제협력사업의 성과를 공표하려는 의사가 있었던 것으로 보인다. 그러나 김성태의 위와 같은 계획은 이재명 경기도지사의 방북이 성사되어야만 실현 가능한 것이고, 오로지 김성태만의 방북은 당시 한반도의 정세, 기존의 방북 사례 등에 비추어 난망한 것으로 보일 뿐만 아니라 지속적으로 경기도지사의 방북을 요청했던 경기도와는 달리 쌍방울그룹 내부에서 그 당시 김성태의 방북을 위하여 자체적으로 추진하였다고 볼 정황도 충분하지 않다."

문재인 정부는 2018. 9. 17. 제3차 남북정상회담(2018. 9. 18.~20.)을 위해 방북할 대통령 특별수행단에서 서울시장 박원순, 강원도지사 최문순을 포함시키면서도 경기도지사 이재명은 제외하였다. 이를 두고 언론은 '청와대가 차기 대권주자로 박원순 시장을 지목했다'는 취지로 보도했다. 선행사건 1심 재판부는 이를 인용하면서 이화영에게 경기도지사의 방북을 강력하게 추진할 동기가 있었다고 판단하기도 하였다.

그러나 이재명 경기도지사의 방북은 북한의 초청이 있다고 하여 무조건 성사될 수 있는 문제가 아니다. 북한이 이재명 경기도지사에게 방북 초청을 하더라도 통일부가 국내외 정세와 대북 전략을 감안하여 방북을 불허할 수도 있기 때문이다. 당시 한반도 정세는 북미정상회담 결렬 이후 북한이 미사일 발사를 재개하는 등으로 악화일로에 있었다. 북한이 경기도에 이재명 경기도지사 방북 초청장을 보내더라도 통일부에서 불허할 가능성이 높다고 판단함이 자연스러운 상황이었다. 경기도 평화협력국이 북한에 경기도지사에 대한 방북 초청을 해주도록 요청하는 서한을 보내고는 있었으나, 이재명 경기도지사의 입장에서도 북한이 경기도지사에 대한 방북 초청장을 보내오더라도 실제로 방북을 해야 할지 고민할 수밖에 없었던 상황이었다. 방북이 이재명 경기도지사의 대권주자 지지율을 저하시키는 요인으로 작용할 수도 있는 정치적 상황이 전개되고 있었기 때문이다.

문재인의 정부의 경기도지사에 대한 이러한 입장과 태도에다가 당시의 한반도 정세를 함께 고려해 본다면, 당시 김성태의 방북이 난망하였던 것 이상으로 이재명 경기도지사의 방북도 난망한 것이었다고 보는 것이고 객관적이고 합리적인 판단일 것이다.

쌍방울그룹이 2019. 5. 12. 협약을 체결하고도 이를 공개하지 못한 이유는 쌍방울그룹이 북한에 주기로 한 돈을 다 주지 못한 문제도 있었겠지만, 근본적으로 대북제재 때문일 것이다. 이러한 상황하에서 이재명 당시 경기도지사의 방북 성사 가능성이 낮기도 했으나 혹시라도 성사된다고 하더라도 대북제재가 해제되지 않은 이상 2019. 5. 12. 자 공개체결식을 그 기회에 함께 진행한다는 것은 가능한 일이 아닐 수도 있었다.

한편, 과거 남북관계를 되돌아보면, 한반도의 긴장이 격화되는 상황 하에서 이를 돌파하기 위한 카드로 정경분리에 의한 접근이 논의되곤 했었다. 이는 정치적 접근보다는 경제적 접근이 보다 쉽기 때문일 것이다. 또한, 당국간 접촉보다는 민간 단체들 사이의 접촉으로 돌파구를 마련하고자 시도하는 예가 많았다. 이러한 전례에 비추어 보면, 1천만 달러어치 내의 지원을 명분으로 하는 김성태의 방북이 이재명 경기도지사의 방북보다는 성사 가능성이 더 높았다고 볼 수 있다.

공개 체결식을 반드시 북한에서 해야 하는 것도 아니었다. 실제로 쌍방울그룹과 북한은 북한이 아닌 제3국에서 공개 체결식을 하는 문제를 놓고 협의를 하기도 하였다.

김성태로서는 2019. 5. 12. 자 합의서를 공개하는 것이 목적이었다. 주가조작을 목적으로 하는 이상 합의서를 공개하는 것 자체로 충분하였다. 이재명 당시 경기도지사와의 동반 방북은 주가조작을 목적으로 하는 김성태의 입장에서 과도하게 언론과 정치권의 주목을 받게 되는 결과를 초래하고, 그로 인하여 주가조작이 탄로 날 위험을 현저하게 증가시키는 요인이 될 수 있었다. 주가조작 목적으로 대북 경협을 추진하고 있던 김성태가 이런 위험을 감수하고자 하였을 리는 없다. 김성태가 이재명 경기도지사와 동반 방북하여 공개 체결식을 갖고자 하였다는 진술 자체를 믿을 수 없는 이유다.

김성태가 원하던 2019. 5. 12. 자 합의서 공개 체결식은 김성태 단독 방북으로는 난망한 일이었고, 오로지 이재명 경기도지사의 방북이 성사되어야만 실현 가능한 상황이었다는 선행사건 1심의 판단은 당시 한반도 정세, 남북관계의 전례와 상식에 반하고, 김성태의 주가조작 목적을 간과한 것으로 매우 부당하다 하지 않을 수 없다.

2) 선행사건 2심 판단의 부당성

선행사건 2심은 아래와 같이 평양 사업설명회 개최나 합의서 재작성을 위한 단독 방북 가능성 자체가 희박한 상황에서 김성태가 오로지 2019. 5. 12.자 협약서 공개 체결식만을 위하여 거액의 자금을 북한에 지급하였다고는 보이지 않는다고 판단하였다. 선행사건 1심과 마찬가지로 2019. 7.경 이후에 지급한 300만 달러는 이재명 경기도지사 방북 비용 내지 의전 비용 명목으로밖에 보이지 않는다는 것이다.

- 통일부는 2019. 3. 21. 인도적 지원사업인 1천만 달러 상당의 내의 지원 목적 김성태 방북 신청에 대하여 부정적 입장을 통보하였는바, 지방자치단체장과의 동반 방북 등의 예외적인 사정이 없는 한 경제협력사업을 위한 김성태의 방북에 대한 통일부의 입장은 더 엄격할 것임을 충분히 짐작할 수 있다.
- 통일부는 쌍방울그룹 관계자들의 2019. 5. 11.~13.경 중국 단동 대북접촉과 관련하여, 위 2019. 3. 12. 통보에도 불구하고 미신고 상태로 의류 지원 명분으로 2회 북한 주민 접촉을 하였다는 이유로 서면경고, 향후 접촉 및 방북 자제 조치를 취한 바 있다.
- 2019. 7. 4. 자 쌍방울그룹 내부 문서와 2019. 9. 말 북측과의 협의 내용에 대한 쌍방울그룹 문서에 통일부의 승인 신청 또는 비공식

접촉을 통해 통일부에 김성태의 방북 타진 등의 조치를 취한다는 내용이 기재되어 있음에도 불구하고 그 이후 김성태 방북에 대한 통일부 승인 신청 절차가 없었다.

선행사건 2심의 위 판시는 2019. 11. 말~12. 초경 지급된 200만 달러는 2019. 5. 12. 협약식 이후에 지급합의가 이루어진 돈이 아니라 2019. 5. 12. 협약식 이전에 지급합의를 해놓고 2019. 5. 12. 자 협약식을 비공개로 하고 협약서 내용도 비밀로 유지하기로 함에 따라 지급이 유보된 돈이라는 점을 간과하였다는 점에서 기본적으로 부당하다.

또한, '지방자치단체장과의 동반 방북 등의 예외적인 사정이·없는 한 경제협력사업을 위한 김성태의 방북에 대한 통일부의 입장은 더 엄격할 것임을 충분히 짐작할 수 있다'는 판시도 당시의 한반도 주변 정세와 남북관계, 당국간 접촉보다는 민간 단체들 사이의 접촉이나 정치적 접근보다는 경제적 접근으로 돌파구를 마련해온 그간의 남북관계의 전례에 비추어 상식과 경험칙과는 동떨어진 것으로 매우 부당하다.

김성태가 진술하는 바대로, 2019. 5. 12. 자 협약식 체결일로부터 두 달이나 경과된 시점인 2019. 7.경이 되어서 겨우 70만 달러만을 지급하고, 다시 6~7개월이나 경과된 2019. 11. 말~12. 초경에 이르러서야 200만 달러를 지급하였다고 한다면, 이는 좀처럼 공개 체결식을 할 기회를 잡지 못하다가 북한이 아니라고 하더라도 제3국에서라도 어떻게든 2020. 초경에는 공개 체결식을 갖기로 하였거나 공개 체결식은 하지 않더라도 쌍방울그룹 측이 협약서 내용을 공개하는 것을 허용해주기로 합의하고 준 돈이라고 보는 것이 더 합리적이다.

3 리호남은 2019. 7.경 필리핀 마닐라를 방문하였을까?

가. 리호남의 정체

리호남(본명 리철, 별칭 리명운)은 북한의 정찰총국 소속 대남공작원으로 1990년대부터 2000년대까지 남북교류와 관련된 기밀수집, 외화벌이 등 다양한 대남공작을 수행한 것으로 알려져 있다. 이른바, '흑금성 사건'을 소재로 제작된 영화 '공작'에서 이성민이 연기한 '리명운'의 실존 모델이기도 하다. 이러한 이유로 리호남은 대한민국뿐만 아니라 미국과 그 동맹국들 정보기관의 주요한 감시 대상이 되어 있다고 추정된다. 경우에 따라서는 미국과 그 동맹국들 정보기관에서 리호남을 체포하려고 할 가능성도 있다고 한다. 리호남이 다수의 위조 여권과 가명(리철운, 강호진 등)을 사용하면서 활동할 수밖에 없는 이유도 이 때문일 것이다.

나. 리호남의 필리핀 입출국 가능성과 위험성

필리핀과 북한은 2000년 7월 12일 공식적으로 외교 관계를 수립했다. 필리핀은 북한과 외교 관계를 유지하고 있지만, 상주 대사관을 두지 않고 있다. 북한은 태국 방콕과 베트남 하노이 주재 자국 대사, 필리핀은 베이징 주재 자국 대사를 통해 상호 간 외교관계를 관리하고 있다. 양국의 관계는 한국전쟁 당시 필리핀이 남한을 지원하며 북한과 대립했던 역사와, 냉전 시기 필리핀의 반공 정책, 그리고 북한의 신인민군(New People's Army, NPA) 지원 의혹 등으로 인해 상호 불신이 존재해왔다. 필리핀은 전통적으로 미국의 동맹국으로서 북한의 핵 프로그램과 미사일 실험을 비판하며, UN안보리 결의안을 지지하는 입장을 유지해왔다.

리호남이 대북제재 대상자 명단에 포함되어 있지는 않다고 한다. 그러나 리호남은 북한 정찰총국 소속으로 불법 자금 송금 및 공작 활동에 연루된 인물로 의심받고 있다. 이러한 이유로 UN과 미국의 대북제재를 준수하는 필리핀 당국은 리호남의 입국을 거부할 가능성이 높고, 경우에 따라서는 리호남을 체포할 가능성도 배제할 수 없었다. 이러한 조건하에서 리호남이 필리핀에 입출국하고자 했다면, 공식적인 북한 여권이나 알려진 가명을 사용할 수는 없었을 것이고, 새로운 위조 여권과 가명을 사용할 수밖에 없었을 것이다.

김성태는 리호남으로부터 직접 들었는지 필리핀 입출국에 수반되는 이런 불편과 위험에 대해서 알고 있었던 모양이다. 김성태는 2023. 1. 28. 수원지검에서 2019. 4. 초경 300만 달러를 북한에 지급할 때 리호남이 마카오는 갈 수 있어도 홍콩은 안 된다고 해서 마카오에서 리호남을 만났다고 진술했다. 실제로 김성태, 방용철, 김태균은 2019. 4. 초경 마카오에서 리호남을 만났다.

답 제가 나머지 300만 달러는 2019. 3.경 주기로 하였습니다. 그런데 2019. 1.경 북한 측에 달러를 전달한 이후로 기억하는 북한의 김영철이 제게 전화를 하여 '이전에 달러를 전달하였을 때 중국 공항에서 직원들이 단속이 되었고, 그러한 사정이 중국에 알려지면 김회장이 상할 수 있다'고 하면서 다른 방법을 송명철과 상의해서 제3국에서 전달해달라고 하였습니다. 송명철, 리명운이 홍콩은 안되고 마카오는 갈 수 있다고 하였습니다.

　　홍콩과 마카오는 중국의 특별행정구(SAR, Special Administrative Region)로, "일국양제" 원칙에 따라 중국 본토와 별개의 입출국 및 이민 정책을 운영한다. 홍콩은 UN 대북제재를 준수하며, 북한 인사의 불법 활동(예: 돈세탁, 공작)을 감시한다고 한다. 반면, 마카오는 홍콩보다 국제적 감시가 덜하며, 중국 본토와의 협력체제도 더 강하다고 한다. 홍콩과 마카오 사이의 이 정도 차이로 인하여, 리호남은 김성태에게 같은 중국 특별행정구에 해당하는 마카오는 갈 수 있어도 홍콩은 갈 수 없다고 말했었던 모양이다. 김성태의 진술대로 리호남이 마카오에는 편안하게 갈 수 있어도 홍콩에는 부담과 위험이 커서 가지 않는다고 한다면, 리호남으로서는 필리핀의 수도 마닐라는 홍콩보다 입출국에 대한 부담과 위험이 비교하기 어려울 정도로 훨씬 더 클 것임은 자명하다고 할 것이다. 필리핀은 전통적인 미국의 동맹국으로 미국과 UN의 대북제재를 철저히 준수할 뿐만 아니라 한국과도 친선관계에 있기 때문이다. 더욱이 리호남은 중국의 심양이나 단동에서도 언제든지 김성태를 만나 안전하게 돈을 받을 수 있다. 홍콩에도 가지 않는 리호남이 마닐라에까지 가서 김성태로부터 돈을 받아왔을 가능성은 상식적으로 매우 희박하다고 볼 수밖에 없다.

　　또한, 2019. 7.경 제2회 국제대회에는 대한민국의 국정원 요원들이 파견되었을 것이다. 리호남이 제2회 국제대회 기간 중 마닐라를 방문하여 김성태를 그가 숙박하는 호텔에서 만났다고 한다면, 국정원 요원들이 이를 파악하지 못할 가능성은 희박하다. 국정원이 필리핀 정보당국에 리호남이 김성태로부터 거액의 달러화 현금을 받은 사실을 알려주어 체포 등 조치를 취하도록 요청하였을 가능성도 있다. 그런 상황하에서 김성태가 리호남을 자신이 숙박하는 호텔로 불러들여 거액의 돈을 전달하는 것은 리호남은 물론이고, 김성태의 입장에서도 매우 위험한 일이었다. 김성태의 그러한 행위는 국가보안법과 남북교류협력법에 위반될 수 있기 때문이다. 김성태의 입장에서 보더라도 국정원 요원들에 발각될 위험을 감수하고 제2회 국제대회 기간 중 필리핀 마닐라에서 리호남을 만나 70만 달러를 준다는 것은 상식적으로 납득하기 어렵다.

리호남과 김성태 두 사람 모두 2019. 7.경 제2회 국제대회 기간 중 필리핀 마닐라(그것도 국정원 요원들이 지켜보는 제2회 국제대회 행사장 근처 호텔)에서 만나 70만 달러를 주고받을 합리적인 이유가 없었다.

다. 증거기록상 리호남과 쌍방울의 접촉

국정원 문서와 쌍방울그룹의 방용철 출장기안서, 채○○이 작성한 출장결산서, 방용철과 채○○의 진술 등을 종합해보면, 쌍방울그룹 측에서는 방용철, 채○○이 2018. 11. 20.~22. 중국 심양에서 안부수의 소개로 리호남을 접촉한 이후 김성태, 방용철, 채○○ 등이 리호남과 단독으로 또는 김성혜, 박철, 송명철 등과 함께 매우 빈번하게 접촉한 사실이 확인된다.

쌍방울 중국공장 책임자인 채○○은 2022. 11. 28. 수원지검에서 김성태와 방용철이 중국에서 리호남, 송명철, 박희철 심양 북한대사 등 북한 고위층과 만날 때는 채○○ 본인이 북한 측과 위챗을 통해 세부 일정을 조율했다고 진술했다. 엄○○도 2022. 11. 27. 수원지검에서 리호남과의 연락은 채○○이 전담하였다고 진술하였다.

북한에서는 공무원들이 자기 분야에서 필요한 외화를 각자 조달하여야 한다고 한다. 이런 북한의 사정에 비추어 리호남은 중국에 체류하는 데 소요되는 비용을 안부수나 쌍방울그룹으로부터 지원받았을 가능성이 높다. 국정원 문서에 의하면, 안부수는 2018. 10.경 리호남으로부터 중국 심양에서 리호남 부부가 거주할 공간을 얻어달라는 부탁을 받았다고 제보하였다. 이 제보에 의하면, 안부수가 직접 또는 쌍방울그룹을 통해 리호남에게 심양 소재 주거를 마련해주었을 가능성도 있다. 채○○은 리호남을 매우 빈번하게 접촉하였고, 그때마다 리호남의 숙박, 교통, 식사, 선물에 소요되는 비용을 쌍방울그룹의 자금으로 지출하였다. 채○○이 작성한 출장결산서에는 그 내역이 상세하게 기재되어 있다.

라. 2019. 7.경 쌍방울그룹의 리호남 관련 비용 지출 부존재

만일, 김성태가 진술한 바대로, 리호남이 제2회 국제대회에 참석하였다고 한다면, 쌍방울그룹에서 리호남 접촉 창구 역할을 했던 채○○이 리호남과 연락하고, 필리핀 입국 절차와 관련 비용을 쌍방울그룹의 자금으로 처리하였을 가능성이 매우 높다. 북한의 빈곤한 외화 사정과 리호남의 대 쌍방울그룹 관계에 비추어, 리호남이 쌍방울그룹의 지원을 받지 않고 다른 방법으로 마닐라 방문 비용을 조달하였을 가능성은 매우 희박하다. 그런데 채○○ 작성의 출장결산서에는 2019. 7. 24.~26. 필리핀 마닐라에서 개최된 제2회 국제대회 관련 지출 내역이 전혀 없다. 리호남이 2019. 7.경 제2회 국제대회 기간 중에 마닐라를 방문하지 않았을 가능성이 높다고 추정할 수 있는 대목이다.

마. 선행사건 2심 재판부의 판단: '의심스러울 때는 검사의 이익으로'

김성태는 단독으로 리호남을 만나 70만 달러를 전달해주었다는 것이다. 리호남 단독으로 김성태가 숙박하는 호텔로 찾아왔고, 김성태가 리호남에게 술병 2병이 담기는 작은 캐리어에 70만 달러를 담아서 주었다는 것이다. 김성태 이외에 리호남을 만나거나 본 사람은 없었다.

선행사건 2심 재판 과정에서, 2019. 7.경 필리핀 마닐라에서 개최된 제2회 국제대회 당시 리호남이 마닐라에 온 적이 없었다는 주장이 제기되었다. 제2회 국제대회에 초청된 북측 인사 명단에 리호남이 없었고, 행사를 진행한 김○○ 등은 제2회 국제대회 기간 내내 북측 참가자들을 밀착하여 관리하였다고 하는데, 리호남을 본 적이 없다고 하였다. 당시 자신이 진행하는 대북사업 관계로 리호남을 만날 목적으로 제2회 국제대회에 참석했던 대북사업가 하○○도 제2회 국제대회 행사 중 리호남을 보지 못했고, 마닐라에서 북경으로 가는 비행기에 탑승한 송명철에게 리호남이 제2회 국제대회에 왔느냐고 물어보았는데 '안 왔다'라는 답을 들었고, 하○○ 본인도 탑승한 비행기에서 리호남을 보지 못했다고 증언하였다. 하○○은 리호남이 중국의 북경, 심양, 단동 등지에서 안전하게 김성태로부터 돈을 받을 수 있는데도 불구하고, 입국도 어렵고, 거액의 달러화를 소지하고 출국하는 것도 위험한 마닐라까지 가서 돈을 받는다는 것도 상식에 맞지 않다고도 증언하였다. 돈을 주었다고 진술한 김성태를 제외하고, 방용철, 안부수를 포함하여 리호남을 마닐라에서 보았다고 하는 사람은 나타나지 않았다. 이를 근거로 이화영의 변호인은 2019. 7.경 마닐라에서 리호남에게 70만 달러를 주었다는 김성태의 진술은 거짓말이라고 주장하였다.

이에 대하여, 선행사건 2심은 "방북 비용 중 리호남에게 지급된 100만 달러 지급에 대한 진술 변경만으로 김성태 진술의 신빙성 배척할 수 없다"고 전제하고는, 아래와 같은 이유를 들어 변호인의 주장을 간단하게 배척하고 말았다.

> 그러나 북한과 필리핀은 2000. 7. 12. 수교협정을 체결하였고 비록 사증면제협정을 체결하지 않아 북한 국적자가 필리핀에 입국하기 위해서는 사전에 비자를 발급받아야 하기는 하나, 입국 자체가 불가능하지는 않은 사실, 리호남은 북한 공작원으로서 다수의 가명·위장 신분을 사용하는 사람이라는 점(증거목록 순번 1764)까지 고려하여 볼 때, 리호남이 제2회 국제대회 공식 초청자 명단에 없다거나, 위 국제대회 참석자들 중 당시 리호남을 본 적이 없다는 진술하는 사람이 있다는 사정만으로 이 부분 김성태 진술의 신빙성이 없다고 할 것은 아니다.

선행사건 2심이 지적한 바와 같이, 리호남이 가명과 위조 여권을 갖고 2019. 7.경 제2회 국제대회 기간 중에 마닐라를 방문하였을 가능성이 없는 것은 아니다. 문제는 앞에서 지적한 여러 위험과 부담, 비용을 감수한 채, 리호남이 마닐라를 방문하여 김성태로부터 70만 달러를 받고자 하였을 가능성은 매우 희박하다는 점이다. 여기에 더하여 리호남이 2019. 7. 제2회 국제대회 기간 중 필리핀 마닐라를 방문하지 못했을 것이라고 추정할 수 있는 정황이 다수 존재한다. 오직 김성태만 마닐라에서 리호남을 만나 70만 달러를 주었다고 진술하기는 하였으나 김성태로서도 국가보안법위반 등 형사적 위험이 커서 과연 사실일까라는 의문이 들 수밖에 없는데다가 김성태의 관련 진술이 일관된 것도 아니었다.

형사재판에서 판사는 '의심스러울 때는 피고인의 이익으로'라는 원칙에 따라 판단하여야 한다. 선행사건 2심은, 리호남의 마닐라 방문이 불가능하지는 않다는 점을 근거로 들면서 변호인의 '제2회 국제대회 기간 중 리호남 마닐라 부재' 주장을 배척하고 말았다. '의심스러울 때는 피고인의 이익으로'라는 원칙을 적용하지 않고 그와 반대되는 '의심스러울 때는 검사의 이익으로'라는 원칙을 적용하여 판단했다고 볼 수밖에 없다.

True

7부

후행사건 공소사실 중
제3자뇌물 혐의의 허구성

False

1 제3자뇌물의 개념
2 후행사건 제3자뇌물 공소사실의 요지
3 제3자뇌물 공소사실의 허구성

1 제3자뇌물의 개념

일반적으로 뇌물죄는 공무원이 직무와 관련하여 부정한 금품을 제공받는 범죄를 말한다. 그런데 공무원이 부정한 금품을 본인이 받지 않고 제3자에게 제공하게 한 경우에도 뇌물죄가 성립할 수 있다. 이를 제3자뇌물죄라고 한다. 형법상 제3자뇌물죄가 성립하기 위해서는 문제된 금품이 '직무에 관하여 제공된 부당한 것', 즉 뇌물이어야 함은 일반 뇌물죄와 동일하다.

그런데 제3자뇌물죄는 일반 뇌물죄와는 달리 추가로 부당한 이익을 제공하는 측(증뢰자라고 함)의 공무원에 대한 '부정한 청탁'을 필요로 한다. 제3자뇌물죄의 처벌 범위가 불명확해져 불필요하게 확대되는 것을 방지하기 위한 취지다. 제3자뇌물죄의 요건인 '부정한 청탁'은 명시적인 의사표시에 의한 것은 물론, 묵시적인 의사표시에 의한 것도 가능하다.

묵시적인 의사표시에 의한 부정한 청탁이 있다고 하기 위하여는 당사자 사이에 청탁의 대상이 되는 직무집행의 내용과 제3자에게 제공되는 금품이 그 직무집행에 대한 대가라는 점에 대하여 공통의 인식이나 양해가 존재하여야 할 것이고, 그러한 인식이나 양해 없이 막연히 선처하여 줄 것이라는 기대에 의하거나 직무집행과는 무관한 다른 동기에 의하여 제3자에게 금품을 공여한 경우에는 묵시적인 의사표시에 의한 부정한 청탁이 있다고 보기 어렵다고 본다.[12]

2 후행사건 제3자뇌물 공소사실의 요지

후행사건 공소사실에 의하면, 김성태가 북한에 지급했다고 진술한 800만 달러는 이재명과 이화영이 김성태로부터 부정한 청탁을 받고 제3자인 북한에 제공하게 한 뇌물이라는 것이다. 후행사건 공소장에 기재된 김성태의 부정한 청탁의 목록은 아래와 같다.

[스마트팜 비용 500만 달러 대납 관련]
① 경기도가 북한을 상대로 쌍방울그룹의 대북사업 보증
② 향후 추진할 경기도 대북사업에서 우선적 사업기회 부여 등 대북사업 공동 추진

---

[12] 대법원 2009. 1. 30. 선고 2008도6950 판결.

③ 경기도 남북교류협력기금 지원

[방북 의전 비용 300만 달러 대납 관련]
④ 경기도지사와의 방북 동행 및 협약식 내용 공개 요구

3   제3자뇌물 공소사실의 허구성

앞서 본 바와 같이, 제반 증거들에 비추어 이화영이 김성태에게 스마트팜 비용 500만 달러와 경기도지사 방북 의전 비용 300만 달러 대납을 요구하였다고 인정할 수 없다. 김성태가 북한에 800만 달러의 현금을 지급하였다고 한다면, 그 목적은 대북 경협을 나노스 주가조작용 테마로 이용하는데 있었을 것이다. 즉, 김성태가 북한에 800만 달러를 지급한 것은 이화영 등에 대한 부정한 청탁과 어떤 관련이 있다고 할 수 없다.

후행사건 공소장에 열거된 김성태가 이화영에게 했다는 부정한 청탁의 목록들도 상식적으로 납득하기 어렵다.

앞에서 살펴본 바와 같이, 지방자치법과 지방재정법상 지방자치단체인 경기도가 쌍방울그룹의 북한에 대한 경제협력사업 관련 의무이행을 보증하는 것은 사실상 불가능하다. 2019년경 처음으로 20조원을 초과한 경기도의 예산 규모에 비추어 보더라도, 수십~수백조 원에 이르는 사업비를 필요로 하는 쌍방울그룹의 대북 경협 관련 의무 이행을 경기

도가 보증하는 것은 현실적으로 불가능하다. 경기도 도민들의 여론과 국민 전체 여론을 고려하더라도 경기도가 북한을 상대로 쌍방울그룹의 대북사업을 보증한다는 것은 정치적으로도 불가능한 일이다. 경기도가 사기업인 쌍방울그룹에 자금지원을 하거나 출자를 하는 것도 보증과 마찬가지로 법적, 정치적으로 불가능하고, 예산 규모의 제한으로 현실성도 없는 얘기다.

김성태는 선행사건 1심에 증인으로 출석하여 '경기도가 쌍방울그룹의 대북 경협 추진에 대하여 특별히 해주기로 한 것이 없다'고 증언하였다.

문 그래서 경기도가 쌍방울한테 무엇을 해주기로 하였나요.

답 경기도가 그 당시에 저희한테 뭘 특별하게 …(중략)… 제가 경기도에다가 사업을 요구하거나 그런 건 없었죠. 제가 일방적으로 도와준 거고, 향후에 북한하고 관계가 잘 돼서 경기도의 일이 잘 되길 바라는 마음으로 해준 거죠. 잘 되면 저희 쌍방울도 당연히 잘 될 것이고 …(중략)… 그런 마음으로 해준 거죠.

실제로도 쌍방울그룹이 경기도에 경기도가 추진하는 남북교류협력사업에 참여하겠다고 신청하거나 공동으로 대북사업을 진행하자고 제안한 사실은 없었다. 김태균 회의록에 의하면, N Project 투자유치안을 제안받은 헤지펀드 투자자들이 경기도의 지원과 보증에 대한 에비던스를 요구하였음에도 불구하고, 김성태는 그러한 에비던스를 제공하지 못했다. 이화영이 김성태에게 경기도의 지원과 보증을 약속한 사실이 없었기 때문이다.

쌍방울그룹이 2018. 12. 29.~30. 김성혜에게 제공한 북남협력제안서나 2019. 1. 17.자 합의서를 체결할 때 북측에 제시한 PPT 자료에 의하더라도, 쌍방울그룹은 통일부가 관리하는 남북협력기금에서 총 사업비 총액의 20%를 지원받을 수 있을 것처럼 설명하였을 뿐이고, 경기도가 관리하는 남북교류협력기금에서 지원받겠다고 설명한 것은 아니었다. 경기도가 관리하는 남북교협력기금은 2018년에 이르러 346억 원으로 증액되었다. 경기도 남북교류협력기금의 규모에 비추어 보더라도 경기도의 남북교류협력기금으로 쌍방울그룹에게 대북 경협 사업비 총액의 20%나 되는 규모의 자금을 지원하는 것은 전혀 현실성이 없는 얘기다.

쌍방울그룹과 민경련 사이에 체결된 2019. 5. 12.자 협약서를 공개하거나 그에 대한 공개 체결식을 하는 문제는 전적으로 북한 측의 권한에 속하는 사항이다. 이재명 경기도지사와의 동행 방북 문제도 결국, '김성태의 방북 시기와 절차에 관한 문제'로 북한 당국의 권한에 속하는 사항임은 마찬가지다.

북한이 국제사회로부터 고립되는 방향으로 나아가고 있던 2019년 하반기 한반도 정세하에서 이재명 당시 경기도지사와 동행 방북하여 2019. 5. 12.자 협약서 공개 체결식을 갖고자 하였다는 주장 자체가 상식적으로 납득될 수 없는 주장이다. 설령, 검사의 주장대로, 김성태가 이재명 당시 경기도지사와 동행 방북하여 2019. 5. 12.자 협약서 공개 체결식을 갖기 위한 목적으로 300만 달러를 북한에 지급하였다고 하더라도, 김성태가 의도한 목적은 결국 쌍방울그룹 또는 김성태 본인의 방북에 있었다는 말이다. 검사의 주장대로, 김성태가 이재명 경기도지사가 방북하는 기회에 동행 방북하고자 하더라도 그에 대한 결정 권한은 북한 당국과 남한의 통일부에 있다. 또한, 김성태가 이재명 경기도지사와 동행 방북한 기회에 2019. 5. 12.자 협약서 공개 체결식을 할 수 있을지 여부도 전적으로 북한 당국과 협약의 당사자인 조선아태위와 민경련의 권한 사항이었다. 즉, 어떻게 보더라도 김성태 본인의 사업목적을 달성하기 위한 대가로 지급한 금품인 것이고, 이재명 당시 경기도지사나 이화영 경기도평화부지사의 직무와 대가 관계 있는 금품이라고 할 수는 없다.

후행사건 공소사실에 의하더라도, 이화영과 김성태 사이에는 '경기도가 쌍방울그룹의 대북 경협에 대하여 도움을 줄 수 있을 것'이라는 막연한 기대가 있었을 뿐이고, 김성태는 당시 북미 정상회담 성공으로 대북제재 해제 가능성이 높게 점쳐지는 상황하에서 '대북 경협 사업권의 획득'과 '대북 테마를 이용한 나노스 등 쌍방울그룹 계열사의 주가 부양'이라는, 김성태 본인의 사업적 목적으로 북한에 800만 달러를 지급한 것에 불과하다. 김성태의 진술에 의하더라도 김성태는 '막연히 경기도로부터 도움을 받을 수 있을 것'이라는 막연한 기대를 가졌을 뿐이고, 본질적으로는 쌍방울그룹 대북 경협(실제로는, 주가조작) 목적으로 북한에 금품을 공여한 것이므로, 김성태가 북한에 지급하였다고 하는 800만 달러가 이재명 당시 경기도지사나 이화영 경기도지사의 직무와 관련된 금품이라고 할 수도 없고, 김성태와 이화영 사이에 어떤 부정한 청탁이 존재하였다고 할 수도 없다.

True

8부

결론

False

Conclusion

　대북송금의 당사자들인 김성태와 배상윤이 지금까지 했던 말을 뒤집어 '북한에 준 돈은 경기도와는 상관 없다', '이재명과는 공모한 적이 없다'라고 발언하였다. 이제 진실의 문이 열릴 수밖에 없게 되었다. 그럼에도 불구하고 이 책을 쓴 이유는, 배상윤, 김성태의 말바꿈을 들어보지 않더라도 검사가 제출한 증거들만으로도 앞에서 살펴본 바와 같이 '경기도를 위한 800만 달러 대납'은 수원지검의 정치검사들이 수사가 아닌 창작으로 만들어낸 소설 같은 얘기라고 판단 내리는 것이 그리 어려운 일이 아니었음을 밝혀두고 싶기 때문이다. 이 책이 쌍방울 대북송금사건의 실체적 진실을 규명하고, 수사와 기소, 재판의 문제점에 대한 논의를 활성화는데 기여할 수 있기를 바란다.

부록 1 N Project 투자유치안 번역본

N 프로젝트

2019년 2월

두 가지 주요 기회가 있습니다. (A) **전환사채 인수**, (B) **한국 상장 회사 N주식 구매**
기본 규칙은 **한국 증권거래법**을 따릅니다.

(A) **전환사채에 관한 조건**:
이 계약은 투자자와 회사 간에 체결됩니다.

금액	미화 50,000,000 달러	필요한 경우 분할 발행 가능합니다.
발행/만기	2019년 3월/4월 ~ 2022년 3월/4월	3년
이자	**표면이자** 3%, 만기 수익률 6%	**6개월마다 1.5% 이자 지급** 및 미지급 이자는 복리로 계산됩니다.
전환	전환 가격은 **한국 증권거래법**에 따라 결정되며, 1년 후에 해당 가격으로 주식으로 전환할 수 있습니다. **전환 가격 조정**: 주가가 1년 후 30% 하락하면 조정됩니다.	예시: 발행 결정 전날 주가가 8달러인 경우 전환 가격은 8달러로 설정되며, 1년 후 주가가 30% 하락하면 조정된 가격으로 전환됩니다.
되팔기 옵션	18개월 후, 투자자는 매수청구(**put back**)를 요청할 수 있습니다.	주가 하락 등 다양한 이유로 가능
자금 사용처	자금의 70%는 **특정 목적(N프로젝트 포함)**에 사용됩니다.	예시: 에스크로 또는 이전 제한
담보	**최대 주주의 주식**이 담보로 설정됩니다.	예시: 전체 금액의 100%

(B) **주식 매수에 관한 조건**:

이 계약은 투자자와 제3자 간에 체결됩니다.(회사는 포함되지 않음)

제3자는 주식 옵션을 행사할 권리가 있습니다.

금액	A: 미화 50,000달러	A = p * n
매수 주가	p	KOSDAQ
주식 수량	n	매수는 영업일 기준 10일 이내에 완료됩니다.
보유 기간	최소 6개월 + 1년	6개월 후 매도 가능
상한가/비율	c.p. = a * 115%(6개월)	6개월마다 15% 추가(예시: 8개월 후 115% + 2/6 * 15% = 120%)
매도 가격	S	영업일 기준 10일 이내에 매도
해지 옵션	o.p.(옵션 가격): 미화 0.6달러	상한가를 보호하기 위해 저비용 주식 옵션이 추가됩니다. (현재주가의 약 7%)
	두 가지 옵션 가능: 1. **기본 옵션 주식**: n*5% 예시: 주식 수 n=2,500,000주일 경우, 기본 옵션은 125,000주 2. **해지 옵션 주식**: 판매 가격(S)에 따라 달라집니다. (예시) S〉P: S 25달러, 상한가 23달러(6개월), P 20달러, 매입주식수 250만주일 경우 기본옵션 주식 125,000주 * S = 미화 3,125,000 - 75,000(옵션 가격) = 3,050,000 n*S = 미화 57,500,000 총합: 미화 60,550,000(6개월 후 21%) S〈P: S 15달러, 상한가 23달러(6개월), P 20달러, 매입주식수 250만주일 경우 기본옵션 주식수 125,00주 * S = 미화 1,875,000 - 75,000(옵션) = 1,800,000	

쌍방울 대북송금

ⓒ 이창환, 2025

초판 1쇄 인쇄 2025년 9월 11일
초판 1쇄 발행 2025년 9월 25일

지은이   이창환
펴낸이   원용수
펴낸곳   피엠미디어

디자인   여울

출판신고   제2020-000135호.(2020년 12월 11일)
주소   서울특별시 성동구 성수이로 147 아이에스비즈타워 604호(성수동2가)
대표전화   02-557-1752
이메일   pmmedia@prometheusmedia.net

ISBN   979-11-986554-7-9 (13340)

* 책값은 뒤표지에 있습니다.
* 이 책의 저작권은 지은이와 피엠미디어에 있습니다.
* 이 책의 내용 전부 또는 일부를 재사용하려면 반드시 양측의 서면 동의를 사전에 받아야 합니다.